浙江大学文科高水平学术著作出版基金
中央高校基本科研业务费专项资金　资助

周有光语言文字学研究丛书

周有光语文现代化理论体系建构

施麟麒 著

浙江大学出版社
ZHEJIANG UNIVERSITY PRESS
· 杭州

总　序

罗卫东

一

　　2017年1月9日夜里,我登上去北京的飞机,此行的主要目的是看望周有光先生。行前,得到的消息是周老近期的身体不是很好,同事为此还专门带上了两盒鸽子蛋,希望给老人补充点营养,让他身体恢复得快一些。

　　1月10上午10点左右,我在周有光唯一的嫡孙女周和庆的陪同下,戴着口罩进入了老先生的卧室。前不久老人因身体不适住进医院治疗,病情控制住以后,就决意要求回家,此后他就一直昏睡在卧室这张低矮而宽大的软床上,两个保姆24小时轮流照看。

　　天气很好,外面阳光灿烂,温暖的光透过窗户倾泻到室内,约三分之一的床沐浴在阳光之中。我坐在床边的木箱子上,面对侧卧着的昏睡的老人。他与一年前见到的已经大不一样了,嘴巴半张着,背光下的眼窝,轮廓和阴影十分明显。和庆告诉我,爷爷从医院回家以后一直躺在床上,除了要上厕所和喝点营养液,就这样昏睡着,也几乎不说话。睡着的时候,呼吸的声音很大,特别是呼气,出来的气流又急又重,而吸气则几乎听不见。他现在的状态似残烛临风,灯油将尽,正在顽强地发出最后的光。我握着他的手,感觉到由里面透出来的温热,寄希望于老人那神奇到不可思议的生命原力再次发威创造新的奇迹。但我心里知道,情况不太妙。在向他告别的那一刻,我内心有强烈的预感,这次很可能是诀别。当天下午,我是怀着十分沉重的心情离开北京返回杭州的。

　　2017年1月14日,只过去短短的三天,就接到消息,周老在昏迷中度过了他的第111个生日几小时后,即告别了这个世界。对这个消息,我虽有一定的心理准备,但还是觉得很突然。知道老人捱不了很长时间,但没想到他走得这么快。这个经历了清王朝的退场、中华民国的建立和崩溃、中华人民共和国的兴起,三个时代,四个政权,亲历了 20 世纪人类历史上几乎所有重大事件,堪称见证时代变迁、社会动荡、政权更替活化石的罕见老人,没有能够续写生命的奇迹。

他的离去,也意味着中国知识分子史上一个时代的结束。

二

得益于我的朋友和校友叶芳女士的牵线搭桥和热心张罗,2013 年以来,我和几位同事先后多次到位于朝阳区的周家,拜见先生,每次的时间大抵都会安排在周老生日前几天,既可以算是专程为他祝寿,也减轻生日那天过多访客给老人造成的身心负担。每一次去,也都会和他商量一些事情,比如在浙江大学建立周有光档案资料专项收藏,成立周有光国际语言文字研究中心,出版他及张允和女士的书稿,等等。

那年以前,每次见老人,都是在他自己的书房里。那时候的他,就像一个听话的乖宝宝,温顺地服从家人和保姆的安排。坐在沙发上,眼神一派慈祥,对每一个和他打招呼的人微笑。爱干净的老人,不时地用拿在手上的白手绢擦拭自己的嘴角。由于他的听力衰退得厉害,即便是带上助听器,说话者仍需加大嗓门,有时候还需挨着坐在他身边的家人和保姆凑近他的耳朵,大声转告说话的内容。儿子周晓平在世的时候,主要由他来充当访客与周老之间谈话的"翻译者"和"扬声器",2015 年初,晓平老师不幸突然去世以后,这类角色就由孙女周和庆或者保姆来充当了。老人回答大家的问题,就像他的文字一样简洁而通透,只是比文字多了一种超脱于自我而又巧妙自嘲的幽默感。

浙江大学的前身之一之江大学,是张允和女士的母校。记得第一次去拜见周先生,我就和他聊起了之江大学。这个话题让他本就清澈的眼神变得更加明亮,我猜想,那是因为飞扬的青春和美好爱情的记忆被激活了。周老就开始谈论那个早已远去的时代,语调虽然平缓,似乎不带任何感情,但我们分明能够感受到他的深情,仿佛看到那个一身洋装、年轻帅气的周有光和一袭旗袍、美丽的张允和,真正是郎才女貌,在西湖之畔沐浴爱河的情形。80 年过去了,周有光没有再到过之江这个幸福之地。儿子周晓平答应替父亲去圆这个故地重游的梦,遗憾的是,2015 年 1 月他猝然离世,也没有能够完成父母亲的夙愿。

在这个由于岁月流逝而不断萎缩的肉身中,竟蕴藏着一个睿智、通达、温润和伟岸的灵魂,这着实让所有见过周有光的人不得不从内心发出由衷的赞叹。在漫长人生的最后几年,他的日常生活已经难以自理,一刻也离不开家人和保姆的照顾,但是头脑却不曾停止思考,尤其是对天下大事的思考。第一、二两次拜访周先生,我都向他请教关于经济、语言、文明规律(趋势)的问题,我们谈的时间每次差不多都有近一个小时。这些问题都是他长期观察、思考和写作的主题。他的见解如此清晰和简单,超越了时下无数糊涂蛋的头脑。

三

周有光的一生,经历不同的时代和政权,辗转不同的国家和地区,从事不同的行业。早年学习经济学,在经济行当里做事;中年以后从事共和国语言文字改革工作;在耄耋乃至期颐之年,则以一个思想家和公共知识分子的姿态出现在大众面前,可以说每一次改变职业都是华丽转身,这样的经历让很多人感到十分惊讶。经济学和语言文字学,两者之间似乎是风马牛不相及,他如何可能完成转换;语言文字学和世界观,彼此的关系似乎也不是那么直接,他又是如何从前者向后者圆融过渡的? 的确,要理解他一生的变与不变、坚守与通融,是需要首先认识他的心灵和精神世界的。我以为,他本人及其文字中表现出来的那一种特别的禀赋和魅力,乃是由以下三种成分组成的:关乎他人的高度发达的"同理心"、关于社会事务的健全的"常识感"、对世界大同和全人类普遍幸福的深切关怀。这三者就像三原色构成了他身上发出的耀眼的"人性之光"。

中国古人对一个人的评价从德、识、才、学这四个方面来进行评价。若从这四个方面来看周先生,可以说周先生身上体现出来的是大德、卓识、通才、博学。

第一,"大德"。我觉得周老身上所体现的不是一般的德,而是"大德":有深切的"悲悯心",对人类整体命运有关切。他对别人的爱并不止于一个具体的人、一个家庭、一个社区、一个地域、一个国家,更不会囿于一个阶级、一个政党、一个民族。他是爱一切的人,爱人的一切,是基于人性而不是某种意识形态而生发出来的原初的感情,是超越具体的人的社会属性的。很多人看到了周先生的思想与近代以来启蒙思想之间的内在联系,但是我觉得,在他身上还有一种特别蕴含着中国古代儒家人文主义的士人品质。"大道之行,天下来同",在他身上凝聚着东西方两种人文主义价值观的深刻影响,只是很多人仅看到其中一个方面。晚年的周有光最爱说的一句话就是中国人要站在世界看中国,而不要站在国家立场上看世界,后来甚至说过地球人要站在月球上看地球。他这样说,并非因为不在意身边的人和同胞们的利益,而是提醒大家防止偏狭甚至极端的意识形态对人类基本天性和共同价值的遮蔽。他中正平和的人生态度、淡泊名利的生活哲学使他在极端恶劣和上下沉浮的情境中依然保持着通达和乐观的精神状态。他的谦和、儒雅和慈祥,其实是这种德性的自然流露。

第二，"卓识"。周老的见识是"卓识"，所以总能够抓住问题的根本，对大局、对大是大非问题，有极强的判断力。周老的谈话和文字常常会有一种穿透扑朔迷离的表象而直抵问题关键的力量。这种力量不仅来自于他那种贯穿一生的改良社会、推动进步的强烈情怀，也来自于惊人博学和丰富阅历酿造出来的远见卓识，他那清楚明白的话语方式则让他的观点和思想的传播如虎添翼。周先生的卓识是建立在科学分析和理性思考的基础之上的，这一点在他将经济学的思维方式运用于语言文字演化趋势的考察和推演方面，表现得很是突出。将语言交流类比为市场交换，在西方的经济学界是近年来才兴起的话题；而周先生在半个多世纪以前就自觉地将两者相互参照来考察语言变迁的规律，推测语言发展的趋势，并且把经济学的效率观作为判断和指导语言文字改革如何推进的重要依据。在我和他几次讨论汉字简化以及汉语拼音方案取舍问题时，他都反复强调认知成本、教育成本等概念。是否能够有效降低知识成本、加快文化普及、迅速提升国民素质等，这是他自己判断语言文字改革成败得失的基本依据。具备了这样的立意和判断依据，就使他不再过分纠结于语文改革方案的某些细节，而是重点思考怎样做才能切实地服务于解决主要矛盾和矛盾主要方面这个大局。

第三，"通才"。周老的"才"是"通才"，他具有极高的智慧，能够把理论知识、书本知识和实践知识予以融会贯通，形成自己特殊鲜明的思维方式和表达方式。和他聊天，一问一答中常体现出举一反三的机智，即使到了一百来岁，他的头脑反应依然异常敏捷，令人叹为观止。他的才华，还体现在他的高度自知之明，以及无处不在的幽默和自我调侃之中。和他在一起，让人如沐春风，有超然物外、从心悠游的美妙感受。

第四，"博学"。周老的"博学"，众所周知，一生全凭自己的问题意识和探索的兴趣，虚怀若谷、毫无成见地学习吸收各个学科的知识，将其调动和融贯在一起去服务于自己解决问题的需要。他决不为了学术而学术、为了方法而方法，而是围绕问题，取其所需、用其所学、发其所思，在各种知识体系之间从心所欲、游刃有余。他博览群书，是《简明不列颠百科全书》中文版的顾问，其实他本人就是一个"周百科"，是百科全书式的。我第一次进他的书房，十分惊讶的是老先生居然并无多少藏书，在我的意识中，博览群书之人必定坐拥书城，私藏丰富。晓平老师告诉我，周先生在意的不是藏书，而是阅读和学习，吸收知识，把书本的知识内化于身，因此，他向来的看法就是，做一个学问家，不必成为藏书家。这一点与钱钟书先生的言行颇为契合。

周老的德、识、才、学这四个方面，并不是相互孤立的现象，而是相辅相成，融为一体的，他真正到了人生的化境，而其根本的点化之功还归于这一"人性之光"。"仁者乐山、智者乐水",周先生的德行就像是一座大山,一百一十一年的人生累积起了它的高度,周先生的智慧则像是一条小溪,本正源清,粼粼前行,遇千难而不辞,利万物而不争,终汇江海。我想,孔子心目中的"君子",在当代,大概就是周先生这样子的人吧!

四

周先生漫长的一生,蕴藏了丰富的精神宝藏,值得我们深入挖掘、研究和传承。他在语言文字领域的思考、研究和实践,是其中最有代表性、最有影响力的,不仅体现了周先生的学术兴趣、品格和造诣,更承载着周先生那一代中国知识分子的家国情怀。

我感受很深的一点是,每次和周先生聊语言文字改革的事,他心心念念的一点就是什么样的方案才能惠及更多的人民,如何让语言文字更加高效率、低成本地普惠于国家的全体公民,更方便地在世界传播。他对待语言文字改革,既有理想主义的愿景,更多的是倾注强烈的现实主义关怀。在周先生看来,国家的积贫积弱,最大的短板和根源是大众的愚昧,是公民知识文化水平的普遍低下。对于中国而言,提高识字率、降低文盲率,是国家富强、人民幸福的前提和基础,是新中国现代化建设的重中之重!周先生这一代旧学功底深厚的人,不可能不认识到汉语言文字的审美和文化功能,但是,他认为这个功能应该服务于国家发展和现代化建设的迫切需要,服务于最大多数人的生活水准的提升和生活品质的改进。新中国成立伊始,对于最大多数中国人来说,首要的问题在于拥有基本的读、写、说、听的能力,否则,他们的发展和进步都是空谈,国家与民族的自强也是无本之木。在语言文字改革基本指导思想的确立和实践的过程中,如果精英阶层的高雅诉求,与广大人民的生存和发展诉求难以兼顾,以周先生的态度,一定是后者优先。在这一点上,周先生身上体现了真正的人民性、实事求是的可贵品质和以发展眼光看问题的辩证思维素养。

为了传承和发展周有光先生的语言文字学术思想,推进语文现代化的工作,浙江大学于2015年5月成立了"周有光语言文字学研究中心"。四年多来,中心在著名语言学家王云路教授的精心组织下,团结海内外学界同仁,围绕汉语的演化、发展和改革这一周先生一生最为关心的重大问题以及周有光语言文字学思想,开展学术研讨,发表专业论著,各项活动开展得有声有色,在学术界的影响日益扩大。

日前,中心又在浙江大学社科院和浙江大学出版社的联合支持下,启动了

《周有光语言研究丛书》的编撰出版工作,将推出一批"周有光语言文字学研究"的精品力作。丛书包括《周有光谈语言》(六卷本),系对周有光先生语言学方面的成果尽可能地进行了搜集和分类编纂,有《周有光论汉语拼音方案》、《周有光论语文现代化》、《周有光论文字改革》、《周有光讲述字母的故事》、《周有光的语言学世界》、《周有光语言学杂谈》等,区别于其他周有光著作集,六卷本更加便于读者了解周先生的语言学思想;《周有光与汉语拼音研究》和《周有光与语文现代化研究》两种专著,前者以历时观点客观描述了周有光先生汉语拼音思想的发展历程及其与汉语拼音方案之间的关系,后者将从五个方面对周有光语文现代化思想作了全方位的探索和剖析;《语文和语文现代化研究:周有光纪念文集》、《周有光年谱》、《周有光交往录》等,从语言学研究的角度入手,搜集学术界追思周有光先生的文字,编撰周有光先生一生经历,研究周有光先生的交游情况,以此呈现其语言学思想的形成过程及其在学术界的影响。相信,在各界的关心支持和帮助下,在中心各位专兼职学者的共同努力下,周有光语言文字学研究将有新的进展,以周有光先生为代表的那一代语言文字改革家的精神财富将进一步得到传承和弘扬。

是为序!

2019 年 7 月 10 日

前　言

本书运用建构主义认识论原则,借鉴语言学、语用学、话语分析等学科的理论与方法,依据大量文献资料,对周有光学术体系中的语文现代化理论进行了较为系统的梳理、重构、讨论、评估,书中探讨的核心内容包括以下七个方面。

1.周有光语文现代化理论产生与发展的"土壤"(环境)。其中包括微观环境和宏观环境,微观环境是指周有光的人物交往和人生经历,宏观环境主要体现为他的研究面临的时代需求和历史条件。

2.周有光语文现代化理论的学科基础。其理论以语言学、文字学为基础,也有经济学、文化学、生物学、教育学等学科的理论支撑。

3.周有光语文现代化理论的主体架构。作为一门以解决社会语言问题为目标的边缘学科,其理论可按一般/特殊、历时/共时、本体/应用、语言/文字等维度划分为不同的问题类型,其中最重要的是按一般/特殊维度分成的世界语文现代化和中国语文现代化。世界语文现代化的发展规律是"语言求通、文字尚同",发展矛盾是"保守和革新、稳定和演变",解决矛盾的现实路径是实行"双语文"政策。中国语文现代化虽有其特殊国情,但根本的发展规律、发展矛盾及其解决路径和世界语文现代化保持一致,两者同频共振。

4.周有光语文现代化理论的体系演进与观念调整。体系演进大致以 1980年为界分成两个不同的阶段,第一阶段以《汉字改革概论》为代表成果,第二阶段以《新时代的新语文:战后新兴国家的语文新发展》等四部著作为代表成果。观念调整则体现在国际共同语、字母名称、拼音定位、同音词、"四化"等方面。

5.周有光语文现代化研究的方法论。科学民主、系统发展、比较分类、唯物辩证构成了最重要的四个方法维度。

6.周有光语文现代化理论的问题争鸣。学界关于其理论的争鸣体现在理论基础、理论主体、研究方法等方面。

7.周有光语文现代化理论的评价与反思。该理论的价值主要体现在五个方面：开启中国语言规划及应用学的初始篇章、接轨国际语言规划的学术话语、促进语言文字基础研究、滋养中国语言学规划研究的多元发展、产生广泛深远的现实影响。该理论仍存在值得反思的四个方面：理论基础有争议、研究内容不平衡、话语体系未成型、方法视角可拓展。

在讨论以上问题的基础上，本书作者得出结论："世界眼光"和"与时俱进"是周有光学术研究的思想精髓，理应成为引领语文现代化向语文治理现代化迈进的指南，也是中国式语文现代化道路中不可不参的明鉴。

目　录

绪　论

第一节　研究背景

一、学术背景

语文现代化又称文字改革、语言计划、语言规划、语言政策、语言战略、语文改革、语文建设等。作为一门国际性的现代学科,它产生于 20 世纪 60 年代,是应战后国家重建与发展等现实需求而建立的,作为一种实践或者运动则出现得更早。中国的语文现代化运动兴起于 19 世纪末。当时因为清政府腐败的封建统治,中华民族难以抵挡帝国主义列强侵略和西方文化冲击,命运岌岌可危。为挽救危亡、振兴中华,需要推行教育现代化,而教育现代化的前提是语文现代化,由此出现了以语言共同化、文体口语化、汉字简便化、注音字母化等为主要内容的语文改革浪潮。

虽然中国的语文现代化运动已有超过百年的历史,语文现代化的理论研究却稍显滞后,相关的学术成果直到 20 世纪 90 年代后才集中涌现,比较突出的有两个方面:一是对国外语言规划学的引进、介绍及对国外语言政策与规划实践的研究,如周庆生《国外语言政策与语言规划进程》[①]、蔡永良《美国的语言教育与语言政策》[②]、戴曼纯等《国外语言规划的理论与实践研究》[③]、周晓梅《欧盟语言

---

① 周庆生,中国社会科学院民族研究所,等.国外语言政策与语言规划进程[M].北京:语文出版社,2001.
② 蔡永良.美国的语言教育与语言政策[M].上海:上海三联书店,2007.
③ 戴曼纯,刘润清.国外语言规划的理论与实践研究[M].北京:外语教学与研究出版社,2012.

政策研究(1958—2008)》①、沈海英《多国语言政策比较研究》②、冀开运《中东国家语言政策与实践研究》③、李发元《乌克兰语言政策与语言问题研究》④,其中也包括库珀(Cooper)《语言规划与社会变迁》⑤、斯波斯基(Spolsky)《语言政策:社会语言学中的重要论题》⑥与《语言管理》⑦、卡普兰(Kaplan)等《语言规划:从实践到理论》⑧这些国外知名学者的汉译著作。二是结合中国实际进行的理论探索,尤以陈章太、李宇明等学者引领的"语言生活派"推出的"语言生活皮书"系列为代表,还包括周有光《中国语文纵横谈》⑨、周有光《新时代的新语文:战后新兴国家的语文新发展》⑩、姚亚平《中国语言规划研究》⑪、郭龙生《中国当代语言规划的理论与实践》⑫、薄守生等《当代中国语言规划研究:侧重于区域学的视角》⑬、陈章太《语言规划概论》⑭、李宇明《中国语言规划论》⑮、李宇明《中国语言规划续论》⑯、李宇明《中国语言规划三论》⑰、王世凯《语言政策理论与实践》⑱、周庆生《论语言政策规划》⑲等。

尽管三十年来相关学术成果猛增,但祝畹瑾指出,中国的语言规划偏重实践研究,在理论建树上还有很大空间,语言规划学科的理论体系尚未建立起来。⑳周庆生也指出,我国的语言政策研究一向重视"乾嘉学派"实证传统的研究范式。

① 周晓梅.欧盟语言政策研究(1958—2008)[M].昆明:云南大学出版社,2012.
② 沈海英.多国语言政策比较研究[M].昆明:云南人民出版社,2014.
③ 冀开运.中东国家语言政策与实践研究[M].北京:时事出版社,2018.
④ 李发元,李莉.乌克兰语言政策与语言问题研究[M].北京:中国社会科学出版社,2019.
⑤ 库珀.语言规划与社会变迁[M].赵守辉,钱立锋,译.北京:商务印书馆,2021.
⑥ 斯波斯基.语言政策:社会语言学中的重要论题[M].张治国,译.北京:商务印书馆,2011.
⑦ 斯波斯基.语言管理[M].张治国,译.北京:商务印书馆,2016.
⑧ 卡普兰,巴尔道夫.语言规划:从实践到理论[M].郭龙生,译.北京:商务印书馆,2021.
⑨ 周有光.中国语文纵横谈[M].北京:人民教育出版社,1992.
⑩ 周有光.新时代的新语文:战后新兴国家的语文新发展[M].北京:生活·读书·新知三联书店,1999.
⑪ 姚亚平.中国语言规划研究[M].北京:商务印书馆,2006.
⑫ 郭龙生.中国当代语言规划的理论与实践[M].广州:广东教育出版社,2008.
⑬ 薄守生,赖慧玲.当代中国语言规划研究:侧重于区域学的视角[M].北京:中国社会科学出版社,2009.
⑭ 陈章太.语言规划概论[M].北京:商务印书馆,2015.
⑮ 李宇明.中国语言规划论[M].北京:商务印书馆,2010.
⑯ 李宇明.中国语言规划续论[M].北京:商务印书馆,2010.
⑰ 李宇明.中国语言规划三论[M].北京:商务印书馆,2015.
⑱ 王世凯.语言政策理论与实践[M].北京:中国社会科学出版社,2015.
⑲ 周庆生.论语言政策规划[M].北京:中国社会科学出版社,2021.
⑳ 祝畹瑾.新编社会语言学概论[M].北京:北京大学出版社,2013:327.

这一范式十分重要,但也存在不足,表现为语言政策论著往往会材料堆砌有余,理论分析不足,虽然可以提供一些材料,但没有产生多大的学术影响。今后要推动学术创新、促进学科发展、提高语言学科的学术影响力,不断提出一些新的理论观点,做一些理论框架和学科体系建构的工作,才能使语言学科彻底摆脱目前所处的学科边缘化的尴尬境地。①

可见,语文现代化在中国还是一门稍显年轻的学问,目前仍需要加强研究,尽快构建成熟的学科理论体系。② 要实现这一方面的重大突破,除了继续引进、学习国外理论并努力提出能与国际对话的本土理论这两个方面以外,也应该重视对中国语言规划理论和实践的历史梳理、总结。以往这一领域虽然也不乏研究成果,如陈永舜《汉字改革史纲》③、凌远征《新语文建设史话》④、费锦昌《中国语文现代化百年记事(1892—1995)》⑤《中国语文现代化百年记事(1892—2013)》⑥、高天如《中国现代语言计划的理论和实践》⑦、王均《当代中国的文字改革》⑧、苏培成《当代中国的语文改革和语文规范》⑨。但总体而言,这些成果中针对语文现代化某些具体问题或特定历史阶段的研究较多,聚焦语文现代化学者个体的深入研究相对欠缺,这是稍令人遗憾的。因为对于一些影响较大的知名学者,梳理、总结、继承、发展其学术思想和理论体系,不仅是语文现代化学术史研究的客观需要,也是学术创新的重要途径。

周有光在语文现代化领域的学术地位毋庸置疑。他曾被誉为"最有成果和最敏锐的文字改革的倡导者"(德范克)⑩、"中国语文现代化的理论奠基人"(苏培成)⑪、"中国语言规划的开拓者"(王敏)⑫、"中国语言规划的理论家和实践者"

① 周庆生.中国"主体多样"语言政策七十年[J].民族研究,2019(2):7—8.
② 此处仅针对语文现代化的理论体系建设而言。作为一门新兴学科,当前中国的语文现代化或语言规划学发展可以说欣欣向荣,盛况空前。仅这方面的新生刊物就有《语言战略研究》《中国语言战略》《语言规划学研究》《语言政策与规划研究》《语言政策与语言教育》等,另外冠以"语言政策""语言规划""语言治理""语文现代化"等字眼的各类学术机构也如雨后春笋般涌现,形势十分令人欣喜。
③ 陈永舜.汉字改革史纲[M].长春:吉林大学出版社,1992.
④ 凌远征.新语文建设史话[M].开封:河南大学出版社,1995.
⑤ 费锦昌.中国语文现代化百年记事(1892—1995)[M].北京:语文出版社,1997.
⑥ 费锦昌.中国语文现代化百年记事(1892—2013)[M].北京:商务印书馆,2021.
⑦ 高天如.中国现代语言计划的理论和实践[M].上海:复旦大学出版社,1993.
⑧ 王均.当代中国的文字改革[M].北京:当代中国出版社,1995.
⑨ 苏培成.当代中国的语文改革和语文规范[M].北京:商务印书馆,2010.
⑩ 德范克.ABC汉英大词典[M].上海:汉语大词典出版社,2003:扉页.
⑪ 苏培成.周有光先生对中国语文现代化的贡献[J].现代语文,2005(2):14.
⑫ 王敏.中国语言规划的开拓者:纪念周有光先生[J].语言战略研究,2017(2):70.

(李宇明)①,"中国语文现代化研究的集大成者"(王开洋)②。对他的学术理论加以系统建构或全面阐释,有利于推动中国语言规划研究的进步。

二、现实背景

新中国成立以后,中国的语文现代化事业在中央政府的强势主导与推动下,取得了很大的成功。白话文运动宣告胜利,普通话成为全国通用语言,汉字简化与规范收到显著实效,简化汉字成为全国通用的文字,汉语拼音成为国际标准,在国内外语言生活中得到广泛使用,少数民族语言地位得到有力保障,语言文字信息处理能力大大加强。当代中国的语言规划是中国语言规划史上最重要、最成功的阶段,也是世界语言规划中比较成功的范例之一,《中华人民共和国国家通用语言文字法》(2001年)的颁布是对这一成就的总结和肯定。

在这一过程中,我国的语言文字工作总是及时响应国家政策、顺应时代需求,发挥了重要的作用。在不同历史时期,国家治国方略不尽相同,语言文字研究工作的重心也存在差异。周庆生认为,改革开放初期,语言文字工作提出"语文现代化"战略,自觉服务于国家"社会主义现代化建设"战略。世纪之交,《中华人民共和国国家通用语言文字法》颁布实施,语言文字工作自觉将"语言立法"融入国家"依法治国"战略之中。21世纪初,语言文字工作者提出"构建和谐语言生活",自觉用"构建和谐语言生活"战略服务国家"构建社会主义和谐社会"战略。③满足现实需求,服务国家与社会,可以说是中国语文现代化研究者的重要学术传统。

近几年,"国家治理体系和治理能力现代化"又成为新的国家改革目标,被视作是继"四个现代化"之后的"第五化"。2021年,在中国共产党成立一百周年之际,国家领导人在中国共产党与世界政党领导人峰会上提出"中国共产党将团结带领中国人民深入推进中国式现代化,为人类对现代化道路的探索作出新贡献"。2022年,"中国式现代化"在中国共产党第二十次全国代表大会中被确定为党的中心任务。在新的时代背景下,中国的"语文现代化"也被赋予了新的内涵,"中国式语文现代化"也成为中国学者面临的新问题和新挑战。

周有光于20世纪50年代起投入国家的文字改革工作,参与了语文现代化历史进程中许多重大决策的研究和制定,是我国语言文字事业发展的重要推动者之一,其学术研究也体现了与时俱进的特点。在新时代对他的学术理论、学术

① 李宇明.有光的一生[J].云南师范大学学报(对外汉语教学与研究版),2017(2):2.

② 王开扬.中国语文现代化理论再认识[J].北华大学学报(社会科学版),2008(1):28.

③ 周庆生.中国语言政策研究七十年[J].新疆师范大学学报(哲学社会科学版),2019(6):68.

成就进行回顾和总结,有助于继往开来,保障语文现代化事业的行稳致远。

第二节 关键概念

一、周有光①

1906 年 1 月 13 日,周有光出生于江苏常州青果巷,原名周耀平。1923 年考入上海圣约翰大学,学习经济学。1925 年因"五卅惨案"离校,改入上海光华大学继续学习。1927 年毕业后相继任教于光华大学、江苏教育学院、浙江教育学院等校,其间曾参加过拉丁化运动。1933 年与张允和结婚,并赴日本京都帝国大学留学。1935 年回国,任职于江苏银行和新华银行,并于 1946 年被派驻美国纽约,后又前往英国伦敦,业余时间读书学习,游历欧洲。1949 年 6 月回国,任教于复旦大学经济研究所和上海财经学院,讲授经济学;同时担任新华银行秘书长,兼任人民银行华东区行第二业务处副处长;业余从事语言文字研究。1955年被国家调入中国文字改革委员会(后改为国家语言文字工作委员会),专职从事语言文字研究与工作,20 世纪 50 年代曾应邀在北京大学、中国人民大学讲授汉字改革课程。1988 年从国家语委退休后投入文化研究。

周有光在语言文字学和文化学领域辛勤耕耘、开拓创新,发表著作 54 部,论文及语文小品 337 篇②,在国内外产生了广泛影响。周有光的语言文字研究,领域十分宽广,最重要的贡献是中国语文现代化的理论和实践。他是《汉语拼音方案》的主要制定者,并主持制订了《汉语拼音正词法基本规则》,开创了现代汉字学,也是我国中文信息处理的理论先驱和汉语拼音输入法最早的设计者。除了语文现代化领域的成就,他也是普通文字学的重要开拓者,为人类文字发展史、比较文字学、广义汉字学等文字学分支在我国的创立做出了重要贡献。

周有光曾任全国政协委员、中国文字改革委员会委员、国家语言文字工作委员会委员、语言文字应用研究所研究员、《汉语大词典》学术顾问、《中国大百科全书》总编委委员、《简明不列颠百科全书》(中文版)中美联合编审委员会编审、《不列颠百科全书》(国际中文版)顾问委员会顾问、中国语文现代化学会名誉会长等。

---

① 部分内容参考:苏培成.浅谈周有光先生的学术成就:《周有光文集》序言[J]. 北华大学学报(社会科学版),2012(6):4—9.

② 据浙江大学出版社出版的《周有光年谱》(2019)中的《周有光语言文字研究著述目录》统计,并补充了《文化学丛谈》(2011)。

　　周有光是我国著名的经济学家、语言学家、文化学者。他的学术人生纵贯一个世纪，即使在晚年也未停止对语言学、文化学的思索。这使得他的学术思想经受了岁月的洗礼，具有很强的连贯性和持续性。周有光笃信进化论学说，他的一生也仿佛在主动践行"进化"的精神，日日精进，孜孜以求，体现了"历史进退，匹夫有责"的知识分子人格。

　　二、现代化

　　现代化是一个被社会科学广泛运用却存在多重定义的概念，在语文现代化的学术语境中，该词包括广义和狭义。

　　广义的现代化是指以适应不断变化的时代环境为目的的社会创新与发展，俗谓"与时俱进"。周有光认为："现代化是历史的前进运动，不是静止的概念，而是动态的意识；不是部分的修改，而是全盘的提高；不是一时的改变，而是长期的发展。"①由此可见，现代化是一种永恒的前进运动。

　　在这个意义上，只要合乎时代需要的改革，都属于现代化。周有光曾评价孔子："孔子的学问是从哪里来的？孔子说，'我非生而知之者，好古敏以求之者也'。孔子'述而不作'，'删史书、定礼乐'。这是把前人长期积累起来的知识，加工提炼，推陈出新，从传统文化中发展出当时的现代文化。孔子是善于利用传统文化、促进社会现代化的楷模。"②他认为孔子是"述而又作"，"述而又作"就是一种现代化的改革。

　　狭义的现代化是指进入人类社会特定的发展阶段。周有光认为，从社会发展的角度看，人类的生产力经历了采集经济、耕畜经济、机械经济、电气经济、电子经济等阶段。机械经济、电气经济、电子经济属于"现代"，这以前是"前现代"。人类的生产关系经历了部落社会、主奴社会、君臣社会、资本社会、知识社会等时期。资本社会、知识社会属于"现代"，这以前是"前现代"。"前现代"到"现代"的标志是人力解放和人格解放。这是人类历史上最重要的一次时代飞跃。现代化包含经济、政治和文化三个方面：经济上从农业化到工业化再到信息化；政治上从专制到民主；文化上从盲从到理性化（科学化）。③可见，狭义的现代化是人类社会走进工业化、信息化、民主化、理性化、科学化的历史发展阶段。

　　本书使用的"现代化"以第二种含义为主，但在追溯古代或展望未来的语境中也会使用第一种含义。读者可根据语境进行区分，在必要的时候我们也会明

---

①　周有光. 文化学丛谈[M]. 北京：语文出版社，2011：84.
②　周有光. 传统文化与现代社会[J]. 群言，1995(1)：2.
③　周有光. 从人类历史探索现代化的含义[J]. 群言，1999(7)：34—36.

确指出。

三、语文现代化

(一)语文

"语文"一词在学界颇多歧义,如既可以解释作口头为"语"、书面为"文",也可以理解为白话文为"语"、文言文为"文"。一般大众又容易理解为语言文字、语言文学、语言文化等。

周有光认为"'语文'包括语言和文字"①。这也是本书所采用的解释,但这种说法不是没有争议。有人认为,文字是书面语言的形式系统,是与语音相对的语言的视觉形式系统,语言和文字是不能相提并论的,"把汉语的语言学和文字学并列,叫做'语言文字','汉语言文字学',这不科学,因为这像把人和动物并列"。② 不过,在中国学术传统中,文字学是比语言学历史悠久得多的学问。在中国现代社会,文字和语言至少是同样重要的问题,所以将"语""文"并称,虽然从西方语言学角度上似可商榷,却不失为一个更容易被广大中国人民群众理解和接受的说法。

(二)语文现代化

语文现代化的定义。语文现代化是社会现代化的组成部分,是"教育和文化现代化的'基础工程'"③。根据"现代化"含义的不同,语文现代化也分别有相应的两种含义。从广义上说,社会的发展是永恒的,语文也会随着社会的发展而不断更新,有意识、有计划的语文发展就是语文现代化。从狭义上说,语文现代化是为促使国家和社会进入工业化、信息化发展阶段所做的有计划的语文更新与变革。本书讨论的语文现代化以狭义为主,但也会涉及广义,同样用在追溯古代或展望未来的语境中。

语文现代化的性质。因主体职能的不同,语文现代化的性质也有所不同。语文现代化可以是一种大众发起的语文运动,也可以是一种政府推行的语文政策,还可以是一种学者研究的语文理论。本书主要研究周有光关于语文现代化的理论。

语文现代化的称名。在国内,作为"语文现代化"的同义词使用最广泛的是"文字改革"("文字改革"有狭义和广义之分,广义指文字和语言,狭义只指文

---

① 周有光.中国语文的现代化[J].教育研究,1984(1):33—40.
② 彭泽润,李葆嘉.语言理论[M].长沙:中南大学出版社,2007:211.
③ 周有光.谈语文现代化[J].语文建设,1993(10):42—43.

字①,这里主要讨论广义)和"语言规划"(language planning,又译"语言计划")。其中"语言规划"来自西方语言学。三者的指称对象是基本相同的,但内涵存在着一定的区别。

首先,手段和目的差异。语言规划、文字改革是手段,语文现代化是目的。《语文现代化(丛刊)》发刊词说:"文字改革就是语文现代化。也可以说,文字改革的最终目的是语文现代化,语文现代化的首要工作是文字改革。"②周有光说:"文字改革是语文的有计划的发展,在欧美叫做'语言计划'。语文的有计划的发展以适应现代生活为目的,所以又称'语文现代化'。"③可见,"语言规划""文字改革"侧重手段,显得价值中性,"语文现代化"则含有目标和价值。

其次,研究重点的差异。西方语言学界重语言而轻文字,故称"语言规划",中国传统重文字而轻语言,故称"文字改革"。"语文现代化"则反映了对语言和文字同等重视的用意。

最后,使用语境的差异。改革开放以前,"文字改革"在国内使用较为广泛。但这个说法容易引起误解,以为里面不涉及语言问题。周有光说:"有人说,文字改革不是语言改革,推广普通话怎么也是'文字'改革呢?'文字改革'是一个传统名词,它的含义不能从'文字'二字的字面来望文生义。文字改革就是语文生活的革新。"④改革开放以后,由于我国的语言文字发展进入了相对稳定的阶段,相比"改革"这样的激进说法,"语文现代化"更加适应时代发展的需要。近年来,在国内外学术交流的过程中,"语言规划"作为一个国际通用术语也越来越被学界所接受。总而言之,"文字改革"强调了历史性,"语文现代化"强调了时代性,"语言规划"强调了国际性和学术性。

在诸多名称中,"语文现代化"是周有光最为认可、使用最多的一个术语。他说:"'文字改革'或者'语言计划'这些说法有时容易发生误解。我从60年代起就改说'语文现代化'。"⑤

综合以上情况,本书主要用"语文现代化"来指称周有光的语言规划理论,但

---

① 周有光.中国的汉字改革和汉字教学[J].语文建设,1986(6):4.

② 高等院校文字改革研究会筹备组.语文现代化(丛刊)[M].北京:知识出版社,1980:5.

③ 周有光.中国的汉字改革和汉字教学[J].语文建设,1986(6):4.

④ 周有光.关于文字改革的误解和理解[J].语文建设,1982(2):5—7.

⑤ 周有光.新时代的新语文:战后新兴国家的语文新发展[M].北京:生活·读书·新知三联书店,1999:234.对于周有光"60年代就改说语文现代化"一说,我们暂未从其本人的文献找到直接的资料佐证。据查费锦昌编《中国语文现代化百年记事(1892—1995)》,直至《语文现代化(丛刊)》(1980)发刊词中才第一次出现"语文现代化"。因此我们认为,改革开放以前"文字改革"仍是周有光在学术文献中主要采用的术语。

在强调国际性和学术性时可能会采用"语言规划",需要突出历史性时可能会使用"文字改革",读者可根据语境加以区分。

四、建构

本书使用"建构"一词,是借用"建构论"的心理学概念。心理学中的"建构论"作为一种知识学习理论,将学习看作学习者基于原有的知识经验生成意义、建构理解的过程。而"'建构'是主体能动性的体现,是主体从主观出发积极主动地对客观事物在头脑中进行组合的过程"①。据此可推知,理论研究者的文本阅读也是一个与文本进行互动的过程,是一个充满创造性的意义建构活动。意义建构的"产品"既不可以是无中生有的虚构,也不可能是文本理解的唯一标准答案。在理论研究中,追求标准答案的主张在获取文本的原始意义上存在四个困难。

第一是文本资料的有限性。由于不可能穷尽性地搜集研究对象生成的所有文本材料(包括口语和书面语),对研究对象的理论认识只能是阶段性、过程性的,随时有可能被新发现的材料推翻。

第二是认知背景的差异性。由于各人掌握的知识不同,面对同样的文本,解读未必一致。通过大量的文献阅读,研究者的认知语境将尽可能与研究对象的认知语境扩大重合范围,但无法完全重合,创造性理解在所难免。

第三是言外之意的隐蔽性。语言运用的自身特点决定了话语或文本的言外之意无处不在,理论实质系统和话语形式系统难以保持一致。一方面,不能因为研究对象的学术作品缺少明确的话语形式系统,就否认其思想理论实质的系统性。另一方面,由于话语表达系统的缺失,研究者自行建构出来的话语表达系统有可能反映了研究对象的言外之意,但也可能只是研究者"一厢情愿"的产物。

第四是理论发展的动态性。研究对象的理论系统是在过程中发展的,不同时期的文本表达差异就体现了这种动态性。但研究者建构的理论系统往往是相对静态的。有时为了顾及内部逻辑,研究者建构的理论系统是研究对象在不同时间节点最佳表达的整合。这就造成了研究者文本理论系统的静态性与实际理论系统动态性的矛盾。

基于上述原因,本文的研究并不追求巨细无遗、毫厘不爽地描写周有光语文现代化的理论系统,而是力求在充分占有、准确把握重要文本的基础上,发挥研究者的主观创造性进行意义建构,最终目的是向读者展示研究者深入学习后得

---

① 中国大百科全书总编辑委员会. 中国大百科全书(第三版,网络版)[OL]. https:www.zgbk.com.

到的一项认知成果。周有光在研究传统文化的现代化时曾提到了孔子"述而又作"的方法(参见附录 3),"述而又作"也可以用来形容我们对其语文现代化理论的研究,是对"建构"一词比较生动的注解。

第三节　研究意义

本书尝试对周有光的语文现代化理论体系作全面梳理和综合评价,力求比同类研究作出更具深度和广度的探索,其主要研究意义在于:

一、学术意义。周有光是我国语言规划学科的理论开拓者,其相关学术遗产是值得被继承弘扬的本土理论资源。本书研究采用建构主义原则,对其学术遗作进行体系化解读。研究过程中注意区分语文现代化的理论基础和理论本体,梳理语文现代化理论的横向结构和纵向发展,总结研究方法,关注学术争鸣,评估理论价值,反思理论问题。通过全面的理论体系建构,试图将前辈的学术遗产进行创造性转化和创新性发展,充实语言规划和应用语言学的学术史料,推动语文现代化的与时俱进,为同类研究提供一种可供参考的方法与路径,因而具有一定的学术意义。

二、应用价值。周有光的语文现代化理论来源于社会需求,具有服务语言生活、促进国家和社会发展的实用功能。研究、阐释、传播、发展他的学术理论,对做好当前国家语言文字工作的一系列重要现实课题,如和谐语言生活、语言文字信息化、国际中文教育、语言资源、语言经济、语言产业、世界语言国情及传统文化现代化等具有重要的现实指导意义。

第四节　研究目标、方法与材料

一、研究目标

研究旨在对周有光语文现代化的学术思想做一次相对完整的理论建构,具体任务包括理论土壤、理论基石、理论本体、理论发展、方法梳理、问题争鸣、评价反思等 7 个方面。

二、研究方法

我们将周有光的学术作品视作一个蕴含理论体系的话语群。在遵循建构论的基本原则的基础上,同时借鉴语言学与语用学的理论方法,对这个话语群进行"话语分析",并用一套新话语重构其理论体系。具体采取的研究方法如下。

(一)归纳与演绎相结合。广泛搜集相关的文本资料,并进行关键信息的归纳整理,必要时借助数据统计。整合零散的学术观点,合乎逻辑地进行演绎推理,进行体系性的重构。

(二)宏观与微观相结合。既注重从宏观上把握理论体系的整体框架,又注重从微观角度对重要的具体论题进行研讨。

(三)共时与历时相结合。既注重对理论体系作相对静态的共时分析和概念整合,又注意将理论体系与核心观念的演变发展作动态的历时分析。

(四)联系、比较、对话相结合。注重不同学科、理论、观念之间的逻辑联系;注重研究主体、研究对象、第三方评价者之间的意义磋商;注重不同理论体系之间的对话比较。

(五)结构、功能、语境相结合。既研究理论体系的内在逻辑结构,又研究理论体系的应用价值和现实功能,并注重将理论体系的发展水平、学术价值放在特定的时空语境中评判,避免脱离现实的不当分析。

三、研究材料

材料描述。如前所述,周有光一生发表的单行本著作有 54 部,论文及语文小品总计 337 篇。周有光的语文现代化理论体现在《汉字改革概论》《中国语文纵横谈》《新语文的建设》《新时代的新语文:战后新兴国家的语文新发展》《中国语文的时代演进》等一系列学术著作和其他学术论文中,也体现在他与他人的书信往来与公开谈话、采访记录中。这些文件、资料是有待于语言学界深入开掘的学术宝库。此外,周有光的学术著作有的也被翻译成外语或在境外出版,如《汉字改革概论》有日译版,重要篇章也有英译本、德译本;《中国语文的时代演进》有中英文对照本,被美国多所大学列为东亚语文教学的教材。《汉字改革概论》《世界文字发展史》《孔子教拼音:语文通论》也曾在香港出版。周有光多次出访国外参加学术交流,发表过一些学术报告(作者经历所限,一些海外发表的非汉语作品未能获取)。除了周有光本人的学术文献资料,还有一些关于他的传记、年谱、回忆录作品,多为与之熟悉的人所作,也是我们了解其学术理论的一个窗口。

材料运用。将研究材料分为三个层次加以利用:第一层次是学术文献,包括著作、论文,其中 15 卷本《周有光文集》[①]约 500 万字,囊括了他关于语言文字和

---

① 周有光.周有光文集[M].北京:中央编译出版社,2013.

文化方面的几乎所有重要成果,是我们进行数据统计的主要依据;第二层次是散文杂记、口述笔录、访谈(包括文字材料和音视材料);第三层次是年谱、传记、学者回忆录。其中第一层次是理论建构的主要依据,第二层次和第三层次主要起到印证、补充的作用。通过多种材料的互文性解读,尽量提升结论的可靠性和说服力。

第五节　研究现状

在中国知网(CNKI)以"篇关摘"(篇名、摘要或关键词中含有)方式搜索"周有光",可得到 985 篇文献(搜索时间为 2022 年 7 月 2 日),其中 2000 年以前的有 86 篇,其余 899 篇出现在 2000 年以后,主题涉及文化、养生、思想、教育、人生故事、处世观、语言、文字、拼音等,内容丰富庞杂。可见,周有光是 21 世纪初语言学界、文化学界的"热门 IP",关于其人其事其学的文献资料丰富,堪称一门"周学"。目前研究周有光的著作共有 15 部①,最早的一部出版时间为 2007 年,包括访谈、年谱、传记、思想评论、纪念文集等。这都说明,对这位已故的学术明星有必要分门别类地进行研究。基于本书的讨论对象,我们将视野缩小至周有光的语言文字学研究,分别对著作、论文两类研究成果进行评述。

一、语言文字学研究著作

语言文字学研究著作方面,目前的研究多以论文集为主,包括王铁琨等《一生有光:周有光先生百年寿辰纪念文集》②、李中生等《语言、文化与现代化:"周有光与中国语文现代化"学术研讨会文集》③、王云路等《语文和语文现代化研究:周有光纪念文集》④。上述文集中的论文虽不乏精品,但毕竟是集体创作,有些文章和周有光本人的语言文字学研究关联度不高,全书体系性较弱。

另有学者在其著作中专章讨论周有光语文现代化的学术成就,如苏培成《当

---

① 该数据根据浙江大学出版社《周有光年谱》的《周有光研究资料目录》统计,并通过"读秀"数据库搜索比对,加上《周有光年谱》及《语文和语文现代化研究:周有光纪念文集》。

② 王铁琨,王奇,沙宗元.一生有光:周有光先生百年寿辰纪念文集[M].北京:语文出版社,2007.

③ 李中生,李铭建.语言、文化与现代化:"周有光与中国语文现代化"学术研讨会文集[M].广州:广东高等教育出版社,2015.

④ 王云路,等.语文和语文现代化研究:周有光纪念文集[M].杭州:浙江大学出版社,2019.

代中国的语文改革和语文规范》①、赵贤德《常州籍四大语言学家与中国语文现代化》②,两者都较为全面地评价了周有光的语文现代化研究。前者将周有光的语文现代化理论体系分为八个方面:人类语言生活的历史进程、中国语文现代化的兴起与取得的成就、中国的双语言生活、汉字的两面性、比较文字学的研究、汉语拼音方案的制订与推行、中文信息处理的双轨制、现代文化研究。后者将其学术成就概括为拼音方案、拼音正词法、比较文字学研究、现代汉字学、中文信息处理、汉语术语规范、应用语言学、字母学研究、汉字繁简论等九个方面。不过,上述研究也存在一定的问题。前者的八个方面可以视作是对周有光语言文化研究内容的总述,但无法体现各个方面相互间的逻辑关系,其中"比较文字学研究"属于基础文字学,"现代文化"属于文化学,都超出了"语文现代化"的研究范畴。后者的九个方面也存在内部层次关系不明,不区分基础学科和应用学科的问题。

目前,针对周有光语言文字理论进行专门研究的专著尚未见到,关于其语文现代化理论的研究著作更是阙如。

二、语言文字学研究论文

在语言文字学研究的论文方面,通过对中国知网(以上述 985 篇文章为主,并有个别的查缺补漏)与上述著作中相关文献的筛选,共获得 37 篇代表性的学术文章。和著作类成果主要讨论周有光语言文字学的研究内容类似,多数文章聚焦于周有光语言文字学的研究内容,也有少数文章讨论了他的研究方法和语言表达。下面分别评述。

(一)聚焦研究内容

按照内容划分,这部分文章可以分成语言文字学研究、基础文字学研究、语文现代化研究三个小类。

1.语言文字学研究。苏培成《浅谈周有光先生的学术成就:〈周有光文集〉序言》③从八个方面介绍了周有光在语言文字学研究方面取得的重大成就:揭示人类语文生活的历史进程;研究世界各国的语文新发展;把语文现代化和语言学挂钩,推动中国语文现代化的健康发展;参与制订《汉语拼音方案》,参与领导研制《汉语拼音正词法基本规则》;创建现代汉字学;研究比较文字学,找寻汉字在人类文字史上的地位;研究中文信息处理和无编码输入法;展望 21 世纪的华语和

---

① 苏培成.当代中国的语文改革和语文规范[M].北京:商务印书馆,2010:596—600.

② 赵贤德.常州籍四大语言学家与中国语文现代化[M].南京:凤凰出版社,2016:322—435.

③ 苏培成.浅谈周有光先生的学术成就:《周有光文集》序言[J].北华大学学报(社会科学版),2012(6):4—9.

华文。文章以"语言文字学研究"而非"语文现代化研究"作为总称,并将语言文字学和文化学分开评价,比《当代中国的语文改革和语文规范》书中的分类更加科学合理,但理论体系的概括仍不明朗。

2.基础文字学研究。主要包括专著书评、理论评价、论题研究三类。

(1)文字学专著书评。关于《比较文字学初探》,王均《读周有光先生〈比较文字学初探〉》①认为该书论述了人类文字发展的历史,探索文字发展的规律同文字社会功能的关系,给中国文字定位,具有开辟文字学新天地、开拓视野的意义;王宜早的《读周有光〈比较文字学初探〉》②则提出尖锐批评,认为该书套用"生物进化论"提出"文字进化论",仅仅根据西方拼音文字的事实得出"文字从属于言语"和世界文字"由表形到表意到表音"的发展规律,其学术体系是先验的,其基本理论不符合汉字的事实。关于《世界文字发展史》,常丽丽《周有光:〈世界文字发展史〉(书评)》③认为该书将比较的方法贯穿始终,宏观上以时间为主线将文字的发展史分为原始文字时期、古典文字时期和字母文字时期三个时段,观点鲜明、条理清晰;微观上在每一种文字形态的历史分期中,以不同的文字系统分章归类,分区域成系统,以点带面,材料翔实。

(2)普通文字学理论述要。谢书民《周有光普通文字学思想述要》④指出,周有光对文字现象规律的探讨已经涉及普通文字学研究的各个方面,包括文字与文字学的定义、文字的构形原理与类型分类、文字的起源与发展、文字改革等。

(3)文字学专题研究。薛丹丽《周有光文字类型理论的研究》⑤对周有光的文字类型理论进行了系统的研究,重点对文字分类法"三相说"进行分析和评论,指出它的价值和问题,并且和其他学者的文字类型观进行了比较。王钢《试评文字类型学中的"三相说"》⑥、谢书民《文字类型"三相"分类法指瑕》⑦也讨论了"文字三相说"在分类标准、名称术语等方面存在的理论问题。

3.语文现代化研究。主要包括综合研究和专题研究两个大类。

(1)综合研究。刘桂梅《周有光语文改革思想研究》⑧较早对周有光的语文

① 王均.读周有光先生《比较文字学初探》[J].语文建设,1999(2):54—56.
② 王宜早.读周有光《比较文字学初探》[J].南京晓庄学院学报,2006(5):61—64.
③ 常丽丽.周有光:《世界文字发展史》(书评)[C]//西南大学汉语言文献研究所.学行堂文史集刊.西南大学汉语言文献研究所,2012:3.
④ 谢书民.周有光普通文字学思想述要[J].商丘师范学院学报,2021(5):55—59.
⑤ 薛丹丽.周有光文字类型理论的研究[D].湖南师范大学,2017.
⑥ 王钢.试评文字类型学中的"三相说"[J].东北师范大学报(哲学社会科学版),2004(5):7.
⑦ 谢书民.文字类型"三相"分类法指瑕[J].河南师范大学学报(哲学社会科学版),2012(3):4.
⑧ 刘桂梅.周有光语文改革思想研究[D].山东师范大学,2005.

改革思想作了较为全面的研究,指出他的语言文字应用研究三大成就应包括汉语拼音、现代汉字规范化、中文信息处理,概括了他的语文改革理论在正词法、同音词等方面对前人理论的继承和发展,认为他的学术创见表现为比较文字学研究和文字文化关系研究。但他的思想也存在几点不足,如"文字发展三段论"的论证不够严密;整理多音字的圈调方案的不可行性;在文字、文化、语言三者关系论证中的不统一。沙莉莉《周有光先生的大语文观》①、魏际兰等《浅谈周有光的大语文观》②从"大语文"的角度总结了周有光的语文"四化"观、双语言文化观、汉语科学发展观等。汪禄应《汉语拼写:从构想拉丁化到标准国际化——基于周有光与瞿秋白的比较》③比较了周有光和瞿秋白这两位语言战略家在拉丁化方面的实践和思想成就,并分析了周有光在实现瞿秋白"新中国文"的中国语文现代化宏大构想方面的作用。刘晓军《周有光的汉字改革观及其历史贡献》④指出了周有光的汉字改革研究带给当代的启示作用:国际化与民族化、本土化的有机结合,从历史的纵深中探寻现代改革的路径、建立在求真务实基础上的创新精神。韦钰《周有光先生对新中国语文现代化发展的贡献与展望》⑤指出周有光不仅对中国语文现代化发展作出了重大贡献,还对中国语文现代化的未来作出了展望,包括普及国家共同语、提升汉语的国际地位、推进"国内双语言"和"国际双语言"、展望 21 世纪华语与华文的变化趋势等。此外,苏培成《周有光先生对中国语文现代化的贡献》⑥、吕超男《周有光先生的语文现代化思想》⑦、赵贤德《周有光的语文现代化理论与实践》⑧、岳长顺《学习周有光:推进语文现代化进程》⑨、施麟麒《周有光语文现代化思想面面观》⑩也讨论、总结了周有光在语文现

①　沙莉莉.周有光先生的大语文观[M]//马庆株.语文现代论丛(第七辑).北京:中央广播电视大学出版社,2008:281.

②　魏际兰,冉育彭.浅谈周有光的大语文观[J].常州工学院学报(社科版),2011(1):4—7.

③　汪禄应.汉语拼写:从构想拉丁化到标准国际化——基于周有光与瞿秋白的比较[J].中国社会语言学,2017(1):47—61.

④　刘晓军.周有光的汉字改革观及其历史贡献[J].语文建设,2018(12X):5.

⑤　韦钰.周有光先生对新中国语文现代化发展的贡献与展望[J].通化师范学院学报,2017(5):6.

⑥　苏培成.周有光先生对中国语文现代化的贡献[J].现代语文(语言研究),2005(2):14—17.

⑦　吕超男.周有光先生的语文现代化思想[M]//马庆株.语文现代化论丛(第七辑).北京:中央广播电视大学出版社,2008:281.

⑧　赵贤德.周有光的语文现代化理论与实践[J].现代语文,2014(2):4.

⑨　岳长顺.学习周有光:推进语文现代化进程[J].北华大学学报(社会科学版),2018(5):21—27.

⑩　施麟麒.周有光语文现代化思想面面观[M]//王云路,等.语文和语文现代化研究:周有光纪念文集.杭州:浙江大学出版社,2019:141—150.

代化事业中的思想理论与实践贡献。

（2）专题研究。可分为汉语拼音、现代汉字学、中文信息处理、语言教育、语言安全等几个次类。

第一，汉语拼音。黄东林《汉语拼音拼写初探》①、马庆株《整合创新，促进中国语文现代化：汉语拼写方案的必要性、科学性和可行性》②提出要在《汉语拼音方案》的基础上进一步探索汉语拼写方案以解决同音词问题，后者不仅论述了拼写方案的必要性、科学性和可行性，还给出了详细的设计方案。李小凡《汉语拼音隔音、标调新探》③针对拼音方案的隔音、标调以及韵母 ü 的字母配置问题进行探讨，并提出了改进方案。潘文国《〈汉语拼音方案〉的回顾与思考》④回顾了《方案》的历史成就并提出解决一些技术性问题，委婉地指出《方案》在拼写定位上遇到的矛盾，并建议扩大注音的应用范围。李乐毅等《周老对汉语拼音的贡献举隅》⑤从民族形式的独到见解、《字母的故事》与汉字改革、"三原则"与"三不是"、幼儿的词感与正词法研究等十个方面总结了周有光对汉语拼音的贡献。王理嘉《汉语拼音方案的创新与继承》⑥从用拉丁字母系统中表示浊辅音的字母表示汉语的清辅音、关于辅音声母舌尖前音和舌尖后音的字母设计、韵母舌尖元音的字母配置三方面总结了《汉语拼音方案》的创新与继承点。熊怀苑《周有光是香港推广拼音文化教育的引领者》⑦总结了周有光在香港推广拼音文化教育的引领作用。苏培成《〈汉语拼音方案〉的完善与推行及周有光先生的贡献》⑧概括了周有光对《方案》制订、完善和推行作出的多方面贡献。敬璐露《周有光汉语拼音原则理论的研究》⑨通过对周有光拼音原则理论的详细研究进一步论证了《方案》设计的科学性。崔安慧等《周有光对汉语拼音的杰出贡献：为什么人们把周

---

① 黄东林.汉语拼音拼写初探[M]//马庆株.语文现代化论丛（第八辑）.北京：语文出版社，2011：84—93.

② 马庆株.整合创新，促进中国语文现代化：汉语拼写方案的必要性、科学性和可行性[J].中国语文，2014（6）：15.

③ 李小凡.汉语拼音隔音、标调新探[J].语言教学与研究，2007（2）：29—32.

④ 潘文国.《汉语拼音方案》的回顾与思考[J].语言规划学研究，2018（1）：4.

⑤ 李乐毅，曹澄方.周老对汉语拼音的贡献举隅[M]//王铁琨，王奇，沙宗元.一生有光：周有光先生百年寿辰纪念文集.北京：语文出版社，2007：41.

⑥ 王理嘉.汉语拼音方案的创新与继承[M]//王铁琨，王奇，沙宗元.一生有光：周有光先生百年寿辰纪念文集.北京：语文出版社，2007：213—219.

⑦ 熊怀苑.周有光是香港推广拼音文化教育的引领者[J].文化学刊，2016（1）：31—35.

⑧ 苏培成.《汉语拼音方案》的完善与推行及周有光先生的贡献[J].通化师范学院学报，2017（5）：5.

⑨ 敬璐露.周有光汉语拼音原则理论的研究[D].湖南师范大学，2017.

有光叫做"汉语拼音的爸爸"》①探讨了周有光"汉语拼音的爸爸"这一称号的合理性。李泉《确立拼音为法定文字 高效助力汉语国际化》②讨论了将汉语拼音确立为法定文字的可能性和必要性。彭泽润《〈汉语拼音方案〉的遗留问题和修订研究》③指出了《方案》在 iong 和 ong 字母运用的错误,认为《汉语拼音正词法基本规则》(2012 修订版)中的"变通规则"是一种倒退,并且提出了《方案》完善和修订的若干建议。苏培成等在《汉语拼音及其正词法是中华优秀文化:访问苏培成、彭泽润、李志忠》④中认为汉语拼音及其正词法理应被视作中华优秀文化。

　　第二,现代汉字学。孙中运《形声字声旁及其分类:同周有光同志商榷》⑤分析了周有光汉字声旁表音率研究中对声旁的定义和分类错误。薄守生《薄守生语言学论著(2010～2016)集中勘误》⑥认为周有光的汉字效用研究是对经济学"边际效益"理论的错误套用。高家莺等《周有光先生引领我们创建新学科》⑦回顾了周有光引领后学开创现代汉字学新学科的过程,认为周有光既重视微观研究也重视宏观研究,对现代汉字的研究具有导向性和示范性。赵贤德《周有光先生关于现代汉字学学科建设的研究》⑧评述了周有光关于现代汉字学学科建设的研究,认为他是我国提出现代汉字学这个全新概念的第一人,对现代汉字的字音、字量、字形、字序等进行了全面考察研究,得出了令人信服的结论,其文《现代汉字学发凡》对中国高校现代汉字学学科的教学和研究产生了重要影响。王梦梦《论周有光关于汉字低效和汉语文字现代化的研究》⑨通过研究周有光的汉字低效理论,得出汉字现代化是正确道路的结论。王诚《周有光先生与汉字规范化》⑩认为周有光关于汉字规范化的研究主要体现为"四定",其研究给人的启示

　　① 崔安慧,彭泽润,周再新.周有光对汉语拼音的杰出贡献:为什么人们把周有光叫做"汉语拼音的爸爸"[J].江西科技师范大学学报,2018(4):18—25.
　　② 李泉.确立拼音为法定文字 高效助力汉语国际化[J].语言规划学研究,2018(1).
　　③ 彭泽润.《汉语拼音方案》的遗留问题和修订研究[M]//王云路,等.语文和语文现代化研究:周有光纪念文集.杭州:浙江大学出版社,2019:79—85.
　　④ 任晔,李馨.汉语拼音及其正词法是中华优秀文化:访问苏培成、彭泽润、李志忠[J].江西科技师范大学学报,2020(4):1—12.
　　⑤ 孙中运.形声字声旁及其分类:同周有光同志商榷[J].辽宁师院学报,1982(1):87—88.
　　⑥ 薄守生.薄守生语言学论著(2010～2016)集中勘误[J].现代语文,2017(4):161.
　　⑦ 高家莺,范可育,费锦昌.周有光先生引领我们创建新学科[N].语言文字周报,2017-03-22(4).
　　⑧ 赵贤德.周有光先生关于现代汉字学学科建设的研究[J].文化学刊,2018(1):30—34.
　　⑨ 王梦梦.论周有光关于汉字低效和汉语文字现代化的研究[D].湖南师范大学,2018.
　　⑩ 王诚.周有光先生与汉字规范化[M]//王云路,等.语文和语文现代化研究:周有光纪念文集.杭州:浙江大学出版社,2019:79—85.

有：研究汉字规律要参考世界其他文字的研究，必须要用数据统计和量化手段等科学方法；文字改革和规范要考虑社会实际，适应大众需求等。

第三，中文信息处理。赵贤德《周有光关于中文信息处理的思想研究》①认为周有光在中文信息处理方面有前瞻性的思想和身体力行的实践，主要表现在：提出中文信息处理的双轨制思想；利用汉语汉字的规律对中文输入法进行探索和实践；提出中文信息处理给人类语言生活带的来革命性变化；提出信息化时代语文技术革新的系列课题；提出信息化时代语文本体研究和语文教育研究的新课题；身体力行进行中文信息处理技术的实践等。

第四，语言教育。魏际兰《论周有光的语言教育观》②指出，周有光的语言教育研究有三大基本内容：中小学生汉语教育、英语教育和对外汉语教育。语言教育的核心概念是语境、阅读和语言能力，指导原则是双语并重、协调发展，营造环境、注重应用，夯实基础、鼓励自学。研究他的语言教育观有利于解决当前语言教学中的核心问题、制定科学的语言学习策略、构建科学的语言人才培养模式。

第五，语言安全。方小兵《周有光语言安全观探析》③指出，周有光非常重视语言在国家安全中的作用与地位，其语言安全观包括双语教育与社会文化安全、语言资源与国家经济安全、语言科技与国家信息安全、外语能力与国家外部安全四个方面。周有光关注全世界因语言冲突引起的政治安全，研究语言因素引起的文化安全和社会安全，呼吁加强语言资源的开发，充分开发利用语言的经济价值；强调加强语言文字科技开发，保障国家网络与信息安全；倡导国家外语能力建设，建议制定兼具全局性和前瞻性的国家语言安全战略。周有光的语言安全观富有启示，值得进一步研究。

（二）聚焦研究方法和语言表达

1.研究方法。研究方法往往具有一定的普适性，并不限于语言文字研究，但也是语言文字研究所需要的。苏培成《周有光先生的治学之道》④和史有为《论汉字再演化》⑤都评析了周有光"从世界看中国"这句有方法论性质的口号。苏培成的文章认为周有光之所以能揭示事物发展的科学规律，主要的方法是坚持

① 赵贤德.周有光关于中文信息处理的思想研究[J].常州工学院学报(社科版),2014(2):1—5.
② 魏际兰.论周有光的语言教育观[J].常州工学院学报(社科版),2021(1):5.
③ 方小兵.周有光语言安全观探析[J].生活教育,2017(12):120—121+26.
④ 苏培成.周有光先生的治学之道[N].光明日报,2013-06-23(5).
⑤ 史有为.论汉字再演化[M]//王云路,等.语文和语文现代化研究:周有光纪念文集.杭州:浙江大学出版社,2019:98—122.

用世界的眼光看中国,坚持科学发展的一元性。史有为的文章则认为,"从世界看中国,不要从中国看世界"是接近"全盘西化"的另一种表述,更周全的说法应当是"既要从中国看其他世界,也要从其他世界看中国",这样才能保持民族自信,正确面对当今与未来的汉字课题。钟彩顺《周有光先生和语言规划》①以语言规划的问题梳理法为分析框架,以"汉语拼音方案"的史料探讨周有光的语言规划研究方法,得出如下结论:在问题界定阶段,周有光的政治现实主义确保了政府、专家、民众的三维一体,形成一个有效的"话语民主"机制;在问题探讨阶段,周有光的科学实证主义使其能够应用调查分析等方法获取科学的数据;在语言改革方面,周有光奉行经济实用原则,避免无端争议,实现了政治、学术和社会三大目标的自然互融。杨城《周有光先生关于现代汉字定量问题的研究》②总结了周有光在现代汉字研究中的定量研究方法,认为他善于总结语言理论、惯于运用跨学科思维、重视学科研究与国家发展导向相结合,强调对比研究的思路,他的定量研究对现代汉字相关学科建设、相关问题研究和教学产生了巨大的推动作用。

2.语言表达。学者的语言艺术或表达风格也会影响理论的交流与传播,因此也是不可忽视的方面。赵贤德《论周有光先生作品语言的艺术》③概括了周有光作品的语言艺术特点:质朴无华,通俗易懂接地气;浓缩凝练,明了简约近百姓;求真务实,振聋发聩惊国人;循循善诱,自然成文利众生。这些特点在一定程度上揭示了周有光语言文字学研究能够产生较大学术和社会影响的语言奥秘。

以上是目前我们查到的研究著作和学术论文的大致研究概况。除了这两类文献,围绕着周有光的寿诞、逝世和相关学术活动,一些语言学领域的学者、专家还发表了贺词、讲话或撰写了回忆文章。这些文章包括且不限于江蓝生《周有光先生百龄华诞贺辞》④、陈章太《周有光先生的七个"最"》⑤、曹先擢《贺周有光先生百岁华诞》⑥、王宁《面对五洲风云的百年智慧:贺周有光先生百岁诞辰》⑦、许

———————

①　钟彩顺.周有光先生和语言规划[M]//王云路,等.语文和语文现代化研究:周有光纪念文集.杭州:浙江大学出版社,2019:188.

②　杨城.周有光先生关于现代汉字定量问题的研究[J].甘肃广播电视大学学报,2019(2):5.

③　赵贤德.论周有光先生作品语言的艺术[J].湖北文理学院学报,2013(9):53—56.

④　江蓝生.周有光先生百龄华诞贺辞[J].现代语文,2005(2):10—17.

⑤　陈章太.周有光先生的七个"最"[J].现代语文,2005(2):1.

⑥　曹先擢.贺周有光先生百岁华诞[J].现代语文,2005(2):12.

⑦　王宁.面对五洲风云的百年智慧:贺周有光先生百岁诞辰[J].群言,2006(7):2.

嘉璐《在庆贺周有光先生百岁华诞座谈会上的贺函》[①]、胡明杨《平和求新，永葆青春》[②]、李行健《一位永远与时俱进的长者》[③]、冯志伟《周有光先生二三事》[④]、费锦昌《周老奖掖后学一例》[⑤]、郭锡良《做了周先生的助教以后》[⑥]、范可育《锲而不舍，古今中外求索：学习周有光先生的治学精神》[⑦]、高家莺《一封珍藏了二十四年的信》[⑧]、王敏《中国语言规划的开拓者：纪念周有光先生》[⑨]、郭龙生《周有光先生的多彩人生》[⑩]、史有为《我与周老》[⑪]、周荐《敬送周有光先生远去》[⑫]、李宇明《有光的一生》[⑬]、刘丹青《以世界眼光、科学理念研究中国语言文字》[⑭]、王建华《语言文字应用该如何实现现代化》[⑮]、王云路《学习世界眼光，不忘历史眼光》[⑯]、

---

① 许嘉璐.在庆贺周有光先生百岁华诞座谈会上的贺函[M]//王铁琨,王奇,沙宗元.一生有光:周有光先生百年寿辰纪念文集.北京:语文出版社,2007:1.

② 胡明杨.平和求新,永葆青春[M]//王铁琨,王奇,沙宗元.一生有光:周有光先生百年寿辰纪念文集.北京:语文出版社,2007:199—201.

③ 李行健.一位永远与时俱进的长者[M]//王铁琨,王奇,沙宗元.一生有光:周有光先生百年寿辰纪念文集.北京:语文出版社,2007:202—207.

④ 冯志伟.周有光先生二三事[M]//王铁琨,王奇,沙宗元.一生有光:周有光先生百年寿辰纪念文集.北京:语文出版社,2007:220—224.

⑤ 费锦昌.周老奖掖后学一例[M]//王铁琨,王奇,沙宗元.一生有光:周有光先生百年寿辰纪念文集.北京:语文出版社,2007:239—240.

⑥ 郭锡良.做了周先生的助教以后[M]//王铁琨,王奇,沙宗元.一生有光:周有光先生百年寿辰纪念文集.北京:语文出版社,2007:257—259.

⑦ 范可育.锲而不舍,古今中外求索:学习周有光先生的治学精神[M]//王铁琨,王奇,沙宗元.一生有光:周有光先生百年寿辰纪念文集.北京:语文出版社,2007:260—263.

⑧ 高家莺.一封珍藏了二十四年的信[M]//王铁琨,王奇,沙宗元.一生有光:周有光先生百年寿辰纪念文集.北京:语文出版社,2007:267—271.

⑨ 王敏.中国语言规划的开拓者:纪念周有光先生[J].语言战略研究,2017(2):70—75.

⑩ 郭龙生.周有光先生的多彩人生[J].教育家,2017(9):74—77.

⑪ 史有为.我与周老[M]//王云路,等.语文和语文现代化研究:周有光纪念文集.杭州:浙江大学出版社,2019:28—29.

⑫ 周荐.敬送周有光先生远去[M]//王云路,等.语文和语文现代化研究:周有光纪念文集.杭州:浙江大学出版社,2019:28—29.

⑬ 李宇明.有光的一生[J].云南师范大学学报(对外汉语教学与研究版),2017(2):2.

⑭ 刘丹青.以世界眼光、科学理念研究中国语言文字[M]//王云路,等.语文和语文现代化研究:周有光纪念文集.杭州:浙江大学出版社,2019:59—60.

⑮ 王建华.语言文字应用该如何实现现代化[M]//王云路,等.语文和语文现代化研究:周有光纪念文集.杭州:浙江大学出版社,2019:61.

⑯ 王云路.学习世界眼光,不忘历史眼光[M]//王云路,等.语文和语文现代化研究:周有光纪念文集.杭州:浙江大学出版社,2019:63—66.

杨亦鸣《以悲天悯人的学术情怀观照学术研究》①等。上述文章未必都带有研究性质,但对周有光语言文字或者语文现代化方面的学术成就或研究特点不乏洞见,同样很具有参考价值,值得充分关注。基于篇幅,这里不再展开评介,仅需要时在正文中加以引用(部分学者观点也可参见附录4)。

三、研究总结

回顾相关研究文献,我们再对"周学"中关于语言文字学及语文现代化的研究现状作一番总结。当前关于周有光语文文字学研究的文献数量可观,覆盖面广,可供参考之处颇多。其中既有语言文字理论的综合研究、基础文字学研究,也有语文现代化研究,还包括研究方法、语言表达风格的讨论,尤以汉语拼音的研究最为丰富、集中。这些研究为我们博采众长,系统建构周有光的语文现代化理论打下了良好的基础。但是,目前关于语言文字的文献资料还存在着一些明显问题,留待我们更好地解决。这些问题如下。

(一)针对周有光语言文字学理论的专题研究成果不足,尤其是语文现代化理论的深度研究相对欠缺,除了3部纪念文集、2部著作中的部分章节和4篇硕士论文,尚未见到更有分量的研究。

(二)现有研究成果对周有光与语言文字学理论梳理的系统性、逻辑性不强。普遍不区分基础研究和应用研究,将周有光的基础文字学研究和语文现代化研究混为一谈,语文现代化理论的内部框架也存在层次分类不清的问题。重复性研究的问题比较严重,评述角度、评述内容、评述观点大同小异,缺乏新意。

(三)现有研究的"世界眼光"有所欠缺。周有光的语文现代化学说深受国外语言学影响,尤其是改革开放以后一直在与国际学术接轨。但现有研究大多未能将其理论放到国际语言规划研究的大背景中进行审视,评估理论的普适价值和学术特色。

(四)现有研究的"历史眼光"有所欠缺。周有光的语文现代化学说历经半个多世纪,理论、观念、方法一直在动态发展,但现有研究基本未对周有光语文现代化学说的演变情况进行纵向考察。

(五)现有研究中关于周有光语文现代化学说的争议性观点不少。这些观点究竟是对前人理论观点的纠正、超越还是误解、曲解,有待做出全面的梳理和澄清。

---

①　杨亦鸣.以悲天悯人的学术情怀观照学术研究[M]//王云路,等.语文和语文现代化研究:周有光纪念文集.杭州:浙江大学出版社,2019:67—70.

最后,虽然从总体文献数量来看,"周学"非常繁荣,但深入其语言文字研究的学术文献占比并不高。大部分文献都是关于其人其事的回忆、杂感、访谈、传记类的文章和著作。因此,我们呼吁越来越多的学者来研究周有光的语言文字学和语文现代化学说,共同提高"周学"的学术含金量。

第一章　理论"土壤"

"土壤"是一个比方,用来形容理论孕育、诞生、成长过程中所依赖的环境。本章重点考察周有光的语文现代化理论得以形成和发展的两种环境:微观环境和宏观环境。

第一节　微观环境

微观环境是针对个体的学术环境。学者个人的人物交往和人生经历会对其学术理论的形成产生直接或间接的作用。语文现代化理论的萌发同样来自周有光人生中点点滴滴的雨露浇灌。这里以浙江大学出版社的《逝年如水:周有光百年口述》①、《周有光年谱》②两份材料为主要依据,结合其他相关的文献资料,对人物交往和人生经历这两方面进行粗略的梳理。

一、人物交往

学者之间的交往会影响彼此的学术思想,以至于学者们的理论甚至在某些方面会构成"互文性"。周有光是跨世纪人瑞,一生往来者众,难以尽数。这里只列举几位对他的学术研究影响十分显著的重要人物。

周保贻,周有光的父亲。据周有光自述:"我的父亲是一位古文字学家,他办了一个国学馆,规模不大,他自己就教授古文字。"③周保贻早年入仕途,曾任国文教员,开国学馆,虽教古文,但并不固执,不反对白话文,曾著《企言诗存·新咏十三首》:"咏成老妪都能解,从古词章浅最难。我有新诗如白话,留他传与万人

---

① 周有光.逝年如水:周有光百年口述[M].杭州:浙江大学出版社,2015.
② 罗天华,等.周有光年谱[M].杭州:浙江大学出版社,2019.
③ 周有光.岁岁年年有光:周有光谈话集[M].天津:天津人民出版社,2016:112.

看。"并自注:"古来万口争传之作,必非十分奥淹之文。方今文体日浅,余集欲人人能读,故求浅不求深。余乞蔡公子平选诗,沈君仲盉选文,高君敬轩选随笔;即以此意为请。此与胡适之先生作白话文之意,同要人明白易学也。"①周父对文言和白话的看法对周有光的语言观难免造成潜移默化的影响。

吴山秀、周寿铺、孟承宪等。在常州中学就读期间,中文老师吴山秀常常选好的有思想的白话文学来启发周有光。在圣约翰大学就读时,一位英国老师教他阅读报纸的方法。受光华大学校长周寿铺的影响,周有光产生了"语言只是工具,不是学问"的思想。跟随孟承宪承办民众教育,不仅获得许多教育学知识,也体会到了语文扫盲对普及教育的重要性。

赵元任。1946年周有光被新华银行派到美国工作,其间与中国语言学三巨头赵元任、罗常培、李方桂常有来往,尤以赵元任对他影响最大。他的妻子张允和就读于密歇根大学的暑期学校,选修赵元任的语言学,获得赵元任新设计的拉丁字母汉语拼音方案(讲义材料),周有光觉得方案非常好,后来在设计《汉语拼音方案》就参考了它。周有光曾在接受访谈时对赵元任赞不绝口:

> 语言学、文字学是中国学外国学来的,比较晚。赵元任他们是第一代。他们真正把外国的语言学,文字学引进中国来。他们的许多文章对我的影响很大,因为他们吸收了许多外国的东西,不是中国祖宗传下来的。(笑)②
>
> 关于文字改革,关于语言学,关于文字学,我觉得赵元任是最可钦佩的。我最重要的东西是从他的书里得到的。他吸收了国外的学术加以消化而且的确得到了精华,并用之于中国。他能真正用之于中国,这一点了不起。③

罗常培。周有光在美国时,因为罗常培对其微型讲义《中文十课》采用拉丁化新文字所提的"不标声调不好"的建议,不再赞成拉丁方案不标声调的主张。他也受到罗不以满族而自卑、民族平等的思想影响,新中国成立后做了许多少数民族语言文字工作。1955年进入中国文字改革委员会工作以后,他时常请教罗常培,获得不少语音学知识,曾认真学习罗及其大弟子王均合写的《语音学常识》,多次对罗常培说:"我是您的大弟子的未及门的弟子。"罗常培还就语言规范化和拼音化之间的关系指导他:"拼音文字和规范化的语言这两件事互相配合,正如车有两轮,鸟有双翼。"此外,罗的"古不轻今""雅不轻俗"的语文现代化思想

---

① 范炎培.周有光年谱[M].北京:群言出版社,2012:8.
② 周有光.对话周有光[M].北京:人民日报出版社,2014:14—15
③ 周有光.对话周有光[M].北京:人民日报出版社,2014:30.

以及追求团结一致的"共同语"语言生活的学术主张也对他有重要的影响。①

魏建功。周有光称他为"心目中最值得崇敬的学者和语文改革家"。新中国成立后担任文字改革委员会委员。周有光第一次见他的时候,就对他说读过他的文章和专著,是他的一个未及门弟子,关于语言文字的知识主要是从他的书里得来的。魏曾和周有光交流他在台湾推广"国语"的成功经验。魏建功在主持《新华字典》的编辑工作时坚持使用拼音,研究民族形式方案时积极支持拉丁字母等,深受周有光的赞赏。②

吕叔湘。周有光调入文字改革委员会后,经常和他交流工作。在语文观点上,他自述与吕叔湘完全一致,在语文学术上将吕视作良师益友。他常常针对学术问题向吕陈述自己的看法,吕几乎每次都表示同意,并常常有补充意见。周认为他们二人可以说是雨水无间,做到了"君子之交淡如水"。周还注意学习吕叔湘的文风,提倡口语文章化,文章口语化,其简洁洗练的风格显然是受他的影响,在语法理论方面较多参考他的著作。③

胡愈之。被周有光誉为20世纪20年代"引导当时青年们走出思想苦闷的一位影响极大的思想家"。周有光的学术也深受他的启发。在语文现代化事业方面,他曾提倡世界语,推行"手头字",倡导"大众语"。新中国成立后担任文字改革委员会副主任,大规模试行并实现"汉字横排",领衔制定《汉字简化方案》。周有光在其领导和鼓励下开展拼音方案设计工作,并受命完成《汉语拼音词汇》,成为汉语拼音正词法规则的基础。④

林汉达。"文革"期间曾和周有光一起去"五七干校"学习。作为一位教育家、出版家和文字改革研究者,毕生致力于向传统教育挑战、从事扫盲、研究拼音文字、编写历史故事和提倡成语通俗化等工作,其语文教育大众化的主张给周有光留下了深刻的印象。周有光晚年"古书今译"、以白话传承古代文化的倡议都受其影响。⑤

胡适。可能是对周有光影响最深的一位特殊人物。尽管他与周有光并不相识,但却被后者视作"最难忘的朋友"。周有光曾说:"(我)最难忘的朋友是胡适,他是我的丈人的朋友。其实他不能算是我的朋友,不过我认识他。我的老伴,还有老伴的妹妹就是沈从文的夫人,都在胡适的学校里面听过他的课。其他的朋

① 周有光.新语文的建设[M].北京:语文出版社,1992:353—358
② 周有光,张允和.今日花开又一年[M].北京:中国文史出版社,2011:224—225.
③ 周有光.百岁所思[M].天津:百花文艺出版社,2014:200—202.
④ 周有光,张允和.今日花开又一年[M].北京:中国文史出版社,2011:208—211.
⑤ 周有光.超越百年的人生智慧:周有光自述[M].北京:人民日报出版社,2014:279.

友想不起来,朋友太多了。现在看起来,胡适讲的话都是对的,他没有胡说八道。中国,今天最重要一句话,就是改革开放讲的'实践是检验真理的唯一标准'。这句话哪里来的,胡适讲的,是胡适讲出来的,这是很值得敬佩的。"①"五四"思潮席卷中国之际,吴山秀密切关注白话文运动,积极提倡白话文国语,指引学生传阅《新青年》和胡适的《尝试集》等。胡适的《尝试集》作为中国第一部白话新诗集,不仅拓宽了周有光当时的阅读视野,也影响了他一生的语文观念。

除了这些人物,还可以列举众多与周先生有学术交往的人士。如苏培成与周先生长期保持着亦师亦友般的关系,两人的书信交往已集成一本《语文书简:周有光与苏培成通信集》(2015)。他还和香港友人姚德怀有常年的书信往来,其中359封信件被保存至常州市档案馆,部分内容于20世纪90年代发表于《语文闲谈》。《汉语聋人字母手指方案》《汉语手指音节指式图》两项成果是周有光与沈家英多年合作的结果,两人也曾有过多年的学术交往,沈家英一直保存着周先生"文革"期间写给他的14封回信。②世界上第一台中文语词处理机是周有光指导计算机专家林才松在1984年发明的。当时身在广东的林才松看了周有光的一本关于拼音的著作,很想发明拼音输入法,就写了一封信向北京的周有光讨教。周有光立刻邀请林才松到北京,为他向国家语委申请了宿舍及一台电脑供他编程。两人合力攻克了汉语语词处理中的同音字语境识别问题。③ 周有光还曾与《中国大百科全书》创始人姜椿芳交流过辞书检索排序问题,与地图学大家曾世英共同研究中国地名罗马字拼写法的标准化问题,与计算语言学专家冯志伟交流过应用语言学学科建设、汉语拼音与信息处理等学术问题。他还为了获取学术资料和海外友人保持着多年的联系。

此外,周有光还撰写过纪念陆宗达、陈望道、章乃器、胡乔木、郑权伯、蔡元培、卢戆章、张志公、叶籁士、黎锦熙、瞿秋白、刘尊棋、村野晨雄等人的回忆录或传记文章。这些人或是他的领导、同事、朋友,或是令其受益的前贤,未必都有直接的交往,但都对他的学术理论产生了一定的影响,有助于他的语文现代化研究。

二、人生经历

周有光于1955年正式改行从事语言文字工作。他曾形容其50岁改行从事语

① 周有光.岁岁年年有光:周有光谈话集[M].天津:天津人民出版社,2016:102—103.

② 马建强.《汉语手指音节指式图》:周有光与沈家英的珠联璧合[J].现代特殊教育,2019(18).

③ 丁东.汉字拼音输入程序的拓荒人[N].社会科学报(8版:文史之旅),2018-1-25.

文现代化研究是"半路出家",但这并不意味着他的前半生和语言文字研究完全没有交集。他的两段自述反映了年轻时的人生经历对其语言文字学研究的影响:

> 他们都问我为何改行,改行很难啊。这个是意料之外的。我在学生时代,对文字学很感兴趣,后来到了欧洲,我又学习了字母学。这些对我之后从事语言文字是很有用的。我们所受的教育叫"Library Education",翻译过来就是"广识教育",所以知识面是比较广博的。知识面大,知识面广,改行就比较容易了。①

> 20 年代初期,我业余写过几篇有关语文的文章,提出一些幼稚的所谓新观点;30 年代,我业余参加拉丁化运动,写过一些有关改进拉丁化的文章。这就是我被留下在文改会工作的缘故。②

这两段话说明周有光的学术成就是厚积薄发的结果。除前述交往人物之外,他早年的游学、工作经历,也对其学术体系的形成产生了孕育、催化之力。下面对其早年经历试加述要。

国内读书——1923 年至 1927 年,先后就读于圣约翰大学、光华大学。在圣约翰大学就读期间,周有光见识了学校字母建档、管理学生的优势。在大量的英语阅读和使用中,他发现了英文不同于中文的方便之处:"校内都是用英文,用打字机,太方便了,这给我印象太深刻了。"③这些经历令他开始对拼音感兴趣,启发了他往后的语言文字研究,选修语言学课程也奠定了他早期的学术基础。大学期间他还因个人兴趣在叶籁士创办的《语文》杂志上发表《关于语法问题》一文,提倡口语文法研究,较早流露出语文现代化的思想倾向。

圣约翰大学的美式教育被周有光称作"广识教育"(Library Education),这种教育使他获得了知识面广大的学术优势。

江浙教书——1927 年至 1933 年,任教于光华大学、江苏教育学院、浙江教育学院。其间翻译丹麦教育家格隆维的《农村教育》,和一位严姓的学生物学的人共事,了解到生物学中包括进化论,是每个人需要的基础知识。在孟承宪的引导下,知道了更多社会、历史世界的情况,思想变得乐观进步。在工作过程中亲身体验到普通百姓文化素质提高之难,很多人识字都成问题,扫盲成为他牵挂的问题。

---

① 周有光.岁岁年年有光:周有光谈话集[M].天津:天津人民出版社,2016:111.

② 周有光.新时代的新语文:战后新兴国家的语文新发展[M].北京:生活·读书·新知三联书店,1999:219.

③ 周有光.周有光百岁口述[M].桂林:广西师范大学出版社,2008:11.

　　日本留学——1933 年至 1935 年，赴日留学，就读于日本京都帝国大学。两年的日语学习为周有光的学术生涯打下了扎实的外语基础，他以后的文字学研究经常以日文为例，其语文现代化研究也屡屡从日本的文字改革中获得启发。他晚年还和日本的语言学者、日本的信息技术公司有过密切的联系和合作，其著作也被翻译成日文，在日本产生影响。

　　赴美履职——1946 年至 1948 年，被新华银行派往美国纽约工作。其间，一边工作一边去大学听课学习。此外，每天下班后去公共图书馆看书，获得一间独立研究室，抄写了很多语言文字学方面的资料卡片，成为日后《汉字改革概论》一书的写作素材。在此期间，他还抽空研究速记学。

　　欧洲旅行——1948 年回国前开始欧洲环游。在英国伦敦时，看到了刻有古代埃及象形、俗体、希腊三种文字的罗塞塔碑，购买了许多馆内出版物和关于字母学的书。在法国、意大利时，参观、研究了古代罗马墙壁保存的文字，发现这些拉丁文是不分词的，分词连写是 16 世纪才慢慢发展起来的，莎士比亚的手稿，分词连写也很随便，他意识到分词连写是语文技术的进步。

　　上海工作——1949 年，周有光担任上海财政经济学院教授与新华银行总行秘书长。工作之余，参加倪海曙主持的上海新文字研究会，在其主办的刊物《新文字》上发表文字改革方面的文章，受到陈望道好评。1950 年，在《中华教育界》发表《广东话新文字研究》和《论共通语》，这两篇文章是其正式转行前所发表的体系较为完整的语言文字学研究成果，为周有光之后的文字改革研究作了初步的理论准备。

　　从上述对周有光改行前人生经历的素描可知，周有光从经济学向语言学改行是偶然中的必然。他受强烈的个人兴趣和社会使命感驱使，一直在业余时间补充语言文字学知识并进行文字改革研究，他的教育和工作经历也为其积攒从事应用语言学所需要的广博知识，这些都为他改行后能够取得较大的语言学成就打下了良好的基础。

　　当然，在从事语言文字工作之后，人生经历也是促使其学术理论发展的重要外因。比如"文革"时在"五七干校"期间，由于不允许带别的书，他就利用带去的各种语言版本的《毛主席语录》开始了比较文字学研究。他还以收入《新华字典》的字为依据，研究汉字的声旁表音率，后出版《汉字声旁便查》，开创了"现代汉字学"。20 世纪 70 年代末至 80 年代，周有光曾被派去巴黎、华沙参加国际标准化组织会议，并应邀去美国、日本、新加坡等地访问、演讲，参加夏威夷华语现代化会议……这些经历不断拓宽了他的国际视野，语文现代化的研究路线也因而得到调整。这说明学术研究不是一个人书斋里的闭门造车，而是和生活互动、与社会联系的结果。

第二节　宏观环境

学术理论的诞生和发展不仅和学者个人的人际交往和人生经历有关,也受到时代与社会的宏观环境因素影响。宏观环境因素主要分为两个方面:一是理论面临的时代需求;二是理论具备的历史条件。

一、时代需求

新中国成立以后,百废待兴,党和政府提出了"工业现代化、农业现代化、国防现代化、科学技术现代化"的现代化建设目标。但当时的国情是方言纷杂,文盲众多,基础教育一片荒芜。在这种情况下,推行民族共同语,消灭文盲,普及教育,提高全民文化素质,成为国家工作的当务之急。为此,政府开展了以"文字改革"为名的语文现代化建设。

经过五四运动洗礼的新中国,"科学"观念已深入人心。文字改革作为一种国家政策,如要避免误入歧途,必须经过充分论证,以科学理论作为指导。但是,中国的语言学长期注重古文字学研究,缺少面对现代生活的语言文字应用研究,文字改革一直处于理论贫瘠状态。1954 年设立中国文字改革委员会,作为国务院直属机构,吴玉章为主任,胡愈之为副主任。这一机构的成立充分反映了政府对学术界提供理论支持的殷切期望。另外,据周有光口述[1],毛泽东曾派秘书向他借阅《字母的故事》一书。可见文字改革理论问题甚至是国家最高领导人亲自关心的大事。

在这种气氛下,能否从理论上解决文字改革的实际问题成为语文学术界面临的时代使命。尤其是关于汉字是否应当走拼音化道路,引起了学界激烈的争论[2]。一些学者也出版学术著作讨论了汉字改革问题,如郑林曦《汉字改革》[3]、张世禄《汉字改革的理论和实践》[4]、周铁铮编《汉字和汉字改革》[5]等都是属于这方面的早期理论探索,只是内容稍显单薄。可以说,周有光的《汉字改革概论》就

---

① 周有光.对话周有光[M].北京:人民日报出版社,2014:183.

② 参见:文字改革问题座谈会记录[J].拼音,1957(7):1—35.

③ 郑林曦.汉字改革[M].上海:新知识出版社,1957.

④ 张世禄.汉字改革的理论和实践[M].北京:文字改革出版社,1957.

⑤ 周铁铮.汉字和汉字改革[M].长沙:湖南人民出版社,1957.

是在这样的时代召唤下诞生的具有代表性的理论成果。这一点从他的回忆中也可得到印证：

> 建立国家的共同语言要有一些理论，普通话的第一本理论书是徐世荣写的，从前我们有好多语言学的书，一本也不管用，文字学都是用来看古书的，跟今天的生活完全没有关系，这是很不正常的。中国的传统是研究古代才有学问，研究现代的东西不是学问，这是错误，今天想办法在改。我这本书（《汉字改革概论》）可以说是"文改运动"跟文字学、语言学挂钩的第一本书。以前有几本小本子，也是没有理论的，苏联的拉丁化运动也缺少理论。这可以说是我到"文改会"做的第一件事情，要提高文字改革的学术水平。①

不仅周有光语文现代化理论的初创成果是时代需求的产物，他后期理论研究的深化与发展，同样和时代脉搏紧密关联。中国在经过"文革"十年的社会停滞后，实行改革开放，将发展重心转移到现代化建设上来，"四化"的口号再次被提出。打开国门，信息化、全球化的浪潮扑面而来。如何尽快让汉字进入电脑，让汉语走向世界，成为新时代面临的新挑战。对外交流加强，学术视野拓宽，语文现代化已然是国际共同事业。这些社会变化都要求周有光发展其理论体系，以满足新的需求。现代汉字学的提出、汉语拼音正词法规则的研制、汉语拼音变换输入法的设计、世界语文生活的调查、文字改革的宏观理论思考以及"跨学科"研究方法的运用，最终都是为了解决信息化、全球化时代语言文字规范发展的实际问题。这些都就说明时代需求对其理论体系发展具有重要影响。

二、历史条件

仅有时代需求，不具备相应的历史条件，语文现代化理论也是无法产生与发展的。语文现代化理论所具备的历史条件包括且不仅限于以下几点。

（一）语文现代化运动积累的实践经验。一方面，中国的语文现代化运动提供了宝贵的历史经验。周有光说："辛亥革命（1911）以后，'语文现代化'运动从酝酿进入实践。这个运动先后经历了切音字运动、国语运动、白话文运动、注音字母运动、国语罗马字运动、拉丁化新文字运动、手头字运动、少数民族新语文运动等。语文现代化在前进过程中，有成功，有失败，有高潮，有低潮，有新旧争论，有左右摇摆，不断在'尝试与错误'中提高认识和开展局面。"②正是因为前人的探索，语文现代化理论才有了历史根基，《汉语拼音方案》的制定和推行才能水到

---

① 周有光. 文明国. 超越百年的人生智慧：周有光自述[M]. 北京：人民日报出版社，2014：79—80.
② 周有光. 中国语文的时代演进[M]. 北京：清华大学出版社，1997：1.

渠成。改革开放以后,如果没有信息化时代为"汉字进电脑"掀起的"万码奔腾"的研究热潮,拼音变换输入法的理论和技术也未必能应运而生。另一方面,国际语文现代化运动的经验也有重要的参考意义。如果没有欧洲从文艺复兴到工业化时期的语文更新经验以及日本、印度等文明古国为学习西方而进行的语文改革探索和战后100多个新兴国家的新语文建设实践,周有光就无法提出"语言求通、文字尚同"这样的语文发展共性规律,而术语国际化、国际"双语言政策"等理论的提出也就失去了事实基础。换句话说,没有人类语文现代化的发展现实,就难以形成语文现代化的理论体系。

(二)中外学者积淀的语文研究基础。首先,尽管周有光曾坦言自己研究文字改革主要是看国外的书,但无可否认的是,中国传统文字学提供的关于汉字分类的理论(如六书)对于他的文字学研究提供了重要的帮助。其次,随着西方现代语言学理论的引入,赵元任、吕叔湘、王力、罗常培、黎锦熙等中国学者运用现代语言学理论对现代汉语本体开展的系统研究也是语文现代化理论重要的语言学资源。再次,语言学家关于文字改革的一些前期探索(如赵元任的国语罗马字方案,瞿秋白的拉丁化新文字方案,王力、张德禄等人的汉字改革著作)也是其文字改革理论探索未曾忽略的参考资料。至于国外学者如泰勒、迪龄格、格尔伯、伊斯特林、希尔、桑普森、德范克等人的学术研究,更是他探索人类文字类型和发展规律的重要参考①。此外,语文现代化国际学者的研究成果交流也是不可忽略的因素②。

(三)中国政府给予的政策支持。语文现代化之所以又被称为语言规划或语言政策,主要在于这门学问和政治之间有着难以切断的联系。政府的语文现代化建设需要学者的学术指导,同时也会为学者提供一定的政策支持。新中国成立初期政府为实行文字改革可谓"求贤若渴",成立文字改革委员会,经周恩来特批将"外行"的周有光调去参加工作并担任拼音研究室主任,这是周有光得以开展语言学专业研究的直接契机。在《汉语拼音方案》的诞生过程中,政府尊重学者意见,倡导群众路线,发扬实事求是的科学精神,为《方案》的起草、修改、发布和实施提供了政策保证。政府为普及国内教育、保障广大人民群众的受教育权,推动开展扫盲、普通话推广实验,推行新设计的少数民族文字、特殊教育文字等,客观上为《汉语拼音方案》的应用研究提供了大量的便利。1978年以后政府实

---

① 国外学者文字学研究的有关情况参见:周有光. 文字学和文字类型学[J]. 中国语文,1995(6):5.

② 参见:周有光. 记两次语文现代化国际会议[J]. 语言文字应用,1998(2):5.

施改革开放经济政策，使中国逐步走上工业化、信息化、国际化的发展正轨，也为语文现代化研究迈向更高水平提供重要的历史机遇。政府支持学者开展国际学术交流和外出工作，如曾在1979年派周有光前往巴黎、华沙参加国际标准化组织主办的文献技术会议，并同意让会议1981年在中国举办。80年代，正是得益于相对宽松的政治环境，周有光才能多次获得去国外访问、讲学、开会的机会，开阔学术视野，提高理论水平。政府也为学者的学术研究提供了必要的物质支持，前述20世纪80年代为支持周有光和计算机专家林才松合作研发拼音输入法，由国家语委提供了宿舍和电脑。尽管学术研究是一种相对独立的科学活动，但政府如既能保障学者的人身和言论自由，又能给予必要的物力财力支持，那它对学术发展的正面推动作用还是不可否认的。

小　结

本章从微观环境和宏观环境两个角度梳理周有光语文现代化理论形成与发展的外在因素。从微观环境来看，周有光的学术成就是厚积薄发的结果。除广泛结交的一些重要学术人物以外，他的游学、工作经历，也对其学术体系的形成产生了重要的影响。从宏观环境来看，新中国成立初期和改革开放以后不同的现代化任务构成其理论产生和发展的时代需求，而语文现代化运动积累的实践经验、中外学者积淀的语言文字学基础以及中国政府提供的政策支持则是他的理论产生与发展的历史条件。

由上述分析可知，一种理论得以产生和发展的条件是复杂多样的。无论是微观环境还是宏观环境，我们都只是列举了一些显著的因素，而不是全面的总结。另外需要注意的是，"内因决定外因"，无论外在环境多么重要，如果研究主体缺乏必要的禀赋，依然无法成事。周有光不仅具有理性睿智、好奇敏锐的科学家头脑，而且具有淡泊从容的性格、乐观积极的精神、勤勉执着的意志、悲天悯人的情怀，这些都是他得以创建语文现代化理论的内在因素。

第二章　理论基础

语文现代化主要是语言学课题,同时也是一个多学科交叉的课题。语文现代化研究要真正满足社会发展过程中对语文方方面面的多元需求,必须借助多学科理论的助力。尽管这些学科理论不是语文现代化的理论主体,但语文现代化缺少这些理论的支持,也将会成为无本之木、无源之水。周有光的语文现代化理论,至少由下列学科知识作为理论基础。

第一节　语言学

辛亥革命以来,文字改革逐步前进,但是没有长远规划,缺少理论指导,作为一个从群众运动中来的感性工作者,周有光深感文字改革需要和语言学理论结合。周有光曾说,文字改革的许多问题的解决有赖于语言学知识,比如国家共同语的词汇基础和语音标准问题,异读词的读音规范化问题,词与非词的界限问题,语词的结构问题,汉字和语词的使用频率问题,汉字的分层应用问题,同音字和同音词问题,繁化和简化问题,声旁的有效表音功能问题,现代汉字的部件分解问题。① 为了更好地从事文改工作,他通过大量地阅读语言学著作和请教专业人士来提升自己的语言学理论水平。

1958年秋季,周有光受北京大学中文系王力教授的邀请,开设"汉字改革"课程,尝试将文字改革和语言学挂钩,使文字改革成为一门可以言之成理的系统知识。他把讲稿整理成《汉字改革概论》一书,成功实现了这一"连接"。

语言学有广义和狭义之别。广义的语言学包括基础语言学(或本体语言学)

---

① 周有光.新时代的新语文:战后新兴国家的语文新发展[M].北京:生活·读书·新知三联书店,1999:219—235.

和应用语言学,狭义的语言学仅指基础语言学。基础语言学主要研究语言本身的结构和功能,一般说的语言学指的是基础语言学。应用语言学结合其他学科的方法研究语言在各种特定领域中的使用。①

　　语文现代化属于应用语言学。这门学问要解决的许多问题是要以基础语言学的理论为根据的。周有光的语文现代化理论对历史比较语言学和结构主义语言学的吸收、借鉴和运用较为明显。

　　一、历史比较语言学

　　语言演化和语言现代化不是一回事。语言演化是一种无意识、自发的、经常是缓慢的变化发展。语言现代化是有计划的、有意识的变化发展。由于语言规划是对语言发展做出有计划的调整,这种调整需要符合语言的演变规律,因此历史比较语言学对语言演化的研究就具有重要的参考价值。

　　周有光曾讨论关于语言演化的两种主张②。一种是弗兰茨·鲍普③的“某些继承者”提出的“同祖分化论”,认为世界上所有的语言都起源于同一种语言。另一种是梅蒂察尼诺夫等学者提出的“多源融合论”,这种理论认为社会越进步,语言就越趋一致,社会越落后,语言就越纷繁。语言的发展是从无数种语言逐渐发展到数目不多的、比较大的语言。周有光表达了对语言“融合进化论”的认同。他认为同化倾向是语言演化上整个的、基本的、经常的道路,分化倾向是语言演化上部分的、次要的、一时的现象。但是,“人类社会的发展飞跃前进,语言的融合进化却姗姗而来”。语言和方言太多造成了人们学习语言的麻烦,影响了知识的学习。因此周有光认为要建立国内及国际的双重语言制度,推行民族共同语和国际共通语,代替原来的“多重语言制度”——语言的无政府状态。语言的“融合进化论”就是“二重语言制度”(后称“双语言政策”或“双语文政策”)提出的一个比较早的理论依据。

　　历史比较语言学不仅影响了周有光的语言发展观,也对他的比较文字学研究产生了一定的启示。如他曾说:“语言学有比较语言学,可以说是相当成熟的一个学科了。比较文字学是不很成熟的。许多学问在它发展的初级阶段,都要经过比较,经过分类,然后得到一个系统,然后了解它的发展规律。”④他将历史

---

　　①　彭泽润,李葆嘉.语言理论(第 7 版)[M].长沙:中南大学出版社,2018:7—8.
　　②　周有光.中国拼音文字研究[M].上海:东方书店,1952:112—116.
　　③　弗兰茨·鲍普(1791—1867)是历史比较语言学的奠基人之一,他认为古代欧洲语言与印度梵语同出一源。
　　④　周有光.百岁新稿[M].北京:生活·读书·新知三联书店,2005:122.

比较语言学的比较与分类方法运用于文字学研究,并受"语言谱系"的启发提出了"文字谱系"。比较文字学的研究最终又为文字现代化提供了理论依据。

二、结构主义语言学

索绪尔创立的结构主义语言学是现代语言学的开端,对中国的现代语言研究影响深远,对语文现代化运动同样有重要的指导意义。尽管以《周有光文集》为代表的学术论著中罕见"索绪尔"与"结构主义"的相关说法(经统计,《文集》中仅见"索绪尔"两次,"结构语言学"一次,但都一笔带过,未见"结构主义"),但周有光的语文现代化学说却明显带上了结构主义语言学的色彩。两者的联系举例如下。

(一)坚持"语言第一性,文字第二性"的基本原理。这是结构主义语言学对文字和语言之间关系的基本判断,也反映了西方语言学对语文关系的传统认识。这句话包含着如下意义:语言和文字是两种不同的符号系统,文字唯一存在的理由是表现语言(口语)①。这种西方语言学思想在五四运动期间激起了很大的共鸣,得到了白话文运动参与者的拥护。在周有光的语文现代化理论体系中,无论是书面语向口语(文体口语化)看齐,还是文字要走表音化的道路,都是对这条基本原理的实践。周有光曾自述:

> 到了"五四"白话文运动(1919)时候,才开始"发现语言"。原来的"国文"课,这时候改成了"国语"课。一部分人(至今还是一部分)终于明白了一条语文原理:语言是第一性的,文字是第二性的。②

(二)注重区分"共时"研究和"历时"研究。结构主义语言学区分了共时语言学(synchronic linguistics)和历时语言学(diachronic linguistics),前者研究一种语言或多种语言在历史发展中的某一阶段的情况,而不考虑这种状态如何演化而来,又称静态语言学,后者集中研究语言在较长历史时期中所经历的变化。周有光的文字学研究直接受其影响。他说"研究语言,有历时(diachronic)研究和共时(synchronic)研究。研究汉字能否也分为历时研究和共时研究呢?换句话说,汉字学能否和应否分为历史汉字学(历时)和现代汉字学(共时)呢?外国没有的东西,中国能否有呢?"③显然他提出现代汉字学这门学科的构想就是受到这一思路的启发。

---

① 索绪尔.普通语言学教程[M].高名凯,译.北京:商务印书馆,2011:35.
② 周有光.中国语文纵横谈[M].北京:人民教育出版社,1992:282.
③ 周有光.中国语文的现代化[M].上海:上海教育出版社,1986:198.

（三）注重区分语言本体和语言应用。"语言"（language）和"言语"（parole）是结构主义语言学的重要区分。语言是一种符号系统，是必要的惯习的总汇，而言语是语言的运用，是语言的具体表现。① 在周有光的语文现代化理论中，也注意区分语文本身的改革与语文应用的改革。他说："语文本身就是语文工具，语文生活就是语文应用。对语文工具进行规范化的加工就是语文本身的现代化。应用方法的不断改进当然也是语文的现代化。"②

（四）注重符号的层次系统。结构主义语言学将普通语言学和具体语言学区分开来，十分注意将语言分成不同的层次系统来进行研究。周有光的文字学研究同样注意区分文字的层次系统，认为："多个文字单位（例如汉字单位）组成文字体系（例如汉语的汉字体系）；多个文字体系组成文字系统（例如汉语和非汉语的汉字型文字系统）；多个文字系统组成人类文字总系统。"③在语文现代化研究中，他也注意区分国家、国家组织、地区、世界等不同层次系统的语文发展问题。

以上几个方面较为概括地列举了结构主义语言学在周有光语言文字研究中留下的痕迹，而如果深入到《汉语拼音方案》设计的分析，这种影响的存在就更加明显。曾和周有光恳谈多次的杨亦鸣谈到周有光在设计汉语拼音时运用了美国结构主义的音位学方法：

> 当时制作汉语拼音方案，实际上周先生是比较彻底地接受了结构主义语言学的思想。结构主义语言学在当时是领先的，现在也是语言学最重要的一个研究基础。不仅是在语言学，还走出了语言学，成为一种哲学思潮。周先生做汉语拼音方案的时候，我们汉语的普通话语音也不是那么简单的，比如说资产阶级的"资"和知识分子的"知"，还有小鸡的"鸡"，这三个不同的音节用同一个"-i"代替三个不同的元音。这就是音位学思想，就是在不同的场合出现，如果不影响意思就可以用一个字母表示。这很先进，不然字母表就要扩大，而且还找不到合适的替代。这一点学语言学的人都知道，不学语言学的人可能不清楚。④

杨亦鸣还认为20世纪50年代都在批判美国，周有光和朱德熙没有明确提

---

① 刘润清.西方语言学流派［M］.北京:外语教学与研究出版社,2002:67.
② 周有光.几个有不同理解的语文问题［J］.群言,2002(4):36—37.
③ 周有光.几个文字学问题［J］.群言,2010(4):41—43.
④ 杨亦鸣.以悲天悯人的人文情怀观照学术研究［M］//王云路,等.语文和语文现代化研究:周有光纪念文集.杭州:浙江大学出版社,2019:71—78.

出结构主义,但实际用的都是这个方法。①

此外,周有光在《语文闲谈》中专门记述了一条赵元任讲述的音位学知识:

> 赵元任说:汉语拼音中,fan（翻）中的 a 音,fa（法）中的 a 音,fang（方）中的 a 音,舌位分前中后,三者不同。这三个 a 音是三个"同位异音（allophones）,都属于同一音位 a。如果把这三个 a 写成三种形式,既不必要,又不方便。把三个 a 写成同一形式,这是"音位"表示法。英文中,p, t, k 后面的 s 读清音（如 slaps, faints, wrecks）,b, d, g 后面的 s 读浊音（如 slabs, adds, legs）。读清音,读浊音,都属于同一"形态音位"（morphophoneme）。如果读清音的写 s,读浊音的写 z,二者分开,不便于实用,不合乎正词法的要求。一概写成 s 比较好。这是"形态音位"表示法。②

这条知识和《汉语拼音方案》所体现的"对立互补"的音位学原理高度一致,并不是一种偶然现象。《汉语拼音方案》中体现的结构主义原则可能是周有光向赵元任等结构主义语言学家学习的结果,也可能是周有光自行学习美国的语言学理论后的主动运用。由于周有光本人很少谈及他进行文字改革研究究竟用到了哪些国内外的语言学理论,两者具有联系的原因有待考证,但他的研究运用了结构主义本身却是一个很难推翻的事实。

三、马克思主义语言学

由于政治上的联系,中国的文字改革运动也深受苏联影响。新中国成立前,拉丁化北方话方案的创造者瞿秋白的语言文字改革思想就"深受当时苏联语言文字改革的影响,带有浓重的苏联色彩,与苏联语言学家马尔的语言上层建筑论和语言进化论,以及苏联的国体选择与国语策略之间有不可分割的联系"。③

20 世纪 50 年代,由斯大林为批判马尔语言学而写的语言学论文、信件集《马克思主义与语言学问题》传入中国,又引发了中国语言文字工作者的反思热潮。④ 周有光也加入了对斯大林马克思主义语言学理论的学习。在《中国拼音文字研究》⑤一书中,他多次引用斯大林的观点,并专门讨论斯大林的语言论及

---

① 杨亦鸣.以悲天悯人的人文情怀观照学术研究[M]//王云路,等.语文和语文现代化研究:周有光纪念文集.杭州:浙江大学出版社,2019:71—78.

② 周有光.语文闲谈（上）[M].北京:生活·读书·新知三联书店,1995:92—93.

③ 薛荣,李敦东,杨小惠.论瞿秋白语言文字改革思想的苏联渊源[J].常州大学学报(社会科学版),2017(4):6.

④ 王爱云.当代中国文字改革研究[D].武汉大学,2014.

⑤ 周有光.中国拼音文字研究[M].上海:东方书店,1952.

其对中国语言问题和拉丁化运动的启示。可见,这一理论对他的语文现代化研究也产生了一定的影响。斯大林提出的"语言不是上层建筑""语言不具有阶级性""语言是交际的工具"等观点及他对方言和民族语言关系的看法也成为周有光语文现代化学说中的合理内核,与之相关的还有唯物辩证法的运用(见第七章)。当然,斯大林的语言论并不都是对马克思主义的正确运用,周有光对其理论只是批判地、有限地吸收。如斯大林反对"拉丁化",实行字母的"俄罗斯化",在周有光看来就是一种封闭的"大俄罗斯主义"。①

第二节　文字学②

文字学对语文现代化研究的影响主要体现在文字改革(狭义)。狭义的文字改革被视作"应用文字学"的一个方面③,也就是对基础文字学的应用,它和比较文字学、文字类型学、文字发展史等基础文字学研究有不同的分工。如文字发展史研究就不同于文字改革史研究。这一点,周有光也有过明确说明:

> 没有一成不变的文字,任何文字都是不断变化着的。有的变化是自发的,也就是无意识的、无计划的;有的变化是自觉的,也就是有意识的、有计划的。只有自觉的变化才能称为文字改革。我们的习惯,"文字改革"可以泛指任何一国的文字改革,也可以专指我们的汉字改革。文字改革是文字学的一个问题,一个异常重要的问题。文字改革的理论根据就是文字学的研究所提供的人类文字的一般发展规律。文字改革是对这发展规律的认识和运用。④

在这里,周有光指出了文字改革和文字变化(演变)的差异:有意识的、有计划的、自觉的变化才能称作文字改革。文字改革是对文字发展研究成果的认识和运用。

文字改革和普通文字学的分支——比较文字学也不是一回事。周有光曾说道:"比较文字学是一门年轻学科,它对中国语文界有扩大视野的启发作用。研

---

① 周有光.中国语文纵横谈[M].北京:人民教育出版社,1992:281.
② 一般认为文字学包含在语言学中,没有独立地位,但由于它在汉语语境中是一个特别重要的问题,故在此单列。
③ 周有光.比较文字学初探[M].北京:语文出版社,1998:22.
④ 周有光.汉字改革概论[M].3版.北京:文字改革出版社,1979:4.

究比较文字学不是为了文字改革。文字改革属于应用语言学。当然,应用语言学可以参考比较文字学的研究成果。"①由此可见,比较文字学属于基础研究,它是语文现代化研究的理论基石之一,而非理论本体。

但文字学的基础研究和应用研究的区分是相对的,无法截然分开。《汉字改革概论》(1961 年版)就设有"文字发展规律的认识和运用""拉丁字母的演进和流传"这些介绍文字学基础知识的章节。现代汉字学中,对现代汉字的基础研究和应用研究更是交织在一起,具有浓厚的交叉学科色彩。(因其内容中讨论汉字现代化的成分更多,我们将它列入第四章"理论主体"来进行概述)

中国近现代文字改革的核心问题之一是汉字拼音化。汉字拼音化需要有文字学的理论依据。通过文字发展史和比较文字学的研究了解汉字在人类文字发展史中所处的地位,论证拼音化改革是否符合文字发展规律和趋势。对此周有光曾反复谈及,如:"20 世纪 50 年代,许多人写文章说,文字改革要依照文字发展的规律来进行。什么是文字发展的规律呢? 这是文字改革的重要理论问题"②;"要想进一步了解文字的发展规律,只有进行比较文字学的研究"③;"19世纪以来,在西洋文化的猛烈冲击下,'汉字文化圈'不断缩小,引起对汉字的重新估价。重新估价要把汉字跟其他文字作比较,因此'文字类型学'和'人类文字发展史'的研究成为必要"④;等等。

从逻辑关系上看,语言学和文字学都是语文现代化的先在理论,而语文现代化是对语言学、文字学理论的应用。但现实中,应用研究所需要的基础理论如果不够完备,反而会促进基础理论的建设与发展。文字学研究就属于这种情况。汉字改革需要通过对人类文字的综合考察,来确定改革方向。中国虽有古老的文字学研究,但只研究汉字,缺乏对世界文字的整体研究。西方的人类文字学研究虽然起步较早,但对汉字的了解不多。因此,文字改革的理论资源是不够的。周有光进行基础文字学研究除了出于个人兴趣之外,更大的动力就来自这种实际需求。

周有光的基础文字学研究开始于 20 世纪 50 年代,90 年代集成《世界文字发展史》和《比较文字学概论》两部专著,在其他专著和论文中也有零散体现。他的文字学理论对文字改革具有重要的支撑作用,概括如下。

① 周有光.关于比较文字学的研究[J].中国语文,2000(5):407—409.
② 周有光.新时代的新语文:战后新兴国家的语文新发展[M].北京:生活·读书·新知三联书店,1999:219—235.
③ 周有光.比较文字学初探[M].北京:语文出版社,1998:后记.
④ 周有光.语文运动的回顾和展望(纪念五四运动 70 周年)[J].语文建设,1989(2).

一、指出文字是书写语言的符号体系。它有三种"属性",技术性、流通性和法定性,其中"流通性"是最重要的力量。这三个属性为各种文字的"估价"提供了有效的参照标准,是文字改革决策的重要依据。

二、论证了语言与文字的类型关系。"语言决定文字"的观点不能成立。同一类型的语言可以由不同文字来记录,同一文字也可以记录不同类型的语言。决定文字使用的是文化、宗教等因素。"文字类型不是由语言类型决定的,而是由文化、特别是宗教的传播而形成的。这个认识已成为比较文字学的基本认识之一"①这一看法是对"汉字适应汉语的特点,所以不能拼音化"论调的否定,旨在为汉字的拼音化改革排除认知障碍。

三、揭示文字演变规律。人类文字是一个总的系统,有共同的发展规律;各国文字有自身的演变,人类文字有共同的进化;局部的演变包孕于共同的进化之中。人类文字演变分为形体演变和制度演变。形体演变表现为笔画的简化,以及由于书写工具改变而引起的书体变化,是一种量的变化。制度演变是从形意制度到意音制度再到拼音制度,拼音制度又从音节字母到音素(音位)字母,从只表辅音到兼表元音,这是一种质的变化。针对"汉字用了3000年,没有变成拼音文字,可见'形音意'的发展规律不能成立"的说法,周有光指出,"形音意"的发展可以在从本土到异地的传播中完成,如丁头字传到本土以外的民族,摆脱"意音"结构,变成表音文字;汉字传到日本,从万叶假名变为平假名和片假名,发生"形意音"的变化。文字在本民族中的传播过程中也会在自身内部发生"形意音"的变化,如彝文在云南是意音文字,到四川凉山变成音节文字;东巴文原是形意文字,在使用中演变出同时并用的音节字母,又另外演变出音节文字的哥巴文。由此他得到结论:"形意音"是文字进化的一般规律。上述文字演变理论,为汉字的简化以及拼音化改革提供了学理依据。

四、指出文字发展是演变性和稳定性的统一。文字除了具有演变性的一面,也有稳定性的一面,文字的发展过程是演变和稳定相间前进的。文字在初期的生长、发展、形成适合社会需要的约定俗成的符号系统过程中,变化比较多、比较快,演变性强而稳定性弱。当它完全成熟,成为历时既久、流传又广的文字,发挥了积累文化、发扬文化的作用时,变化便缓慢下来,甚至不再引人注意,稳定性掩盖了演变性,甚至容易产生"文字神圣说"。只要遇到文字和语言、文字和生产技术以及文字和其他社会条件之间的新的矛盾又发展而扩大时,原有的文字渐渐

·① 周有光.谈谈语言和文字的类型关系[J].书屋,2001(8):58—60.

不能适应时代需要,甚至阻滞文化更进一步的发展,于是文字的演变性又重新活跃起来,不但可能发生文字符号的变化,还可能发生文字制度的变化。这一理论有利于解释文字改革中"保守与创新"的矛盾。

五、构建人类文字的时空坐标。进行人类文字发展史的研究,将现世界文字史分为三个时期,即原始文字、古典文字和字母文字,指出汉字属于第二阶段的古典文字。进行比较文字学的研究,提出"三相分类法"(三相:符号形式、语言段落、表达方法),指出汉字属于"(符号形式)字符＋(语言段落)语词和音节＋(表达方法)表意和表音"的意音文字类型。确定了人类文字在时空坐标中的位置,汉字得到"估值",才能通过文字改革促使它向更高阶段发展。

六、向国人介绍字母发展史,引进了国内较为陌生的字母学理论和知识。字母学知识一度影响了国家领导人的文字观念,也为《汉语拼音方案》的制定起到了参考作用。

七、进行历史汉字学的研究。主要揭示了汉字的简化规律,针对"汉字有简化也有繁化,形声字就是一种繁化"的观点,指出"形声化"是指符号的"复合","复合"的符号又发生了简化,"简化"和"复合"并不矛盾。这一观点维护了现代汉字简化改革的合理性。

八、梳理中国各民族的文字发展,总结出了广义的汉字系统、回鹘字母系统、印度字母系统、阿拉伯字母系统、拉丁字母系统等五个文字系统各自的演变情况。建立广义汉字学,总结和区分了 20 种文字,其中 17 种是中国汉族和少数民族的文字,3 种是邻国的文字,并认为汉字式文字在历史上经过了传播、假借、仿造、创造四个阶段。有关研究不仅为人类文字史提供了重要的补充,也为少数民族的汉字改革提供了必要的理论知识。

以上几点不能涵盖全部,但足以说明周有光对中国的基础文字学所作的开创性贡献。这些研究为文字改革奠定了坚实的理论基础,也为文字改革指示了方向和道路。

第三节　经济学

周有光一生经历了三个领域的研究,从经济学转到语言学,再转到文化学。尽管他自称从经济学到语言学的转行是偶然的,经济学对他从事的语言文字工作帮助不大。但从诠释学的角度来看,一个人从事新领域的学术活动时,多少会与以往的知识背景发生联系,产生所谓的"前理解"问题。周有光早年发表过《新中国金融问题》①《资本的原始积累》②《商品生产和货币》③等经济学著作,并长期从事金融工作,其知识背景也会影响其语文现代化的研究。

经济学背景对周有光语文研究产生了某些影响,这一点学界已有所洞察,如同样身为经济学家的罗卫东说:"周先生的卓识是建立在科学分析和理性思考的基础之上的,这一点在他将经济学的思维方式运用于语言文字演化趋势的考察和推演方面,表现得很是突出。将语言交流类比为市场交换,在西方的经济学界是近年来才兴起的话题;而周先生半个多世纪以前就自觉地将两者相互参照来考察语言变迁的规律,推测语言发展的趋势,并且把经济学的效率观作为判断和指导语言文字改革如何推进的重要依据。在我和他几次讨论汉字简化以及汉语拼音方案取舍问题时,他都反复强调认知成本、教育成本等的概念。是否能够有效降低知识成本、加快文化普及、迅速提升国民素质等,这是他自己判断语言文字改革成败得失的基本依据。"④

郭龙生也认为:"他利用经济学方法研究语言文字学,变不利因素为有利条件,自然且顺理成章。如他利用统计学、经济学方法研究汉字,提出了具有较强经济学色彩的名词:汉字效用递减率,并首先应用于教学用字的实践中;提出了'汉字声旁的有效表音率',这是现代汉字学非常重要的概念之一。"⑤

周有光早年的专业是经济学,业余辅修语言学。他对语言学的兴趣源自经济学,主要是对语言文字提高效率的认识:"……到国外后,发现语言文字的运用方式对提高效率的作用大得不得了,这使我对语言文字发生了兴趣。"⑥他也曾坦言"许多经济学的理论、方法也可以用于语言学"⑦。另外,他还常提及"语言经济学"或者"语文经济学"(这两个术语在《周有光文集》的不同篇目中共出现12次)。他在《语文闲谈》中也曾说道:

> "语文经济学"对汉字国家(中国、日本等)特别重要,因为汉字是特别不经济的文字。
>
> 拉丁字母国家是否不需要"语文经济学"呢?不然。例如英文,如果能对它的不规则拼写法稍稍调整一下,就可以在全世界节省惊人的时间和费用。

① 周有光.新中国金融问题[M].香港:经济导报社,1949.
② 周有光.资本的原始积累[M].上海:华东人民出版社,1954.
③ 洪文达,周有光.商品生产和货币[M].上海:新知识出版社,1956.
④ 罗天华,等.周有光年谱:总序[M].杭州:浙江大学出版社,2019:5.
⑤ 郭龙生.周有光先生的多彩人生[J].教育家,2017:74—77.
⑥ 周有光.对话周有光[M].北京:人民日报出版社,2014:282.
⑦ 莫枫.汉语拼音之父周有光:人与书,俱不老[J].检察风云,2012(5):6—7.

国际性的组织,例如联合国,如果简化语种和文书,可以解决财务危机。国际间如果能够约定一种"国际共同语",世界各国都用它作为"共同外国语",人类将节省无法计算的时间、精力和经费。①

可见,周有光的确是自觉地从经济学角度观察、处理语文问题以及思考语文中的经济问题。但和语言学类似,他也很少正面、具体地阐述自己是如何用经济学的原则、方法来研究语文改革,两者的更多联系也需要从其学术文本中概括、推断。可能的联系包括经济原则与语文演化、经济发展与语文水平、经济学方法与微观语文问题、经济价值与语言价值等。

一、经济原则与语文演化

周有光对语言文字的演化发展规律的阐述符合经济原则或省力原则。他把同化、简化("同化"实际也是一种"简化")看作是语言文字演化发展的重要动力。对于语言的演化规律,周有光认为同化倾向是语言演化上整个的、基本的、经常的道路;分化倾向是语言演化上部分的、次要的、一时的现象。对于文字的演化,周有光认为无论是阿拉伯字母、汉字、拉丁字母都存在着同化、简化的现象,共同语的形成也是"书同文"的结果。②

语言文字的同化、简化等演化规律正是语言文字的使用效率不断趋向最大化的反映。经济学将人类视作"理性经济人",是一种在社会活动中追求以最小投入换取最大回报的智慧动物,语言文字的应用也要尊重经济原则,这已经成为语言学的共识。

二、经济发展与语文水平

周有光认为社会发展与语文水平是紧密联系的,"语言生活的发展既是社会发展的结果,又是社会发展的动力"。③ 其中社会发展最重要的标志是生产力,属于经济范畴。周有光说:"人类生产力的发展路线是:农业化、工业化、信息化。人类语言生活的发展路线是:创造文字、创造传声技术、创造电脑技术,普及国家共同语和国际共同语。生产力的发展和语言生活的发展是密切关联的。"④

在文字历史研究中,周有光将文字发展水平与经济发展阶段挂起钩来。不同的经济发展水平意味着生产效率的高低,而这种差别和文字发展水平存在大

---

① 周有光.语文闲谈(下)[M].北京:生活·读书·新知三联书店,1997:95.
② 周有光.中国拼音文字研究[M].上海:东方书店,1952:112—116.
③ 周有光.新语文的建设[M].北京:语文出版社,1992:9.
④ 周有光.语文运动的回顾和展望(纪念五四运动70周年)[J].语文建设,1989(2):7.

致的对应关系。"形意文字""意音文字""表音文字"是文字发展的三个阶段,同时又代表着不同的社会经济形态。"形意文字"时期相当于人类历史的"采集经济"时期和"农业化"时期的前半期(1万年以前到5000年以前),"意音文字"时期相当于人类历史的"农业化"时期的后半期(开始于5000年以前)。"表音文字"开创于人类历史的"商业化"时期(这个时期开始于3500年以前)。没有地中海东部的古代"商业化",就没有表音文字。而表音文字的拉丁化文字阶段大体相当于人类历史的工业化时期和信息化时期。拉丁化文字阶段的特点是书同字母,这是工业化的需要,尤其是信息化的需要。①

当然,这种对应关系也并不总是一致的。周有光认为:"文字的先进和落后跟文化的先进和落后不是一回事。有的民族引进了先进的文字,但是文化依旧是落后的。有的民族的文化前进了,文字由于有强大的习惯性,并不随即改变为先进的文字。但是,在较长时间之后,二者之间会发生调整。"②经济发展是文化发展最重要的组成部分,它和文字发展的关系也不是完美对应的。

三、经济学方法与微观语文问题

除了从经济学视角来讨论语文的根本问题,周有光还用经济学方法来研究某些具体问题。比如上文提及的"汉字效用递减率",周有光就坦言运用了经济学的方法:

> 我提出一个"汉字效用递减率",这就是我受了经济学上面"效用递减率"(diminishing return)影响。我把经济学的一个原理用在语言学上面,用通了,被接受了。③

"效用递减率"在经济学中又称收益递减率或报酬递减率,是指在投入生产要素后,每单位生产要素所能提供的产量增加发生递减的现象。周有光通过统计表明汉字用字频率反映的效用递减规律和这条经济学规律吻合。

在拟定《汉语拼音方案》的字母数量时,周有光也考虑了经济原则。他说:

> 字母使用的第二项原则是经济的运用原则,最重要的是在合理条件下限制字母总数。为什么要限制字母的总数?是为了方便阅读、方便书写;是为了方便文化交流;更重要的,在机械化的时候,是为了方便在机器和技术上应用,最高限度地提高操作效率。……要把打字机的效率提到最高限度,

---

① 周有光.中国语文纵横谈[M].北京:人民教育出版社,1992:128.
② 周有光.中国语文的现代化[M].上海:上海教育出版社,1986:230.
③ 周有光.对话周有光[M].北京:人民日报出版社,2014:23—24

"字母键"和"常用标点键"不宜超过 30 个,字母键最好不超过 28 个。不超过 28 个可以达到理想的操作效率,超过了就会降低效率。[①]

这段话表明,字母数量的使用也符合效用递减率。此外,周有光对汉字有效表音率的研究也体现了经济学的效率观。汉字大都是"形声字",可是"声旁"有三分之二不能准确表音,"秀才不识字,读书看半边"靠不住。因为汉字表音效率低下,利用拼音字母来提高识字效率顺理成章。

四、经济价值与语言价值

周有光对一种语言价值的评估同样是采用经济学视角的。他认为语言价值和使用人数成正比,有滚雪球效应,越是有用,越滚越大;越滚越大,越是有用。英语在"滚雪球"竞赛中已经成为优势语言。他主张使用一种国际共同语,认为如果联合国只用一种工作语言,可以节省巨大的经费。如果全世界用一种语言为第一外国语,在一切国际交往中应用,人类将节省难以计量的时间和精力。为了人类的共同利益,应当放弃本位主义,促进国际共同语(英语)的统一和发展。[②] 他不吝用"世界商品"来肯定英语的价值,认为英语已经成为走俏的世界商品。[③] 而针对有些人对汉语国际地位越来越高的乐观判断,周有光认为汉语目前在联合国各种文件中的使用率很低,生活中主要在华人圈中使用,在华人圈以外影响不大,提醒人们不要对汉语估值过高。

除了上述四方面的联系,周有光常说的中国语文改革的四大内容和目标——语言的共同化、文体的口语化、文字的简便化、注音的字母化,也可以归结为一个最终目的:提高语言文字应用的经济性,以适应追求效率的工业化、信息化社会的需要。当然,这也是老一辈语言学人的主流追求。难怪有学者认为:"语文现代化的指导思想是语言文字经济学。一般意义的经济学,研究在经济领域如何实现投入最小化,效益最大化;把这个思想移植到语言文字领域,就是要研究人们在掌握、使用语言文字方面,如何以最小的投入,获取最大的效益——这就是语言文字经济学,或者叫做经济学思想指导下的语言文字学。"[④]

---

① 周有光.汉语拼音 文化津梁[M].北京:生活·读书·新知三联书店,2007:112.
② 周有光.新语文的建设[M].北京:语文出版社,1992:4.
③ 周有光.语文闲谈(上)[M].北京:生活·读书·新知三联书店,1995:64.
④ 王开扬.中国语文现代化理论再认识[J].北华大学学报(社会科学版),2008(1):27.

第四节 文化学及其他学科

一、文化学

文化学对于周有光的语文现代化研究而言,可以说是后者的自然延伸。他曾自述:"从经济学改为语言文字学是偶然,从语言文字学改为文化学是必然。语言文字学跟文化学的关系太密切了。"①这说明两门学科之间存在着逻辑关联。在文字学研究中,周有光提出的一个重要观点是"文字跟着文化走"。决定一个民族使用何种文字最重要的因素是文化,但文化和文字(包括语言)的相互关系尚未得到系统的回答。周有光在晚年写出了《文化畅想曲》《现代文化的冲击波》《文化学丛谈》《学思集:周有光文化学论稿》等著作,通过对文化学广泛深入的探讨,总结了文化的分布与结构,揭示了文化的创新、衰减、流动等运动规律,提出了"双文化论"。而文化与语言文字的关系也从中得到了更加清楚的阐释(参见附录3)。其理论要点如下。

(一)文化的分布以文字类型为标志。现存世界上主要传统文化,包括以汉字为标志的东亚文化区,以印度字母为标志的南亚文化区,以阿拉伯字母为标志的西亚文化区,以拉丁字母为标志的西方文化区(西欧和美洲)。

(二)文化的创新、衰减都和语言文字的变异息息相关。文化的创新是文化"新陈代谢"的积极现象,但面临种种阻力,如社会惯性、传统禁忌等,"文字狱"是其中之一。文化的衰减以语文的变异为条件,如在中国传统文化的衰减过程中,废文言、用白话,文言文书籍成为少数人的读物;在欧洲传统文化的衰减过程中,废拉丁文、用现代民族文字,拉丁文古书成为少数人的读物。

(三)文字的流动反映了文化的流动。文化总是从高处流向低处,对等的"相互交流"是很少出现的。多数情况是大量输入、单向流动,而对应的输出则微不足道。文字不等于文化,但文字是文化的主要承载体,文字的流动可以大致说明文化的流动。代表着"真理"或较高水平的文化,其语言文字会影响乃至同化较低水平的文化。文字从高到低的汇流形成区域文化,如"汉字文化圈"是文化汇流的结果。

(四)世界进入双文化时代,同时进入双语言时代。在四大传统文化中,西欧

---

① 周有光.岁岁年年有光:周有光谈话集[M].天津:天津人民出版社,2016:157.

文化扩展到美国形成西方文化,传播到整个世界,形成国际现代文化。国际现代文化具有开放性,以西方科技为主体,吸收了其他几种传统文化的精华。伴随着国际现代文化的形成,英语成为国际共同语,拉丁字母成为世界通用文字。每个民族既热爱甚至崇拜自己的传统文化,又无法离开现代文化。现代人既使用自己民族的语言和文字,也要学习和使用国际通用的语言文字。

综合以上观点可知,周有光的"双文化论"等文化理论为语文现代化的改革与发展提供了文化学依据,是其语文现代化研究不可或缺的理论基础。

二、其他学科

还有两门学科对周有光语文现代化理论的影响不得不提:生物学和教育学。

自严复 1898 年译出赫胥黎《天演论》后,达尔文的生物进化论便在中国风靡起来,用进化论来解释社会的变革与发展,也成为时代潮流。语言文字作为一种主要社会现象,其演变发展自然也要受到进化论的影响。而文字改革虽然是人的主观能动性的发挥,但也要尊重和符合语言文字的进化规律。

和民国时期一些深受西学洗礼的学者一样,周有光是进化论的坚定信奉者。他曾明确说:"我是相信进化论的,不仅动物在进化,作为动物的人在进化,同时人的社会也在进化。"[①]他用类比的方式,将研究生物进化的理论模型用来阐释人类文字的发展和语言的演化,提出了文字进化论和语言同化论。

进化论对于周有光语言文字学研究还具有方法论的意义(参见第 8 章)。他说:"进化论的提出是世界上事物的系统化、整体化。这是人类思想的重要发展,人类思想在这里得到升华。我们要用这种思想方法来研究语言学,来研究文字学。"[②]生物进化论的思想方法,比如系统观、发展观、分类法、比较法等都被他用于语言文字的研究。

周有光说"文字的进化规律是我们衡量文字改革问题的砝码"[③],文字进化论成为汉字简化、表音字母化等文字改革目标的理论依据。而所谓语言共同化和文体口语化等语文现代化主张也是由"语言同化演变是历史趋势"这一"语言进化论"作为理论支撑的。

除了语言文字学研究,周有光关于人类文化发展的观点也包含了进化论思想,如人类文化不断聚合同化,文化有高低之别,先进文化影响落后文化、落后文化追赶先进文化等。进化论不仅是他文化研究的理论根基,也影响了他的人生

---

① 丁晓洁.周有光:我的世界小得不得了[J].幸福(悦读),2010(10):9.
② 周有光.谈谈比较文字学[J].新华文摘,2003(4):131—134.
③ 周有光.语文风云[M].北京:文字改革出版社,1980:60.

观和世界观。其人生信条"历史进退,匹夫有责"同样是进化思想的写照。

　　周有光的语文现代化研究还汲取了教育学的养分。他对语文普及教育的重视和他年轻时从事民众教育的经历有着密切的关系。据他回忆,他曾跟随孟承宪从事教育工作,"看了许多外国办民众教育的书,思想打开了一点,不再像以前那么打不开想不开,觉得教育工作可以为社会做大事情",其中最重要的是丹麦教育家格隆维的书。格隆维关于农村大众教育的理论和实践,包括了一个重要观念:"一个人有了语文知识,有了基本的文化知识特别是历史知识,他就会为了社会,为了自己的国家,为了人类来作出有益的工作,他自己就会去学技术并且去改进技术。"这对周有光把握语文教育、大众教育与现代化的关系,是一种重要的启示。①

小　结

　　本章大致梳理了周有光的语文现代化学说所关涉的语言学、文字学、经济学、文化学、生物学、教育学等主要学科理论,总结了这些学科理论对他的语文现代化学说所起到的支撑作用。需要说明的是,这些学科的影响方式是不同的,语言学、文字学的影响最为直接也最为明显,其他学科的影响相对间接、隐蔽。但不能因此说这些学科的重要性有所不同,它们彼此之间在重要性上没有可比性。

　　除了上述学科,周有光的语文现代化研究中还涉及信息科学、心理学等众多学科,这里无法再一一罗列。周有光从小接受"广识教育",知识面广,又具有"科学学"的意识,注重利用学科联系创造知识。多学科知识构成了他的语文现代化理论大树的坚实根基。

---

① 周有光.逝年如水:周有光百年口述[J].杭州:浙江大学出版社,2015:43.

第三章　理论主体(上):学科属性与问题脉络

理论主体主要讨论周有光语文现代化理论体系中和学科属性、问题脉络、理论结构有关的内容。本章整体阐述其学科属性和问题脉络,第四章、第五章则进一步展开,分别梳理世界语文现代化、中国语文现代化两个理论分支结构。

第一节　学科属性

语文现代化在 20 世纪 80 年代以前被叫做文字改革。周有光认为,文字改革有广狭两种含义:广义的文字改革是语文有计划的发展,狭义的文字改革仅指文字的有计划发展。发展的目的是适应现代生活的需要,所以又被称为语文现代化。这一改革开始于明治维新前后的日本和甲午战争前后的中国。二次世界大战之后,许多新兴国家需要建设和改革语文,因而兴起一门学问,叫作语言计划(language planning),又译语文规划,研究语文发展的客观规律和发展语文的具体问题。[①] "这门新学问,其实在中国是早已开始了的。中国叫文字改革,名称不同就是了,内容、道理是一样的。后来我们扩大了'文字改革'的含义,把它说成'语文现代化'。语文现代化是一项长期的工作,甚至可以说是永远要做下去的,因为,语言和文字是跟着时代的发展而演变的。"[②]可见,"语言计划""语文规划""文字改革"和"语文现代化"名异而实同。

语文现代化自 1892 年的切音字运动以来,在中国不仅积累了丰富的实践经验,也出现了不少理论研究成果,如黎锦熙《国语运动史纲》、王力《汉字改革》、唐兰《中国文字改革的理论和方案》、张世禄《汉字改革的理论和实践》等。但这些

---

①　周有光.漫说文字改革[J].群言,2003(4):40—42.

②　周有光.中国语文现代化研究要放眼世界[J].北华大学学报(社会科学版),2005(6):22.

研究多聚焦于某一局部问题,未建立起完整的学术体系。周有光也意识到了这个问题,他尝试着将文字改革和语言学挂钩,在 1958 年开设的"汉字改革"课程中作出了初步的尝试,相关研究发表于《汉字改革概论》。不过当时的研究主要将文字改革定位为语言学课题,未明确其学科性质。

20 世纪 80 年代以来,中国的社会语言学、应用语言学逐渐发展起来,周有光重新思考了中国语言规划的学科定位。他在《文字改革的宏观研究》①一文指出了语文现代化的跨学科或边缘学科的属性。"二战"以后,学术突飞猛进,一个重要原因是各学科之间的相互渗透,产生许许多多边缘科学。战后边缘科学的一种重要发展是社会科学和自然科学的结合。扩大学科联系和事物联系来进行文字改革研究,有重要的学术意义和实用意义。文字改革逐渐跳出语言学的限制,与信息科学相结合,产生了语言声学、语词处理技术等新课题。这说明文字改革的研究已经不能局限于"二战"以前的语言学和文字学的范围,不能局限于在中国今天容易看到的数量不多的参考资料,而必须扩大视野、深入探索,找寻新的材料,运用新的方法,使文字改革的研究从空想进入科学。

此后,周有光指出文字改革是社会语言学中有重大实用价值的学科分支②,也指出语言计划是应用语言学的一个重要方面,是国家制定语言政策的依据③。

综合周有光的上述论断,语文现代化的学科属性或者学科定位已然明确:它主要是语言学与应用语言学、社会语言学的课题,同时也是一个广泛吸收多学科营养的边缘科学课题。

第二节　问题脉络

徐大明等认为"语言规划是对社会语言问题提供管理对策,也可以说是对语言问题所作出的有组织的、主动的反应和调节"④。周有光的语文现代化理论体系同样是以问题为脉络展开的,抓住了主要问题也就能提纲挈领,进一步描述出其完整的体系。而其语文现代化研究的主要问题可以从一般/特殊、历时/共时、本体/应用、语言/文字等四个主要维度进行概括。这些角度主要来自结构语言

① 周有光.中国语文的现代化[M].上海:上海教育出版社,1986:196—198.
② 周有光.新语文的探索[J].语文建设,1989(3):60—62.
③ 周有光.应用语言学的三大应用[J].语言文字应用(01):3—11.
④ 徐大明,陶红印,谢天蔚.当代社会语言学[M].北京:中国社会科学出版社,1997:199.

学的理论维度,也构成了周有光语文现代化研究的基本思路。

一、语文现代化的一般问题和特殊问题

一般和特殊是相对而言的。语文现代化本身就是更为一般的社会现代化中的一个特殊领域。而语文现代化最一般的问题就是世界语文现代化。周有光在改革开放后越来越关注世界语文现代化的共同问题：

> 有人说,"语文怎么也能现代化?"其实,"语文现代化"这个说法在国际上早已通行。……语文现代化不是中国一国所特有的工作,而是一种世界性的工作。这一点要使国内更多人知道,以利于中国的改革开放。①

相对于世界语文现代化,区域国别的语文现代化问题就是特殊问题。周有光较为重视"二战"后一百多个新兴国家各自的语文更新情况,但他最关注的当然是中国的语文现代化,这也是他的研究重心。当然,对中国语文现代化来说,汉族语文现代化和少数民族语文现代化是两个更为特殊的问题。

以上列举的一般/特殊问题主要是从语文现代化的规划主体角度进行的划分。从规划对象的角度,也可以按照语言文字的结构系统及其功能应用来进行区分,如语文现代化可以分为语言现代化和文字现代化,再进一步分成语言的共同化、文体的口语化、文字的简便化、表音的字母化等为更为具体的问题。

一般问题和特殊问题的稳定性是有程度差异的。越一般的语文问题越容易维持稳定,越特殊的语文问题越容易发生变化,例如周有光提到的中国语文现代化的主要内容,除了常说的"四化"以外,后期又增加了语文电脑化、术语国际化等问题。② 在拼音文字国家,意音文字的简化也就不成为一个社会问题,这也体现了语文现代化具体研究论题的时代性和开放性。

二、语文现代化的历时问题和共时问题

无论是一般问题还是特殊问题,都可以从历时和共时(也可以称为纵向与横向)两个角度进行研究。在《文字改革的宏观研究》一文中,周有光提出要"把文字改革放在扩大了的时间和空间之中"来研究,认为："时间就是历史,就是历史发展。要在历史发展中看文字改革,才会了解它的历史意义和发展方向。""空间

---

① 周有光.新时代的新语文:战后新兴国家的语文新发展[M].北京:生活·读书·新知三联书店,1999:234—235.

② 周有光.新时代的新语文:战后新兴国家的语文新发展[M].北京:生活·读书·新知三联书店,1999:220.

就是各国之间、各地区之间的关系和比较。"①其观点实质就是强调历时问题和共时问题的同等重要性。

在研究历时问题和共时问题时,我们要区分语文现代化的广义和狭义。对共时研究来讲,语文现代化运用的主要是狭义,也即为使社会进入工业化、信息化发展阶段而进行的语文改革。而在进行历时研究时,语文现代化就不局限于狭义了。因为在古代,同样存在着有意识、有计划的语文改革或语言计划的思想和实践,只不过不像现代社会那么讲求科学系统。因此,周有光语文现代化的历时研究,尽管主要着眼于近现代,但也会上溯到古代。

针对人类的语文现代化问题,周有光从历时的角度归纳了人类语文生活的历史进程,从共时的角度总结了不同国家、地区为工业化、信息化发展而建设新语文的成就和经验。针对中国的语文现代化问题,他从历时的角度总结了中国语文现代化的发展历史,既有对古代语文变革的简明勾勒,也有对清末至今百年来的语文运动的详细刻画,既有对语文运动全局性的描述,也有对诸如拼音化运动、简化字运动等局部运动的梳理;从共时的角度,他区分了汉语文现代化和少数民族语文现代化,分别进行深入的研究。

三、语文现代化的本体问题和应用问题

语文有本体和应用两个方面,语文的本体构成了语文的结构体系,而语言的应用构成了社会语文生活。苏培成认为语文研究应区分本体研究和应用研究。本体研究的对象是语言的语音结构、语法结构等,应用研究的对象是语文的社会应用,其中包括语文现代化研究。"我们说的语文现代化主要不是语言文字本体的现代化,而是应用的现代化。"他指出语文改革是语言应用的改革,也就是社会语文生活的改革,而不是语文本体的改革。②

但周有光的观点有别于此。他说:"语文本身就是语文工具,语文生活就是语文应用。对语文工具进行规范化的加工就是语文本身的现代化。应用方法的不断改进当然也是语文的现代化。"③在他看来,语文本体或者语文工具的现代化、语文应用或者语文生活的现代化是不可或缺的两个方面。这一"二分法"在《汉字改革概论》中就有所体现:

> 《汉语拼音方案》制定以后,我们开始有了一种新的文字工具,就是按照

① 周有光.中国语文的现代化[M].上海:上海教育出版社,1986:196.
② 苏培成.中国语文现代化的回顾与展望[M].北京:语文出版社,2007:4.
③ 周有光.几个有不同理解的语文问题[J].群言,2002(4):37.

《方案》书写的汉语拼音。汉语拼音不等于汉语拼音文字,它只是汉语拼音文字的雏形和基础。要使汉语拼音成长成为汉语拼音文字,必需普及汉语拼音教育,广泛地应用汉语拼音,使汉语拼音正字法在实用中约定俗成,这要经历一个相当长的时期。在这个时期中间,汉语拼音只是辅助的文字工具,它辅助作为正式文字的汉字,在不同的场合,发挥或大或小、多种多样的文字功能。这些或大或小、多种多样的文字功能,可以归纳为三个主要方面:一、在语文教育上的作用,二、在科学技术上的应用, 三、少数民族制订文字的共同基础。①

虽然这里谈的仅仅是《汉语拼音方案》,但已说明他注意区分语言符号工具本体及工具的功能:《汉语拼音方案》的制定是语文本体问题,《汉语拼音方案》在语文教育、科学技术以及少数民族制订文字中的文字功能属于语文应用问题。

对于语文工具或语文本体的现代化,周有光举了很多例子:"民国初年制定国语标准,考虑过以多数省份的汉字读音为标准好呢,还是以北京受过中等教育的人们的口语为标准好呢,这是最早对汉语本身的现代化加工。1950 年代进行'异读词'的审音,最近又对'异形词'进行规范化,这都是对语文本身的现代化。文体从文言改为白话,是书面语本身的现代化。汉字从繁体改为简体,是汉字形体本身的现代化。注音方法从反切改为字母,从汉字形式字母改为国际通用字母,是注音工具本身的现代化。语文本身一直在不断现代化。"②由此不难理解,语文本身的现代化主要是语言文字的形态结构调整或制度变革的问题。语言本体的某些部分虽然顽固,如难以通过改革让汉语加上德语那么丰富的形态,但在另一些方面确是可以有所作为的,如语音的统一、词汇的规范、文体的变革、文字的简化、注音方式的变革,都是属于语文本体相对容易调整的部分。

语文应用也即语文生活,涉及范围更加广泛,既涉及不同的应用主体,也涉及不同的应用功能。周有光在研究中国语文现代化时既研究《汉族的语文现代化,也研究少数民族的语文现代化;在研究世界语文现代化时区分新独立国家、文明古国、国家集团,这就是从主体角度所作的区分。周有光在研究《汉语拼音方案》的作用时提到了语文教育、语文技术、少数民族创立新文字的三个大方面,这是从应用功能所作的区分。

语文本体(工具)的现代化和语文应用(功能、主体)的现代化这一"二分法",

---

① 周有光.汉字改革概论[M].北京:文字改革出版社,1961:193.

② 周有光.几个有不同理解的语文问题[J].群言,2002(4):37.

和语言规划中所说的本体规划/地位规划的分类有相近之处。本体规划是指对语言本身的改造,包括音韵、语法、词汇以及书写系统等方面的改造。本体规划和语言学的关系更为密切一些。地位规划是指语言"用途的分配"或"功能的分配",如确定官方语言、非官方语言及各种语言的使用场合。① 不过,"应用"比"地位"含义更宽泛,包容性更强,也比较容易理解。

四、语文现代化的语言问题和文字问题

周有光认为,语文现代化有不同的模式,但总体可以分为以下两种模式。

一、语言的有计划的发展:(一)推广共同语,包括民族共同语,多民族国家的全国共同语,几个国家公用的区域共同语。(二)学习外国语,包括殖民地的语言教育。(三)书面语的口语化。

二、文字的有计划的发展:(一)在无文字民族中创制文字。(二)字母改革,包括拼写法改变,字母表的部分或全部改换,音节字母改为音素字母。(三)词符改革,包括词符整理,如统一规范、减少字量,简化符形;词符补充字母,包括字母用于文字之外和字母进入文字之内;词符和字母的混合文字改为全用字母;词符文字改为字母文字。②

各国各区的语文现代化尽管有不同的背景条件和现实状况,但所有的语文问题都可以归入上述两大模式中。

五、问题联系

需要注意的是,四个主要维度的问题不仅相互区别,也相互联系。不仅内部两组之间相互影响、相互作用,不同问题之间也相互交叉和影响,形成立体网络。

一方面,各个维度的内部两元素之间相互联系。语文现代化的一般问题本就从各个国家语文现代化的特殊问题中抽象而来,一般问题的研究则为特殊问题的解决提供了整体视野。语文现代化的历时研究是由各个时期的共时研究连缀而成的,而以共时为主线的研究中也往往包含历时研究的次线。本体问题和应用问题也是相互关联的。《汉语拼音方案》及《正词法》就是在拼音化运动的实践应用中综合各种优点制定的,《汉语拼音方案》及《正词法》也需要继续在"约定俗成"的应用实践中不断完善规则。语言问题和文字问题之间也是相互影响,相互作用的。共同语的推广对文字的简便化、规范化提出了更高的要求,科学的文

---

① 徐大明,陶红印,谢天蔚. 当代社会语言学[M]. 北京:中国社会科学出版社,1997:157—181.
② 中国大百科全书总编辑委员会《语言文字》编辑委员会. 中国大百科全书:语言文字[M]. 北京:中国大百科全书出版社,1988:403.

字改革也有利于推动语言共同化。

另一方面,各个维度之间也存在着相互联系。比如任何语文现代化的一般问题或特殊问题都可以从历时和共时、本体和应用、语言和文字等角度进行分析。

小　结

在本章中,我们首先概括了周有光对于语文现代化的学科属性或者学科定位的认识:它主要是语言学与应用语言学、社会语言学的课题,同时也是一个广泛吸收多学科营养的边缘学科课题。其次,我们以问题为导向,提出了用以建构其理论本体框架的四个基本维度:一般和特殊、历时和共时、本体和应用、语言和文字。

根据这些维度并结合各个维度的内部分类标准(如根据"历时"可以再分出不同的时段,根据"语言""文字"本体可以再分成不同的下位要素,根据"应用"可以分出应用主体和应用功能等),我们可以大致勾勒出周有光语文现代化理论主体架构(见图1)。

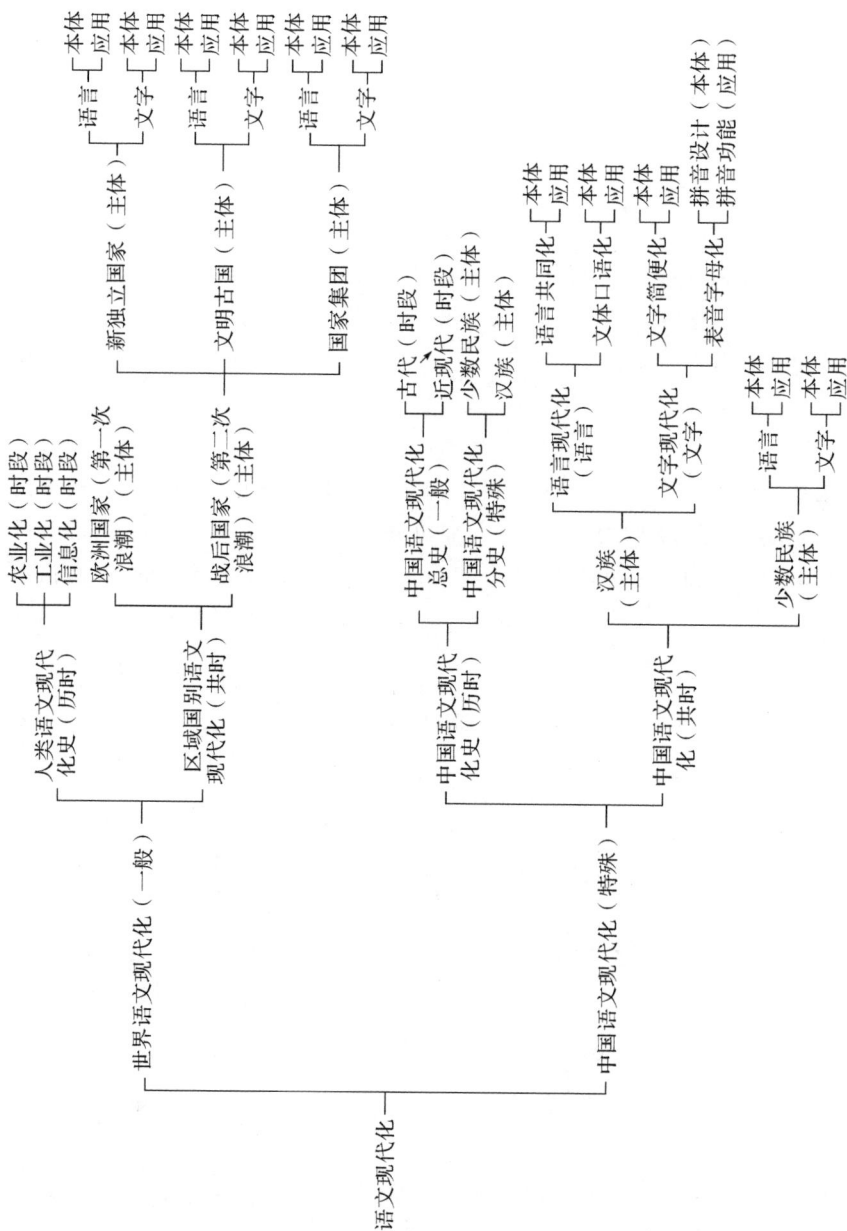

图 1　语文现代化理论主体架构

第四章　理论主体(中)：世界语文现代化

世界语文现代化属于一般问题或者宏观问题，可以进一步分为历时问题和共时问题。在周有光的理论体系中，历时问题研究针对的是广义的"语文现代化"，重点是人类语文生活史的研究；共时问题研究针对的是狭义的"语文现代化"，重点是"二战"以后区域国别的语文现代化研究。在《新语文的建设》《新时代的新语文》两部著作和《语文规划和社会建设》①等文章中，他对世界语文现代化问题进行了详细的探讨。

第一节　人类语文生活史

"语文生活就是语文应用。"语言规划作为对语言文字的有计划、有意识的调整变革，本身就是一种特殊的语文应用。人类历史上语言文字的演变大都是在历史的洪流中不由自主地缓慢发生的，但语文生活有时却会发生有计划、有意识的革命性变化。这些革命性变化也是广义的语文现代化发展史不可忽视的部分。周有光对人类语文生活史的研究体现在他的"五个语文生活里程碑论"。在《语言生活的五个里程碑》②、《中国语文纵横谈》③、《语言生活的历史进程》④等论著中，他提出了"五个里程碑"的语文生活发展史观，其要点如下。

一、社会发展和语文生活发展的关系。社会快速发展，语言文字生活就随之急剧变化；社会停滞不前，语言文字的使用则守旧单一。

---

① 周有光.语文规划和社会建设[J].群言,2005(7):35—37.
② 周有光.语言生活的五个里程碑[J].百科知识,1989(11):2—6.
③ 周有光.中国语文纵横谈[M].北京:人民教育出版社,1992:262—264.
④ 周有光.新时代的新语文:战后新兴国家的语文新发展[M].北京:生活·读书·新知三联书店,1999:1—10.

二、人类语文生活的五个里程碑。人类社会先后经历过农业化、工业化、信息化的发展阶段，人类的语文变革是和人类社会的发展相适应的，因此人类语言生活随之经历了五个里程碑。它们是：（一）文字的创造和传播；（二）民族共同语和国家共同语的确立和普及；（三）传声技术的发明、发展和推广；（四）计算机的发明和语词处理的智能化；（五）国际共同语的成长和流通。

三、各个里程碑与所处的社会发展阶段。

农业化时代。农业化发生在一万年前，分为两个阶段。前 5000 年是口语生活时期，只有听觉信号的语言，没有视觉信号的文字，这是"单信号"时期。后 5000 年创造和传播文字，进入"双信号"时期。文字是农业化发展的结果，文字的出现打破了语言的时间和空间的局限，便利了教育、传播和知识的存储，使人类真正进入文明社会。

工业化时代。工业化大约开始于 300 年前。工业化使人类的语言生活发生急剧的变化，这一时期的语言生活可以分为两个阶段。前 200 年为第一阶段，主要特点是确立和普及民族共同语和国家共同语。工业化需要全民义务教育，全民义务教育需要全国共同语，普及共同语成为工业化国家的基础政策。后 100 年为第二阶段，主要特点是发明、发展和推广传声技术。传声技术使大众能够通过广播和电视在娱乐中学到共同语，广播文稿要求言文一致，促进了共同语的普及和文体的口语化。传声技术不但能代替文字，还能做各种文字不能做的工作。两者同时并用，大大扩展了语言生活。

信息化时代。"二战"以后进入"新技术"时代，新技术时代的语言生活发生了两件大事。一件是电子计算机的发明，另一件是国际共同语的新发展。计算机的语词处理智能化使语言生活发生多方面的革命，如文书革命、图书馆革命、翻译革命、教学革命。计算机发展为信息网络，并逐步发展为国际互联网络，使人类历史进入了信息化时代。国际活动急剧增加，人类又迈进了全球化时代。国际共同语由于客观需要已经成长、成熟，且迅速传播，非常活跃。由于语言竞争的"滚雪球"效应，英语成为事实上的国际共同语，由此人类进入"双语时代"，即国内使用全国共同语，国际上使用国际共同语言。双语言不是独立于社会之外的附加物，而是现代社会的一个职能，是现代社会的指标，从双语言的水平，也可以测知国家现代化的程度。另外，应国际信息交流需要而产生"单一罗马化"，用同一套罗马（拉丁）字母，书写全世界的语言。计算机的发明、国际共同语和"单一罗马化"的发展相辅相成，计算机促进国际共同语和"单一罗马化"的发展，国际共同语和"单一罗马化"又扩大了计算机的功用。

四、五个里程碑的性质。全国共同语、国际共同语的推广、普及是"教育工作"。文字、传声技术和电脑的发明是"技术创造"。"技术创造"依靠教育推广，"教育"是"技术"的根本。

五、当前人类社会语文生活的目标。人类语文生活的发展节奏越来越快，语文生活的这五个里程碑不是跨过一个结束一个，而是延续发展，同时并用。从5000年前至今，人类的语言生活已经达到"上穷碧落、下及黄泉"的神话境界。当前，发达国家的目标是推进信息化，发展中国家的目标是追赶工业化和信息化。

六、中国语文生活的发展水平和目标。我国"文字"的创造在东亚最早，顺利地跨过"第一个语文里程碑"，但我国工业化落后，传声技术不发达，电话不普及，使我国在认识上未能追上"第二个语文里程碑"和"第三个语文里程碑"。信息化则落后得更远，没有明确稳定的外语政策，电脑汉字输入法还处在"编码方案"的"战国时代"。我国的"语文现代化"，要跨过"工业化"和"信息化"两个生产力高峰，追上"五个语文里程碑"之中的"四个语文里程碑"。①

周有光的"五个里程碑论"主要是历时问题研究和一般问题研究，它揭示了语文生活变化和社会发展的关系，指出了人类语文生活的发展方向，但同时也揭示了中国语文发展的历史地位和前进道路。

第二节 区域国别语文现代化

相对于人类语文生活史这一广义的语文现代化历时研究，区域国别语文现代化研究是以共时性为主的狭义的语文现代化共时研究(伴有历时次线)，目的是分门别类地描述、考察全球不同区域国家的语文建设情况，比较世界各地在工业化、信息化阶段中语文现代化建设的差异性和共通性。

一、语文现代化的两次浪潮

对于世界各地进入工业化、信息化发展的"狭义语文现代化"，周有光在《新语文的建设》②提出了"两次浪潮"的分期。

语文现代化的第一次浪潮始于14—16世纪，指的是欧洲从文艺复兴到工业化时期的语文更新。文艺复兴时期，西欧的民族国家从宗教和封建的压迫下解

---

① 这部分内容概括自《中国语文纵横谈》中的《三大符号系统和五个里程碑》一文，反映的是20世纪末中国语文生活的状况。

② 周有光.新语文的建设[M].北京:语文出版社,1992:3—4.

放出来,以建设新的民族语文为先导,实行新的教育,开创新的历史。18 世纪后半叶,这些民族国家率先实现了工业化,确定了全国共同语的标准,推行全民义务教育,成为语文现代化道路上的第一梯队。

语文现代化的第二次浪潮发生在"二战"以后,指的是新兴国家的语文更新。"二战"后世界上一百多个新兴或者复兴国家都需要决定用什么语文来办理行政和教育。不同的国家有不同的语文问题,最主要的问题是:(一)用什么语言作为全国性的法定共同语?(二)法定语言用什么文字来书写?(三)国内少数民族或地区方言的语文将处于什么地位?(四)学校以哪一种外国语作为第一外国语?这些问题,在有的国家得到轻而易举的解决,而在另外一些国家,由于情况复杂难以解决,甚至引发动乱。"语文现代化"或者"语言计划"这门学科也正是在解决这些语文问题的过程中兴起的。

语文现代化两个浪潮的分期,是对世界语文现代化共时研究中的"历时分析",也是对发达国家和发展中国家及国家集团不同主体的类型分析。两次浪潮的迭起说明工业化时代的语文现代化虽然在各国的进程不同,但却是发达国家和发展中国家的共同目标。周有光的研究重点落在第二次语文现代化浪潮中的世界语文建设情况,因为新中国同样属于"二战"后需要进行语文建设的发展中国家,而这段时期也是周有光转行文字改革工作的时期。

二、战后区域国别语文建设

20 世纪 80 年代起,周有光开始对世界各国、各区域战后的语文更新情况进行广泛调查。他将正在进行语文建设的国家按主体类型分成新独立国家、文明古国和国家集团,对不同类型主体下的成员作了详尽的个案分析。通过全面的语言国情调查和研究,他从宏观角度概括了语文现代化的特点、趋势、规律和矛盾。以下内容综合概括自周有光《新语文的建设》《新时代的新语文》这两部著作和《语文规划和社会建设》一文。

(一)独立国家语文建设

"二战"后,从殖民地独立的国家有 100 来个,他们的行政和教育原来用宗主国的语文,本土语文因此得不到发展。独立后的第一件大事,就是要进行语文建设以服务行政和教育,因此面临一些共同的语文问题,比如用什么语言作为国家的全国共同语,用什么字母来书写全国共同语,如何规定正词法,如何充实法律词汇、科技词汇等新语言词汇,等等。周有光指出,新独立的国家勇往直前,开展的大都是"从无到有"的语文建设。这些问题解决得最好的是东南亚和东非。

在东南亚,马来亚独立后组成马来西亚,采用"寥内—柔佛"(Liou-Jchor)方言为国语,称为标准马来语,用拉丁字母书写。标准马来语同样成为印度尼西亚、文莱、新加坡的"多国共同语",正词法也得到了统一,成为多国语文共同化的典范。新加坡独立后实行英语和民族语的双语文政策。菲律宾将他加禄语作为国语,称为菲律宾语,使用拉丁化字母,同时用英语作为行政和教育语言。

在东非,拥有众多部族语言但没有国语的肯尼亚和坦桑尼亚采用东非沿海长期流行的贸易语言"斯瓦希里语"作为两国的共同国语,并将书写体系从阿拉伯字母改为拉丁字母。索马里独立后则成为继土耳其之后又一个放弃阿拉伯字母,实行拉丁化的国家。

除了上述两个地区,苏联解体后又出现了 15 个独立国家。这些国家各自用自己的语言为国语,俄语不再是公共高层语言。有些国家要进行字母改革,如阿塞拜疆、哈萨克斯坦、乌兹别克斯坦、土库曼斯坦、吉尔吉斯斯坦、塔吉克斯坦等国家,列宁时代放弃阿拉伯字母,改为拉丁化,斯大林时代又改为俄文字母,之后又发生了是否要再次更改字母的问题。

(二)文明古国语文更新

这类国家是指从古文化发展为现代文化的新兴国家,主要是指汉字文化圈国家(日本、朝鲜、韩国、越南等)和印度文化国家(印度、巴基斯坦、孟加拉国等)。文明古国要实现从旧时代到新时代、从旧体制到新体制、从殖民地到独立国的转变,也需要更新语文,以作为更新教育的工具。文明古国进行的都是"推陈出新"的语文建设。

汉字文化圈国家。日本的文字改革最早,明治维新时期就开始统一国语,规范"假名",文言改白话,采用罗马字,整理汉字。战后又推行了"语文平民化"的民主改革:推行公文口语化;常用汉字减少到 1945 个;简化汉字笔画;推行日语罗马字并且法定化;提高假名的作用,日文从汉字中间夹用少数假名变为假名中间夹用少数汉字,输入电脑不用编码而采用假名或罗马字自动变换成汉字,科技术语一概用片假名音译。朝鲜战后废除汉字,全用谚文。韩国用汉字夹谚文,教育汉字限定 1800 字,小学不教汉字。越南在法国统治期间废除汉字,改用罗马字并附加许多符号,独立后定为正式文字,称"国语字",离开了汉字文化圈。

印度文化国家。印度独立后,进行大规模的语文规划,规定印地语为全国唯一的国语。按照语言异同,重新划定邦界。规定邦用法定语言 11 种(后又增加 4 种),英语作为殖民地语言保留着强大的影响力,印度事实上实行印地语和英语的双语言政策。巴基斯坦以乌尔都语为国语,采用阿拉伯字母。孟加拉国保留传统的孟加拉文。

除了以上文明古国,土耳其的文字改革也被周有光多次提及。土耳其在苏联"拉丁化"运动的影响下,一战后率先改革文字,将原先的阿拉伯字母改为拉丁字母,是"东方拉丁化运动"的先例,对"二战"之后许多国家的语文新发展有重大的影响。

(三)国家集团工作语文

"二战"后,全世界加速进入全球化、信息化时代,地球变成了"地球村",面临不同层面的国际交流问题,区域性国际组织和联合国都需要进行语文建设。周有光对国家集团的工作语文也进行了分类调查,重点是欧盟、东盟和联合国。他的主要发现如下。

欧盟。由1967年西欧六国组成的"欧洲共同体"发展而来,目前已有25个成员国,用30多种语文,由于各国民族图腾意识的存在,难以建设共同语,只是提倡多学外国语。实际的工作语文有三种:英语、法语和德语。其共同语尚在发酵中,英语正在成为事实上的区域国际共同语,语言分歧的西欧将朝信息化时代的语言共同化迈进。

东盟。包括新加坡、马来西亚、印度尼西亚、菲律宾、文莱、泰国、越南、老挝、柬埔寨和缅甸等10个国家。为方便相互联络和发展国际贸易,一致实行英语和本国语言的双语言政策,从而走上一体化道路。荷兰语和法语的退出,进一步促进了统一的英语化。英语在东盟中不仅在国际事务中发挥作用,而且部分地进入了民间生活。

联合国。规定使用英、法、西、俄、中、阿六种工作语言。原始文本中,英文占80%,法文占15%,西班牙文占4%,俄文、阿拉伯文和中文三者共占1%。全世界资料库题解有80%用英语,国际邮件70%用英语,英语是国际性最强的语言。在中文方面,联合国一早就采用简化字和汉语拼音。

以上仅以简短篇幅概述了周有光对现代化进程中世界各区域和国家的新语文生活调查研究,内容不免挂一漏万。据对《新语文的建设》和《新时代的新语文》这两本书的统计,周有光进行专题研究的国家有13个,按国家集团或地区进行综合介绍的国家数量超过60个,其信息量的丰富非几段文字所能涵盖。周有光关于区域语文建设的研究集中于20世纪八九十年代。在中国刚刚实行改革开放、信息技术并不发达的背景下,他敏锐地把握了国际语文现代化研究的新动向,对新兴国家的语文发展情况作了尽可能广泛的资料整列和规律总结,这是他"世界眼光"研究方法的鲜明体现。由于时代的局限,资料中的数据可能已经过时,事实可能有个别差错(如欧盟现有27个成员国,正式官方语言有24种),但仍具有重大的文献价值,正如郭熙所说:"在当时信息缺乏的条件下,这样的研究是极为宝贵的。"①

第三节　发展规律和发展矛盾

周有光认为,语文发展是一种有规律的变化,但语文变化的特点是非常缓慢,不做"上下五千年、东西五大洲"的比较研究,是看不出它的变化和变化规律的。② 通过对世界语文现代化历时和共时的研究,他既揭示了语文发展和社会发展的相互关系,也揭示了世界语文的发展规律、发展矛盾。

在语文发展和社会发展的相互关系上,周有光认为社会发展和语文发展是密切相关、互为因果的。社会迅速发展,语文生活也就急剧变化;社会停滞不前,语文生活也就墨守成规。语文发展是教育发展的前提,教育发展是社会发展的前提。

语文的发展规律和发展矛盾是更重要的方面,对此我们展开论述。

一、发展规律

周有光认为,已知的语文变化规律中,最主要的有以下两条:

> 社会需要共同语,共同语的范围越来越大,有方言区的"方言共同语",有一个民族的"民族共同语",有多民族国家的"全国共同语",有全世界通用的"国际共同语"。这一条规律可以简称为"语言求通"规律。
>
> 不同的国家,用相同的文字符号,有利于信息交流。全世界的字母,原来种类很多,后来逐渐减少,一个民族独用的"民族字母"让位于多国公用的"国际字母",新的趋向是统一于"罗马(拉丁)字母"。这一条规律可以简称为"文字尚同"规律。③

"语言求通""文字尚同"是他从人类语文生活史和战后国家的语文建设的研究中获得的重要规律。无论是国家共同语的建设、国际共同语的形成还是战后国家的文字拉丁化、21世纪的广义拼音化,都是这两条规律作用的具体表现。"罗马化和英语化"就是当今全世界语文发展的总趋势。

---

① 出自 2019 年 8 月 14 日与郭熙先生的私人访谈。
② 周有光.中国语文纵横谈[M].北京:人民教育出版社,1992:14.
③ 周有光.新语文的建设[M].北京:语文出版社,1992:11.

周有光还概括了语文发展的三个特点,"弃古用今"(如西欧国家放弃拉丁文发展现代语文)、弃小学大(如西欧国家学习大语种放弃小语种)、弃繁从简(如欧洲国家简化正词法)。①

三个特点和两条规律在本质上并无重大差异。因为,英语和拉丁字母就是最现代(信息化程度高)的语文、最大(国际化)的语文,也是相对简单的语文。无论是两条规律还是三个特点,实际上都体现了周有光经常提及的"语文经济学"的基本原理。"语文经济学"要求语言的学习和使用能够节省时间、精力和经费。语文的发展就是不断提高语文使用效率的过程。

二、发展矛盾

虽然认为语文是朝着共同化方向发展的,但周有光也指出,语文发展过程中又有保护古文、保护小语种、保护传统正词法等语文运动。因此语文发展是在保守和革新、稳定和演变的两股矛盾中前进的。②

周有光在《三个国际语言问题》③一文中,分析了国际新闻中经常报道的挽救消失中的小语种问题、保护民族语言的纯洁性问题、反对语言霸权主义问题。

对于小语种问题,周有光认为,每一个人都珍视自己从母亲怀抱里学来的语言,同时每一个人又都想在学问上和事业上争取发展,走出原来的小圈子,进入国际的大环境,成为一个世界公民。怀旧情绪和发展要求相互矛盾,这是小语种问题的症结所在,二者兼顾的办法是实行双语言制度。一方面对小语种进行研究和记录,按照不同条件,提倡不同的应用,尽量延缓它们的衰落。另一方面把大语种作为国家共同语或国际共同语。

针对一些国家为了保护民族语言的纯洁性,反对外来词的侵入和滥用,周有光认为,纯洁化是稳定语言,从而提高语言交际功能的基本条件。纯洁化的积极意义是不可否认的,但是不可使纯洁化阻碍语言和文化的发展。引进外国词汇,如果对丰富词汇和发展文化是有利的,应当予以肯定,但不可过快,不可过多,否则容易消化不良,速度快慢和数量大小,取决于文化的传统力量和社会的现代化进程。为了调和发展中的矛盾,可以参考有些国家采取的科技双语言制度(即

---

① 周有光.新时代的新语文:战后新兴国家的语文新发展[M].北京:生活·读书·新知三联书店,1999:11.
② 周有光.新时代的新语文:战后新兴国家的语文新发展[M].北京:生活·读书·新知三联书店,1999:11.
③ 周有光.新时代的新语文:战后新兴国家的语文新发展[M].北京:生活·读书·新知三联书店,1999:35—48.

"术语二元化",见附录 2):对一般社会民众使用民族化新词,对专业工作者使用国际化新词。

针对英语独霸的问题,周有光指出其中的原因是大英帝国曾是人类历史上最大的帝国,美国是当今最强大的科技国家。世界性的现代文化以科技为中心,现代科技从机械化发展到信息化,是以英国和美国为主轴而前进的。其他语言的争霸必将失败,原因是"语言经济学"只容纳一种国际共同语,不需要两种。与其和英语争夺语言霸权地位,不如把英语"从负债变为资产,从排斥变为利用"。

由周有光对这些国际语文问题的看法可知,人类语文发展的趋势(规律)是不能违背的,但另一方面,也不能不顾条件、过于激进地加快历史的进程。因此,实行国际、国内的双语文政策,让不同功能的语言文字在各自的范围内发挥作用,求同存异,新旧并存,是处理语文发展矛盾的现实路径。

小　结

本章对周有光世界语文现代化(见图 2)的宏观研究做了历时和共时的分析。无论是历时研究的"五个里程碑",还是共时研究的世界各国语文建设情况,都揭示了语文现代化朝着"语言求通、文字尚同"的语言共同化方向发展的规律。但是语文发展也存在保守和革新、稳定和演变的双重矛盾,而实行广泛的双语文政策,是处理发展矛盾的现实路径。

这项研究的重要意义在于,它所揭示的人类语文发展规律,为新中国在工业化发展阶段的语文改革尤其是语言共同化和文字拼音化提供了学理依据和事实参照,证明其是一种符合历史潮流的进步改革。

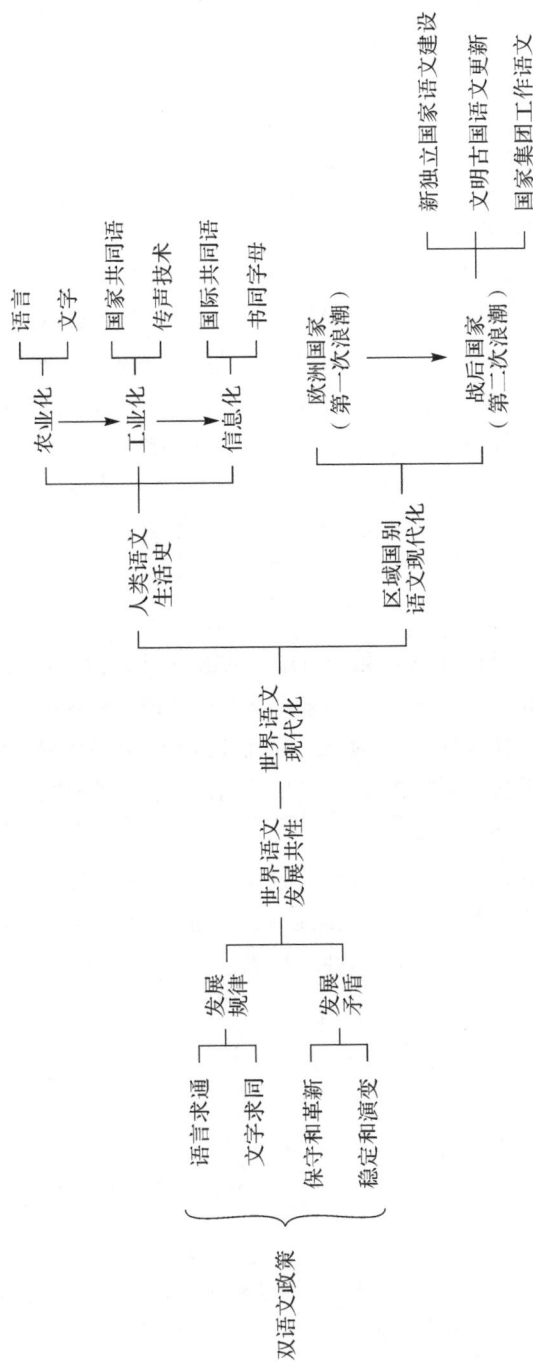

图2 "世界语文现代化"理论主体架构

第五章　理论主体(下):中国语文现代化

中国语文现代化是世界语文现代化的特殊问题,却是周有光研究的核心问题。研究世界语文现代化,目的是解决中国自身的问题。这和他从现实出发、从需求出发,勇于推动社会进步的知识分子情怀有关,也是从五四运动走出来的老一代知识分子共同的学术担当。这方面的研究,通过多篇论文分期发表,也较为集中地体现在周有光《汉字改革概论》《中国语文纵横谈》《中国语文的时代演进》等专著中。

周有光的中国语文现代化研究不同于世界语文现代化研究显示出的高屋建瓴,而更多地显示出具体而微的一面。他的研究可以分成中国语文现代化的历时研究和中国语文现代化的共时研究。中国语文现代化的历时研究按一般/特殊的维度有"总史"和"分史"之别,"总史"是指梳理历史上语文现代化的主要事件并揭示发展规律,"分史"是根据不同的应用主体或者语文本体来分别梳理历史发展进程。两者都可以按时间分阶段进行,如分为古代史、现代史,视实际的研究情况而定。中国语文现代化的共时研究,主要聚焦于现实问题的解决。共时研究首先也可按不同应用主体区分为汉语文和少数民族语文,各自有更为具体的语言文字论题。

需要注意的是,有些问题在今天看来已经不是问题了,转为历史,共时和历时的区分也只是相对的。

第一节　中国语文现代化史

从现有材料看,周有光的语文现代化历时研究中,对"中国语文现代化总史"和"语文现代化分史"都有涉及,但详略有别。

一、中国语文现代化总史

中国语文现代化总史可以按古代和近现代分期叙述。对于古代中国的语文改革情况,周有光并无专门论著,而是概括性地将中国几千年的语言生活史归为"农业化"的"书同文"阶段。这可能是因为中国古代长期处于封建社会,除了"书同文"这一标志性的语文改革事件以外,罕见语文改革的突破性事件,语文发展的状况总体比较缓慢(但局部的改革一直存在,见下文各分史)。

中国语文现代化的密集运动主要始于近现代,可分为两个时期。从1842年到1911年是酝酿时期,从1912年到1945年是第一实行时期,从1949年到现在是第二实行时期。第一实行时期以1919年的"五四"白话文运动为高潮,第二实行时期以1955年召开的"全国文字改革会议"和"现代汉语规范问题学术会议"为高潮。第一实行期的主要成就是"国语"代替"官话","白话"代替"文言","字母"代替"反切"。第二实行时期的主要成就是推广普通话、发展白话文、推行汉语拼音、整理现代汉字、中文的信息处理、少数民族语文的新建设。①

经过几代人不懈的努力,中国语文现代化已经取得了历史性的成就,正在向信息化的道路上前进。随着《中华人民共和国国家通用语言文字法》的颁布,中国语文现代化的第一个阶段告一段落。将来怎么走,要从世界角度进一步研究。②

二、中国语文现代化分史

根据不同的问题,中国语文现代化可以书写不同的分史,如汉族和少数民族的语文改革都可以按照语言、文字分别书写。关于少数民族的语文改革史,周有光曾对中国各民族的文字发展有过梳理,总结出了广义的汉字系统、回鹘字母系统、印度字母系统、阿拉伯字母系统、拉丁字母系统等五个文字系统各自的演变情况。③ 但少数民族文字的发展历史主要是一种自发的演变,故更宜看作少数民族文字史研究的一部分。少数民族的语文现代化主要发生在新中国成立之后,我们将其看作是一个共时问题。而少数民族语文现代化史的历史缺位,也使得中国语文现代化的总史和汉语文现代化总史在新中国成立以前基本重合。

汉语文的现代化史可以分成汉语言现代化史和汉文字现代化史,前者可以

① 周有光.新时代的新语文:战后新兴国家的语文新发展[M].北京:生活·读书·新知三联书店,1999:156—162.
② 周有光.我们已经进入广义的汉语拼音时代[J].湖南师范大学社会科学学报,2014(4):117—118.
③ 周有光.中国语文纵横谈[M].北京:人民教育出版社,1992:67—73.

再分成语言共同化史和文体口语化史,后者可以再分为汉字简化史和汉语拼音史。拼音虽然不是法定文字,但它的主要功能是汉语的拼写工具和文字的注音工具,"无文字之名而有文字之实",所以我们也将其看作文字问题。

(一)汉语言现代化史

语言共同化史。中国的共同语有漫长的历史。先秦时,孔子教学所使用的"雅言"就是"夏言",是夏、商、周历代相传的中原"正音"。这种"正音"从秦汉经过唐宋传到元明,稍有变化,但一脉相承。正音是文人学士吟诗作赋的字音规范,不是广大人民的生活语言,明清时候的"官话"是仅限于管理使用的朝廷共同语,并不同于"现代共同语"。"现代共同语"是我国工业化的要求,是清朝末年才提出的,1913 年召开"读音统一会"规定一种折中于各地方言的"老国音",1924年改定以北京语音作为标准音,标志着"现代共同语"的成年。1955 年,"国语"改称"普通话",以强调民族平等、语言平等,并被定义为"以北方话为基础方言,以北京语音为标准音,以典范的现代白话文著作为语法规范的汉民族共同语"。1982 年,新宪法说"国家推广全国通用的普通话",可见普通话不仅是汉民族的共同语,同时也是全国的共同语。①

文体口语化史。文体口语化就是要写白话,使书面语接近口语。中国的文体口语化史可分成前奏(如唐代的"古文运动"和佛教变文、宋代的语录体、宋元的"话本"、明清的"章回小说"、清末维新运动的"新文体")五四运动前后发起的文学革命、20 世纪 30 年代兴起的大众语三个时期,后两个时期间经历了文言读经的昙花一现。白话文 30 年代已经基本成功了,20 世纪 50 年代到 90 年代是白话文运动的延续期,内容主要体现在公文改革、报纸文章口语化、古书今译、白话诗问题、电报问题等。②

(二)汉文字现代化史

1.汉字简便化史

汉字的简便化有广义和狭义之别。广义的简便化是指汉字的定音、定量、定音、定序,这是现代汉字学要研究的问题。狭义的汉字简便化是指汉字字形的简化,这里单就狭义而言。它的历史可以上溯到秦汉时的"隶变","隶变"就是秦朝"文书员"为了书写方便而进行的文字改革。隶变不仅是笔画化,同时也是简化。汉朝以来的汉字形体一直是稳定的,只有无意识中发生的"简化"趋向,而且"正字"

---

① 周有光.中国语文纵横谈[M].北京:人民教育出版社,1992:26.
② 周有光.中国语文的时代演进[M].北京:清华大学出版社,1997:42.

变化极少,变化只出现在手头字上。汉字的长期稳定是我国社会长期停滞的反映。

近现代的汉字简化史运动起始于鸦片战争。那时识字从少数人的特权变成多数人的需要,汉字简化成为一种自觉的要求。自 1921 年陆费逵发表《整理汉字的意见》,1922 年钱玄同提出"简省现行汉字的笔画案",主张以简体字为正字法的规范以后,简化字运动活跃起来。1935 年上海兴起"手头字"运动,南京政府教育部以述而不作、择社会上比较通行之简体字最先采用、原字笔画甚简者不再求简的三条原则推出《第一批简体字表》,次年遭反对而取消,但此时汉字简化的研究已经成为教育界重视的课题。新中国成立后开始了淘汰异体字和简化字形的工作,先后颁布《第一批异体字整理表》(1955)、《汉字简化方案》(1956)、《简化字总表》(1964)。1977 年发表《第二次汉字简化方案(草案)》,遭到社会反对,于 1986 年取消。①

2.汉语拼音化史

在《汉字改革概论》中,周有光认为汉字改革运动的历史分期是一个还待研究的问题。他指的汉字改革运动,其实就是汉语拼音化的历史。他对这一历史作出了分期,包括:历史前奏——西洋人的汉语译音和教会罗马字;第一时期——切音字运动(从"中国切音新字"到注音字母);第二时期——广义的拉丁化运动(从国语罗马字、拉丁化新文字到《汉语拼音方案》);第三时期——汉语拼音教育的普及和汉语拼音文字的成长时期(1958 年以后)。② 这里将他对不同阶段记述的主要事件及相关评述概括如下。

(1)历史前奏:西洋人的汉语译音和教会罗马字。

拉丁字母拼写汉语的开始以耶稣会士利玛窦的《西字奇迹》(1605)、后耶稣会士金尼阁《西儒耳目资》(1626)的拼音方案为标志。基督教传教士马礼逊的《华英字典》(1815—1823)是方言教会罗马字出现的萌芽,教会罗马字传播最广的是厦门"话音字"(1850)。鸦片战争后英人威妥玛出版京音课本《语言自迩集》(1867)后,威妥玛式注音得到广泛使用,19 世纪 80 年代的邮政和电报采用邮政式拼音,形制与威妥玛式接近。天主教士 Henri Lamasse 和 Ernest Jasmin 于1931—1932 年,设计出一种用不同拼法解决同音词问题、用不同读音解决方言分歧的"辣体汉字"。它因拼写法和读音法异常复杂而缺少实用价值,证明现代汉语拼音文字不能走汉字拼音的道路。

(2)第一时期:切音字运动(从"中国切音新字"到注音字母)。

---

① 周有光.中国语文纵横谈[M].北京:人民教育出版社,1992:161—172.
② 周有光.汉字改革概论[M].北京:文字改革出版社,1961:1—53.

　　1892 年,卢戆章用自己设计的字母出版了一本厦门方言的拼音课本——《一目了然初阶》(切音新字厦腔)。这种拼音设计被称为"中国切音新字",初期的汉字改革运动称为"切音字运动"。从《一目了然初阶》的出版到辛亥革命的 20 年当中,提出的个人方案一共有 28 种,可以分成三种主要类型:汉字笔画式、速记符号式、拉丁字母式。其中 1900 年王照创制的"官话字母"是清末各种汉字笔画式字母当中提出最早、传播最广的,成为切音字运动的主流和高潮。后音韵学者劳乃宣征得王照同意,在官话字母的基础上补充方言字母,拟成宁音(南京)、吴音(苏州)、闽广音等方言方案,方便在南方推行,统称"合声简字"。因此切音字运动的后半期也称"简字运动"。1913 年北洋政府教育部召开"读音统一会",通过了一套由章炳麟设计的音标字母方案修订而成的"记音字母",于 1918 年公布用于国民教育。清末切音字运动者都主张要有一种易学便用的汉语拼音文字,跟汉字分工并用。但在章炳麟等保守主义思想的影响下,"拼写白话"最终后退为"表注读音",注音字母只发挥了切音字运动者的起码要求。注音字母的产生是 3000 多年文字史发生制度变化的开端,是走向拼音文字的第一步。

　　(3)第二时期:广义的拉丁化运动(从国语罗马字、拉丁化新文字到《汉语拼音方案》)。

　　1918 年,"文学革命"之后提出了"汉字改革"的口号。《新青年》《新潮》《国语月刊》上关于否定汉字、支持拼音文字的声音一浪高过一浪。1928 年,中华民国南京政府教育部公布国语统一筹备会制定(赵元任主导设计)的《国语罗马字拼音法式》"作为国音字母第二式"。国语罗马字的产生是拉丁化运动在我国的正式开幕,从此,字母形式的倾向从汉字笔画式转向拉丁字母,拉丁化(罗马化)成为汉字改革运动的主流。音素制的罗马字是第一个接近成熟的汉语拼音文字方案,但由于"字母标调法"规则过于复杂,得不到政府和群众的充分支持,推行不利。受苏联拉丁化运动影响的瞿秋白于 1929 年设计并发表了《中国拉丁式字母草案》,方案经(龙果夫)修改完善后起先用于扫除苏联远东华侨工人文盲,后又推广给国内群众,立刻受到热烈欢迎,尤其在解放区大获成功。其不标声调、拼写方言的特点,设计简单易学,所以能够迅速推广,但方案过于零散而正词法不够精密,所以在拉丁化运动的历史上只能成为国语罗马字以后的另一种过渡性的文字设计。

　　1949 年,文字改革得到中国共产党和人民政府积极支持和领导。1954 年 10 月,在国务院直接领导下成立了中国文字改革委员会。中国文字改革委员会在 1955 年 2 月设立拼音方案委员会,主要工作是拟订一个拉丁字母式拼音方案初稿。1955 年 10 月,中国文字改革委员会和教育部联合召开全国文字改革会议。此后中国文字改革委员会根据群众的意见并得到领导同意,原则上决定采用拉丁字母式的拼音方案草案,于是以初稿为基础,修订成为《汉语拼音方案草案》,后经广泛的群众调查和专家审订,于 1957 年 10 月提出"修正草案",11 月 1 日国务院全体会议决定发表修正草案,并提请全国人民代表大会讨论。1958 年 1 月 10 日周恩来总理亲自向政协全国委员会报告《当前文字改革的任务》,将制定和推行汉语拼音方案作为当前主要任务。1958 年 2 月 11 日,全国人民代表大会一致同意批准《汉语拼音方案》。这是一个简单实用而又精密完备的方案,它的每一个字母及其用法都是历史方案中有过的,也是群众方案中提出过的,它把过去的和现在的群众智慧加以整理、集中和系统化,青出于蓝而胜于蓝。

（4）第三时期:汉语拼音教育的普及和汉语拼音文字的成长时期(1958 年以后,仅存题目)。

除了自己的分期研究,周有光还总结了其他学者对拼音改革的分期(见表1)。

表 1　拼音化历史分期对比

作者	历史分期	著作
罗常培	(1)汉语拼音字母之发端(西洋人的罗马字拼音);(2)国语罗马字之演进;(3)注音字母之演进。	《国音字母演进史》(1934)
黎锦熙	(1)切音字运动时期;(2)简字运动时期(王照、劳乃宣等);(3)注音字母与新闻学联合运动时期;(4)国语罗马字与注音符号推进时期。	《国语运动史纲》(1934)
陈望道	(1)西洋人自己便于学习汉字的时期;(2)随地拼写、专备教会传道之用的时期;(3)用作普及教育工具的时期。	《中国拼音文字的演进》(1939)
倪海曙	(1)反切和改良反切;(2)外国字母给汉字注音;(3)教会方言罗马字;(4)近代民族汉语拼音运动,下分四个阶段:切音字运动,注音字母运动,国语罗马字运动,拉丁化新文字运动。	《清末汉语拼音运动编年史》(1959)

周有光对汉语拼音改革历史分期的梳理既区分了外国人主导和中国人主导的拼音实践,又区分了民族形式主导和国际形式主导的不同阶段,彰显了汉语书写的拉丁化、拼音化是合乎历史发展规律的方向,说明拼音化是中国人民自主选择的道路。故这一梳理相比其他学者的分期,有其鲜明的优点。不过这一梳理未将直音、反切等传统注音形式归入拼音化的历史,可以说是一种缺憾。此后的

研究中,周有光又多次谈及汉语拼音历史,内容大同小异,但在古代史方面增加了读若、直音、反切作为早期拼音实践形式,[1]其关于汉语拼音的历时研究,形成完整体系。

《汉字改革概论》最早出版于 1961 年,并无可能出现第三时期的内容。此后,汉语拼音化又发生了一些重要的历史事件,如《汉语拼音方案》成为国际标准,《汉语拼音正词法基本规则》也相继成为国家标准和国际标准。此外,汉语拼音开始广泛应用于语文教育、少数民族文字创制、特殊人群文字创制、汉字输入法等各领域。这些历史的新进展,周有光通过《〈汉语拼音方案〉的应用发展》(1986)、《语文运动的回顾和展望:纪念〈汉语拼音方案〉公布 30 周年》(1988)等论文做了补充的记述。不过,周有光对这些新成就而言已不单是历史的记述者,更是历史的创造者,我们将在"共时问题"中重点加以概述与评价。

无论是中国语文现代化的总史还是分史,周有光都是为了立足现实、解决问题,为了从历史演变的趋势中寻找当前行动的依据。这体现了其语文现代化理论的系统性和严整性。讨论周有光对语文现代化现实问题的研究,先了解他对相关问题的历时梳理,有助于完整、准确地把握其研究脉络。

通过对中国语文现代化历史的追溯,周有光向我们证明了"语言求通""文字向同"的语文发展规律在中国起着同样的作用,从而也为中国语文现代化的继往开来指明了方向。

第二节　中国语文现代化

语言共同化、文体口语化、文字简便化、表音字母化等"四化"是周有光经常提及的用来解决语文生活问题的中国语文现代化的主要内容和目标。但这些都是相对具体的论题,如进一步概括,则可概括为语言现代化和文字现代化,而文字现代化归根到底是为语言现代化服务的:"推广共同语是语文现代化的中心工作。汉字和拼音都是书写共同语的工具。"[2]

另外,周有光的理论体系中,中国语文现代化又包含汉语文现代化和少数民族语文改革,各民族都有自己的语言或文字问题。在《汉字改革概论》《中国语文纵横谈》《中国语文的时代演进》等著作中,周有光较为集中地阐释了中国语文现

① 周有光.汉语拼音方案基础知识[M].北京:语文出版社,1995:2—3.
② 周有光.文字改革的新阶段[J].语文建设,1985(5):3—9.

代化的各类问题。下面以这几部著作为基础,结合其他相关论著加以总结。

一、汉语文现代化

汉语文现代化包括汉语言现代化和汉文字现代化。前者分为语言共同化和文体口语化,后者分为汉字简便化和汉语拼音化。

(一)汉语言现代化

1.语言共同化

这里的"语言"主要是指普通话这一汉民族共同语及国家共同语。周有光的有关认识主要包含以下几点。

(1)语言共同化是时代需求。中国自古以来就有来自中原的所谓"雅言""正音",但仅仅是文人学士吟诗作赋的字音规范,不是广大人民的生活语言。明清"官话"和现代共同语也有不同,既不要求严格的标准语音,也不要求在全体人民中间普及。"现代共同语"不是古已有之,而是工业革命的产物,是全民义务教育的媒介。工业化要求人人会说共同语,人人有基本文化和生产技能。中国的这一要求是清朝末年才提出来的,至今未完全实现。

(2)共同语名称。"现代共同语"有三个名称:普通话、国语、华语。"普通话"是汉民族共同语,"国语"是全国共同语,"华语"是全世界华人的共同语,名称不同,实质相同。三个名称不是相互排斥的,而是相互补充的。"普通话"的名称用意是全国各民族语言平等,不以汉语强加于少数民族。1982年中国新宪法规定"国家推广全国通用的普通话"后,"普通话"的含义就接近于"国语",当然这也并没有在少数民族地区强制推广的意思。汉语的共同语在新加坡共和国和其他地方称为"华语",这个名称可以用于任何国家、地区和场合。

(3)汉语的民族地位和国家地位。普通话是汉民族的民族共同语,此外汉语有很多方言,因此需要推广汉语的现代共同语——普通话。广义的汉语虽有七种地区方言(北方方言、吴方言、粤方言、闽方言、客家方言、赣方言、湘方言)和许多种次方言,但并不被认为是七种语言,因为七大方言区的人都自认是汉族,不是七个民族。中国有56个民族,汉族占人口的绝大多数,因此,汉族是国家的主体民族,汉语是全国的通用语言。

(4)汉语的国际地位。联合国的六种工作语言中,汉语的国际性最弱。语文的国际地位取决于三个条件:使用人数(讲同一种标准语的人数,不是讲不同方言的人数)、文化水平(传统文化和现代科技)、出版事业。要提高汉语的国际地位,需要先从提高汉语规范化水平、普及普通话做起。除此之外,还需要提高国家的文化和科技实力,因为"英语成为国际共同语,除有语文优势外,还有英美等国的文化和科技实力作为后盾。汉语想要成为国际共同语，除要进行语文现代化改革外，还要进行国家的长期而全面的改革开放，这是一个远大的发展工程"。[①]

(5)普通话规范。1913年"读音统一会"确立共同语的标准语音，是对各地方音的折中，称为老国音。1924年放弃读音的人为标准，改为"以北京的普通读法为标准"，这是共同语成年的标志。新中国成立以后，异读词的审音(包括地名、人名的审音)、译名的整理(包括科技语和人名、地名的翻译)成为共同语规范化的重要工作。

(6)同音词问题。同音词本质上是一个语言问题，是"共同语和白话文"中的问题。同音词的数量并不像人们想象的那么多：同音汉字极大部分不是同音词；跟现代汉语同音的文言古语不是现代汉语的同音词；同音异调不是同音词；词组和词儿同音不是同音词；略语和词儿同音不是同音词。解决同音词问题，可以通过整理词汇、用多音词代替单音词、用异音词代替同音词等方法，使现代汉语在传声技术上听起来更加清晰，避免混淆。

(7)共同语推广。语言"共同化"的含义不等于"同化"，"共同化"是大家能说普通话，并不废除方言；"同化"是使用你的语言，放弃我的语言。普通话是学校和社会语言，方言是家庭和乡土语言，这是"国内双语言"政策的体现。中国近一个世纪的共同语推广成绩不可否认，但离"普及"的目标还很远。"普及"的目标应是全国学校以普通话为校园语言，全国公共活动以普通话为媒介。普通话普及率的计算要区分"规范普通话"和"方言普通话"，因为两者标准的不同会影响普及率的测算。普通话的普及还要区分"标准"和"要求"，"标准必须一致，要求可以分级，学习可以渐进"(引王力语)。群众性的教育和专业师资培训是推广共同语的两条措施。

周有光关于"语言共同化"的论述，既说清楚了共同语的相关概念，又指出了语言共同化的历史必然性，并且对本体(普通话规范、同音词等)和应用(汉语的地位、普通话的推广)两方面规划都作了清楚的阐释。共同语的本体和应用规划体现了"语言求通"和"弃小学大"(选择流通度大的方言作为共同语)的语文发展规律。

2.文体口语化

如果"语言共同化"主要是指汉语口语的统一，"文体口语化"则是从书面语

———————————
① 周有光.几个有不同理解的语文问题[J].现代语文,2002(5):2.

改革的角度提出了语言统一的要求。汉语的传统书面语是文言文。文言文是一种语音、词汇、语法严重脱离口语,传习繁难,只能为少数人垄断的古代语言,不能向大众普及就难以实现书面语的真正统一,也就难以承担普及教育的重任,而只有"我手写我口"的白话文才能做到这一点。周有光认为白话文不仅要看得懂,还要能听得懂,其实质是要求书面语向口语看齐。唯有如此,普通话口语才能借助白话文的传播而加速普及与统一。关于"文体口语化",周有光提出的观点如下。

(1)"文言"和"白话"的定义。文言文是以古汉语为基础,经过加工的书面语,2000年来变化慢,与口语严重脱节。"五四"时期掀起白话文运动,要求以白话文取代文言文作为文学正宗,运动引起整个文化界的革新,被称为中国的文艺复兴。白话是以现代汉语为基础,经过加工的书面语。其加工一方面是指写共同语(普通话)而不写方言,另一方面是指对口语要做规范化的加工。白话不仅是写的,也是说的,写出来是"语体文",说出来是"文体语","言文一致",是中国全国和汉民族的现代通用文体。

(2)"写话"应代替"作文"。"作文"需要读熟许多文言文,用文言文中的语词作为材料,来编辑成为一篇文章,思想和语言都不是自己的。"写话"则完全是用原来的口语。在文言时代,文章的确是"看"的,不是"听"的,但是在"传声技术"时代,要求文章读出来能听得懂,否则不便于信息传输和语文转换,文言只能看懂不能听懂,不能适应现代化的需要。文体口语化也是为了解决几千年来极少数人垄断文字的局面。口语化文章是活的文章,最能表达现代生活,最能舒展人的思维。

(3)白话文运动还需要继续提倡。中国的文体口语化总是进一步退半步。新中国成立以后还进行了几种工作:公文改革、报纸文章口语化、古书今译等。学习文言文,主要是为了一部分人研究传统文化的需要,但不应当提倡写文言文,诸如高考生写文言文之类的现象不值得鼓励,"提倡文言是时代错误"①。

周有光的以上观点,不仅概括了文言文和白话文两种书面语工具的特点,区分了两种语体不同的应用场合,也指出了现代中国人转换书面语工具的必要性,"文体口语化"的本体规划和应用规划是遵循"语言求通""弃古用今"(放弃文言文,选择白话文)的语文发展规律的体现。

(二)汉文字现代化

这里说的"文字"是广义的。周有光认为,文字性的完备程度要根据三种属

---

① 周有光.百岁新稿[M].北京:生活·读书·新知三联书店,2005:171.

性来衡量:技术性、流通性、法定性。汉字是三种属性比较完备的文字,是狭义的文字,而拼音三种属性不够完备,只能是广义的文字。①

"从只用汉字的单文字生活,到又用汉语拼音的双文字生活,这就是中国语文现代化的方向。"②周有光对汉语双文字的现代化研究,主要体现于现代汉字学和汉语拼音,这两方面也是他比较满意的领域。当被问及是否因回国而后悔时,周有光说:"一个人要为人类有创造这是最重要的,我觉得这就是人生的意义。创造不论大小都没有关系,比如说我开创了现代汉字学就是创造,我设计的汉语拼音也是对人类有好处的。"③现代汉字学主要是关于汉字简便化的学问,内容主要包括"四定"问题;汉语拼音主要研究如何给汉语注音和拼写普通话,内容体现为《汉语拼音方案》和汉语拼音正词法。

1.汉字简便化

仅仅是书面语改为白话文,尚不足以解决大众的普及教育问题。用以记录汉语的汉字的自身缺陷妨碍了白话文的流通,因此还需要通过内部改革来简化或优化汉字。

周有光指出任何文字都有技术和艺术的两面性,拼音文字技术性强而艺术性弱,汉字则是艺术性盖过了技术性。汉字是古代文明的宝贝,又是现代文明的包袱。而它的技术性弱,则造成了汉字学习困难,使用不便,主要由于笔画繁、字数多、读音乱、检索难,这叫作"汉字四病"。诊治"四病",要用"四定":定形、定量、定音、定序。

"四定"问题的研究本质上是如何从经济角度来提高汉字的效率。研究这四类问题,形成了一门专门的学科——现代汉字学。"现代汉字学"这一说法,首见于《现代汉字中声旁的表音功能问题》④,后又见于《汉字声旁读音便查》⑤的《序言》《后记》及《现代汉字学发凡》⑥中。周有光在《现代汉字学发凡》中全面论述了"现代汉字学"这一学科概念,指出汉字学可以分为两部分:历史汉字学与现代汉字学。历史汉字学研究汉字的形、音、义的来源和演变,古已有之。现代汉字学则"播种于清末,萌芽于'五四',含苞于战后,嫩黄新绿渐见于今日"。现代汉

---

① 周有光.拼音和文字[J].语文建设,1983(4):2—4.

② 周有光.岁岁年年有光:周有光谈话集[M].天津:天津人民出版社,2016:50.

③ 周有光.岁岁年年有光:周有光谈话集[M].天津:天津人民出版社,2016:49.

④ 周有光.现代汉字中声旁的表音功能问题[J].中国语文.1978(3):172—178.

⑤ 周有光.汉字声旁读音便查[M].长春:吉林人民出版社,1980.

⑥ 周有光.现代汉字学发凡[M]//高等院校文字改革研究会筹备组.语文现代化(第二辑).北京:知识出版社,1980:94—103.

字学不同于历史汉字学,它以现代汉字为研究对象,目的是为今天和明天的应用服务,研究字量、字序、字形、字音、字义、教学法以及其他方面的问题。它是一门以语言学为基础,结合信息论、统计学、心理学等的边缘科学。周有光还指出"现代汉字学研究现代汉字的特性和问题,是为今天的应用服务,也就是为四个现代化服务,减少汉字在现代生活中的不便",这都表明现代汉字学主要是一门应用科学。汉字学土研究应当"厚今而不薄古,厚古而不薄今"。

"四定"问题是现代汉字学的核心问题,在《现代汉字学发凡》《中国语文纵横谈》《中国语文的时代演进》等论著中,周有光对此发表了很多有价值的观点,为这一学科搭起了基本的理论框架,下面择要概括。

(1)定量

汉字的特点之一是"字无定量",这是意音文字的共性。把"字无定量"变成"字有定量",这是意音文字发展到表音文字才有可能实现的。拿物理学来打比方,汉字是"分子"的符号,不是"元素"的符号,字不可能不多。字多是艺术性的表现,有利于书法发展,但从技术性、工具性来说却是缺点。

语文应用的现代化要求汉字提高技术性,要求学习容易,书写迅速,传播方便,便于打字,便于打电报。到了信息化时代,在电脑上输入输出汉字,先要有一个"汉字表",最好是"绝对全表",如果不可能有"绝对全表",也得要有一个"相对全表"作为"国家标准"。这是信息化时代对汉字定量提出的要求。

周有光关于汉字定量的主要研究包括以下几个方面。

第一,区分了字次(有一个算一个)、字种(同字异形合并计算)、字形(同字异形分别计算)等不同字量计算方法,指出定量主要是从"字种"来考虑的。

第二,总结了汉字多的原因:异体纷呈、古今并用(因为死字"死而不葬")、因词造字(语词文字决定了字的无限性,但用一部分假借汉字而成为语词—音节汉字,增殖受到限制)、专用字多。

第三,提出研制现代汉语用字全表。周有光倡议在文改会印发的《通用汉字表草案初稿》征求意见稿的基础上研制《现代汉语用字全表》。他指出,《现代汉字用字全表》的定量不是根据概率来选定的,而是根据字性来审定的,通过"定性"来达到"定量",从而给现代汉语用字划清界限,分出文言古语和方言古语的专用字。在区分标准上,他认为"造句实践法"(语感检验)是比较客观的依据。1980年,文改会通过王力、叶籁士、倪海曙、周有光四位委员提出的研究《标准现代用字表》议案(即后来的《规范汉字表》),《标准现代用字表》对后来《现代汉语通用字表》(1988年公布)和《通用规范汉字表》(2013年公布)的研制与颁布提供了前提条件和学术基础,推进了汉字的规范化。①

第四,提出"汉字效用递减率"。该定律认为,最高频 1000 字的覆盖率的大约是 90%,每增加 1400 字只提高覆盖率的大约十分之一。7000 个汉字在一般出版物中的覆盖率大约是 99.999%。这一规律为汉字的定分层量工作提供了一项统计依据,可以据此"取其少,弃其多"。

第五,提出汉字的"分级定量"。主张初学用字、扫盲用字、小学用字、初中用字、一般用字都应有不同的应用层次。罕用字和生僻字应加上注音。

第六,倡议制定技术用字表。主张确定 3000 多字用于传输技术和特定书刊,以解决汉字机械异常笨重的问题,表外的可用同音字、汉语拼音或同义词代替。

第七,受日、韩、越等汉字文化圈国家文字改革的影响和启发,提出通俗书刊用字限制以常用字 3500 字为限,一般书刊用字限制以通用字 7000 字为限。超出部分,采用难字注音的方式,便利大众阅读。受吴廉铭的"小字典"的启发,主张出版《现代通用字典》,收入"通用汉字"7000 个,注解限制只用 2500 个"小学用字",同时全部注解用"拼音"对照,供我国的小学生和学过拼音的外国留学生使用。

第八,倡议编写《基础华文词典》,即选用 1000 个汉字作为词典释文和丛书行文的基本用字,超此范围的字用黑体注明,并加注拼音和解释,用于普及华文教育。

定量问题也有本体和应用之别。周有光认为现代汉字"总量是根据'字性'规定的,分级定量是根据'频度'规定的"②。这种不同正显示出本体规划和应用规划的差异。《现代汉语用字全表》《现代汉语通用字表》或《通用规范汉字表》的制定是从现代汉字的性质着眼的,为现代汉字和古汉语用字画出了界线,具有本体规划的性质。而各种"分级定量"的依据是使用的频率或者概率,其作用是方便语文教学和技术应用,是着眼于应用规划层面的。

(2)定序

定序的问题主要涉及查字、编码及文字排列。

第一,查字法。汉字查字困难,是汉字"应用不便"的重要原因。部首检字法、笔画法(笔形法)、四角号码法、音序法是流行的四种查字法。在信息化时代,

---

① 韦钰.周有光先生对新中国语文现代化发展的贡献与展望[J].通化师范学院学报,2017(5):57—62.

② 周有光.文字改革和电子计算机[J].情报学报,1982(1).

部首法和笔画法都难以适应自动快速检索的时代要求。1918 年公布注音字母以后,字母音序法成为词典和大型百科全书的查询方式,这是定序方法的新发展和新应用,符合时代的潮流。

第二,编码。汉语的编码始于"四码电报",用四个数码代表一个汉字。有了电脑以后,产生如何在电脑上输入汉字的问题。"四码"和字形、字音没有关系,不便记忆。许多人根据字形和字音设计新的汉字编码,编码可分为字形码(部件码、笔画码)和音形码。笔画编码简单易学但代码较长,部件码代码较短但部件较多,字形码还存在方案太多的问题,可谓"万码奔腾"。音形码一半用字音、一半用字形,其困难是既要知道字音,又要知道字形,双重负担。基于汉字的编码方案无论如何都不是文字机械化的康庄大道,只有基于拼音、以词作为编码单位的编码才能适应信息时代的需要。

第三,直排和横排。20 世纪初,受西方文字影响,汉字试行变直排为横排。为了要使"北拉"注音便于与汉字混合书写,汉字的排列必须改用自左而右的横行。根据心理学者的实验,左右横行最便阅读。为了使文字走上国际化、科学化的道路,汉字横行制度应当迅速"合法化"。横排的主要好处是方便夹进阿拉伯数字和西洋文字,汉字横排是排列法的国际化,目前除了部分古籍以外,横排已成为出版主流。

字序的问题基本不涉及汉字本体而属于技术应用(笔顺似乎可以看作汉字本体问题,但我们未发现周有光提出规范意见)。在查字和编码方面,字序也不是单纯的汉字应用问题,它和拼音字母的应用问题是交织在一起的。

(3)定形

通过文字学研究,周有光已经发现任何文字越是应用频繁,越是会发生"简化",这是书写要求方便和快速的自然趋向。汉字的简化是汉字历史发展的主要趋势,周有光深信这一规律,关于现代汉字的定形问题,他的研究主要包括如下几个方面。

第一,指出简化字的优点和缺陷。优点是清晰度高,好认好写;缺点是近形字增多、草书楷体难写、旧书和新书繁简不同(造成部分学简体字的人无法读繁体古书)。

第二,提出简化的"十诫"。①约定俗成,好;约未定、俗未成,不好。②新字跟原字相比,轮廓相似,容易辨认,好;否则不好。③不增加近形字,好;否则不好。④手写不容易跟别的字相混,好;否则不好。⑤不使一字多音多调,好;否则不好。⑥新造声旁能准确表音表调,好;否则不好。⑦同音代替,字音字调相同,意义不混,好;否则不好。⑧草书楷化,不增加笔画形式,好;否则不好。⑨原来笔画不顺手，改成顺手，好；否则不好。⑩简化常用字，好；简化罕用字，不好。

第三，指出汉字简化的局限性。简化字的作用没有做过科学的分析、比较和效率测量，没有总结，拿不出数据，心中无数。总的来说，简化字对学习的好处较大，对经常书写的人的好处次之，对经常阅读的好处又次之，对机械化的语文工作有好处但好处不大。汉字是演变性和稳定性的矛盾统一体，大多数时候稳定性强于演变性，对汉字的字形，如今已经人心思定（这也是"二简"失败的主要原因）。

第四，提出用字规范建议。针对社会用字混乱的"无政府"现象，首先指出艺术领域和实用领域不可等量齐观。实用领域应当使用规范的简化字，因为它关系到应用效果、青年教育、大众的文化生活、国家的文明形象等；艺术领域如书法用字可自由发挥，但简化本来也不影响书法艺术。另外，海峡两岸暨香港的汉字也需要统一规范。从文字发展趋势来讲，大陆的"简化字"政策并没有错，代表着先进方向。

第五，提倡"汉字文化圈"的"书同文"。中国大陆和日本、韩国虽然都使用简化字，可是多数简化字彼此不同。使用汉字的国家和地区，应共同研究增加"书同文"，减少"书异文"，以"字母不同，汉字相同"为目标。

以上五个方面，一、二、五针对简化字的本体特征或本体规划，涉及的是简化字的优缺点和简化建议；三、四则主要是关于简化字的应用规划，涉及的是简化字在不同场合、不同人群中的使用要求。

（4）定音

周有光总结了现代汉字"读音乱"的主要症结：同词异读，一字多音，表音不准。此外，汉字的音节用字过于混乱，也有待规范。他对这几个症结分别提出对策与规划研究。

第一，针对"同词异读"问题，研究普通话异读词的审音。民国初年开始汉字"读音统一"工作，字典一律用字母注明标准音，代替反切。20世纪50年代开始"普通话审音"工作，统一"异读词"的读音。这一目标和语言共同化的目标是一致的，只有普及普通话才能彻底实现"读音统一"。

第二，针对"一字多音"问题，研究多音字的整理。多音字占常用字的10％以上，是汉字难学难用的原因之一。多音字可分为多调字、多声母字、多韵母字等，其中声调变而声母、韵母不变的"单纯多调字"最多，占40％。整理多音字的方法包括去除多余、改读、改写等。

第三，针对"表音不准"的问题，对声旁表音功能进行实证考察。将现代汉字的声旁字（用作声旁或偏旁的字）分为同音声旁字、多音声旁字、异音声旁字。其中同音声旁字是能表"含旁字"的声韵读音,不一定能表声调;多音声旁字是能表一部分"含旁字"的读音,不能表另一部分的读音;异音声旁字是不能表"含旁字"的读音。通过对《新华字典》(1971年版)8075个汉字的定量统计发现,声旁有表音功能(不论声调)的只占声旁字数的三分之一,有表调功能的只占声旁字数的五分之一。汉字要能准确表音,只能依靠汉字以外的"字母"注音,"秀才识字读半边"是靠不住的。

第四,针对字典记录音节的汉字过于随意的问题,主张进行音节汉字表的研究。汉语中小字典大都有给每个音节(不分调)配上一个汉字的"音节汉字表",可是配字各不相同,应当通过相互比较,取长补短,定出一个标准的"音节汉字表",作为音译用字、直音用字、简化人名用字和"技术用字"。

上述所列一、二、三主要是关于汉字字音的本体规划问题,第四则主要是关于汉字字音的技术应用问题。

除了汉字的"四定",周有光认为现代汉字学还应包括字义研究,如研究汉字的构词功能,并将汉字分成词字和语素字;将汉字部首区分为"自然部首"和"非自然部首",研究部首的表意功能(在现代汉字中,部首还能表意吗?怎样表意的?表意功能有多大?)。此外,周有光也注意到了汉字教育问题,指出汉字和汉语教学存在矛盾,如常用词中有罕用字,口语中经常写不出字。儿童学口语以词为单位,但读书却以字为单位。[①]

周有光的现代汉字学研究,以提高汉字效率、减少汉字在现代生活中的不便为旨归,其服务现实的目的十分清晰。其所述的各个方面,既有对文字本体的描述,也有对文字本体的规划,另外涉及文字应用规划问题,所述十分广泛,虽然有些问题只是点到为止,未及展开,但其研究已为这门学科打下坚实根基,草创之功不可磨灭。另外,汉字简便化的本体规划和应用规划体现了文字求同(减少现代汉字的混乱)和弃繁用简、弃古用今的语文发展规律。

2.汉语拼音化

汉语拼音化也即"表音的字母化"。周有光认为,拼音化有广义和狭义之分。"广义"指字母的或多或少的应用,例如给汉字注音,外事文件上拼写人名、地名,按照字母顺序排列索引等;"狭义"指把拼音字母(或注音符号)用作正式文字。《汉语拼音方案》是一种广义的拼音化方案。

汉字最大的缺点是不能有效表音,汉字传统上用反切注音,极其不便,缺少

① 周有光.现代汉字学发凡[M]//高等院校文字改革研究会筹备组.语文现代化(第二辑).北京:知识出版社,1980:100—103.

一套字母注音工具。这一问题无法通过内部改革解决,因此需要通过制定一套注音方案——汉语拼音来辅助汉字。周有光认为,从语音分析、字母数目、拼音能力的角度,"音素文字是文字制度的最高成就"①。拼音化是语文现代化的共同道路,是现代意义上的"书同文"②。

事实证明,汉语拼音经过几十年的运用,已经成为中华文化的有机组成部分,是现代汉语书面语的一种表达符号,"是中国人自己的东西,就像阿拉伯数字一样"③,甚至还被称为"中国优秀文化"④。

汉语拼音是一项集体成果,但周有光是主要的设计者⑤。周有光对《汉语拼音方案》及汉语拼音正词法的设计原则和技术方面的许多重大问题,作出了系统化的阐释。汉语拼音的制定和推广是周有光最感自豪的一项成就。张马力(周有光侄女)曾回忆说:"我说,舅舅,你从国外回来到现在,有后悔吗?他说没有,我毕竟做成一件事,他说的就是汉语拼音。"⑥汉语拼音是周有光语言文字学研究中最重要的研究领域,也是成果最多的研究领域,完全可以作为一个专题开展深入研究,本书将其作为语文现代化理论体系的一个方面,为保持整个体系的平衡,不作过多展开。

周有光认为,汉语拼音的书写有两个层次。第一层次是音节的书写规则,体现为《汉语拼音方案》,第二层次是语词的书写规则,体现为"汉语拼音正词法"。⑦ 在《汉字改革概论》中,周有光较为集中地讨论了《汉语拼音方案》和"正词法"(当时称为"正字法")问题。之后他对拼音问题持续研究,有关《汉语拼音方案》的一些文章,集成于著作《拼音化问题》,而关于汉语拼音正词法的文章,则收录于《中国语文现代化》中。在《中国语文纵横谈》《中国语文的时代演进》中,拼音问题仍然是作为中国语文现代化理论的重要组成部分。根据这些文献,下面择要概述。

---

① 周有光.语文风云[M].北京:文字改革出版社,1980:65.

② 周有光认为,用共同的语言和共同的文字,是狭义的书同文。语言不共同而文字形式共同,例如大家用同一种字母书写各自不同的语言,是广义的书同文。

③ 李宇明.中国的话语权问题[J].河北大学学报(哲学社会科学版),2006(6):1—4.

④ 任晔,李馨.汉语拼音及其正词法是中华优秀文化:访问苏培成、彭泽润、李志忠[J].江西科技师范大学学报,2020(4):12.

⑤ 周有光1955年起在中国文字改革委员会中担任拼音化研究室的主任,与叶籁士、陆志韦共同负责《汉语拼音方案》的起草。

⑥ 张马力.那个长寿的老人等不及了:外甥女追忆周有光最后时光[N].新民晚报,2017—1—18(16).

⑦ 周有光.中国语文的现代化[M].上海:上海教育出版社,1986:95

(1)汉语拼音本体设计

1)《汉语拼音方案》

《汉语拼音方案》是"六十年来中国人民创造汉语拼音字母的总结"①,它吸收众长,结合实际,圆满地解决了一系列汉语拼音的设计问题。这是以周有光为主的文改团队奋斗三年才获得的成果,周有光可以说是拥有《方案》最终解释权的核心人物。在《汉字改革概论》和《拼音化问题》等论著中,他阐释了制定方案的一系列重要理论和技术问题,格外重要的有如下几点。

①拼音原则。汉语拼音的制定包括三个原则:口语化、音素化和拉丁化。口语化即拼写规范化的普通话,音素化即按照音素(音位)拼写音节,拉丁化即采用国际通用的拉丁字母。

②语言规范。《汉语拼音方案》有其应用范围:"拼写规范化的普通话。"因此它有"三不"原则:第一,不是汉字(的)拼音方案,而是汉语(的)拼音方案。第二,不是方言拼音方案,而是普通话拼音方案。第三,不是文言拼音方案,而是白话拼音方案。

③字母形式。拼音字母可以采用民族形式或者国际形式,注音字母是民族形式,罗马字母是国际形式。民族形式的优点是可以自由创造,具有民族特点,与汉字比较般配;缺点是不便于国际流通,获得公认需要时间,需另造一套字母用于国际流通。国际形式的优点是字母现成,不用创造,方便书写,适合机械化、电脑化,公认度高,缺点是字母数量可能不够用,个别字母有形体缺点,不易识别,容易混淆。民族形式和国际形式可以相互转化,民族形式传播开来就成了国际形式,国际形式在某一国用久了就变成民族形式。《汉语拼音方案》最后采用了国际形式,其字母跟英文字母表完全一样,同时也吸取了历史上主要注音方案的优点:"方案中的声母和韵母,一半相同于国语罗马字,一半相同于拉丁化新文字,标调符号取之于注音字母,构成一个'三合一'的混凝体。"②

④字母名称。为了使拼音中的辅音字母发音响亮,需要附加一个元音一同说出,这就构成了名称。这是所有音素字母的通例。汉语拼音字母的命名原则:第一,元音字母以汉语音值为名称,两读的元音字母以主要读音为名称。第二,辅音字母(包括 v,w)在汉语音值前后附加元音构成名称。

⑤音节拼写。民族形式的反切属于"双拼法",注音字母属于"三拼法",国际形式的罗马字采用音素化的"四拼法"。罗马字能用最少的字母写出人类语言,

---

① 吴玉章,黎锦熙.六十年来中国人民创造汉语拼音字母的总结[J].文字改革,1958(1):13—14.

② 周有光.中国语文纵横谈[M].北京:人民教育出版社,1992:281.

但不完全适合汉语,需要做一些对音的特殊处理,如基、欺、希(j、q、x)的写法,zhi、chi、shi、ri 和 zi、ci、si 中的元音字母的选用,四个声调的符号选用,以及双字母的运用等。

⑥音节分界。根据周有光的统计,汉语拼音的音节,由于后一音节的开头字母和前一音节的末尾字母的连接关系,存在 48 种理论上的"可混关节",因此需要制定给音节分节的隔音方案。《方案》虽然是为音节的书写规则制定规范的,但也包括了多音节的两个连写条件:隔音字母(y 和 w)和隔音符号(')。这也是和汉语拼音正词法相互配合的设计。

除了以上理论原则和技术规定,《方案》的制定还解决了语音标准问题、字母对音问题、字母顺序、体式问题、标调方法问题等。这些问题的解决,不仅证明了《方案》的优越性,为汉语拼音教育的推行和拼音文字的实验增强了信心,也为汉语拼音正词的制定和少数民族文字的设计打下了基础。

2)汉语拼音正词法

作为一种语言文字的注音和拼写工具,用音节书写规则的《汉语拼音方案》要加上语词书写规范的正词法才算完备。周有光在《汉语拼音方案》颁布之后随即开始了汉语拼音正词法的研究工作。他概括了研究汉语拼音正词法的三大目的:一是为了提高当下的语文教育,"词"的概念是语文教育的基础;一是为了科学技术上应用汉语拼音,如电报的推行、机器翻译的研究都要求解决分词连写法和同音词分化法等问题;一是为了建设将来的汉语拼音文字。[1] 周有光关于正词法的研究主要体现于《汉字改革概论》一书和《正词法的内在矛盾》[2]《汉语拼音正词法问题》[3]《正词法的性质问题》[4]等文章(这些文章后被收入《中国语文的现代化》一书中)。在《中国语文纵横谈》《中国语文的时代演进》等著作中,正词法也是重要的讨论内容。以下内容主要以这些参考文献为依据,并以其他相关文献作必要的补充。

①汉语拼音正词法的主要内容

在《汉字改革概论》中,周有光把汉语拼音正词法的内容概括为 8 个方面:分词连写法、外来词拼写法、同音词分化法、文言成分处理法、略语表示法和缩写

---

[1]　周有光.汉字改革概论[M].北京:文字改革出版社,1961:222—223.

[2]　周有光.正词法的内在矛盾[J].文字改革,1983(9):2—5.

[3]　周有光.汉语拼音正词法问题:纪念《汉语拼音方案》公布 25 周年[M]//北京市语言学会.语言学和语言教学.合肥:安徽教育出版社,1984.

[4]　周有光.正词法的性质问题[J].文字改革,1984(1):5—12.

法、标调法、大写字母用法、标点用法和移行法。① 这 8 项内容除了同音词问题、略语表示法和缩写法的处理，其余内容后来都被写进了《汉语拼音正词法基本规则》中。其中最复杂的是分词连写法和外来词拼写法，下面主要讨论这两项研究内容。

A 分词连写法

"正词法"原先称为"正字法"，改动名称是为了突出拼音具有普通话拼写工具的功能，是否以"词"为书写单位，是汉字书写形式和拼音书写形式的根本区别。汉语拼音正词法的问题在"词"而不在"字"。

分词连写原来叫作词类连书，因"词类"有"语法词类"的含义而改名。分词连写法是正词法中最主要的内容，它研究怎么划分语词的界限，怎样把语词的各个部分连起来拼写。

关于分词连写的标准，用一种标准来统一地解决全部分词问题是做不到的。切合实际的办法是同时综合运用文法、词义、语音三类性质的标准，使它们相互补充，相互校正。这种方法可以称为"三面综合法"。

对于分词连写法，大家有相同看法的一面，也有看法不同的一面，既有明确性的一面，又有模糊性的一面，分词连写法研究的任务就是肯定明确性，研究模糊性。

B 外来词拼写法

外来词的翻译分为音译和意译。意译按照意译汉字读音拼写即可，音译则需要考虑按照音译汉字读音拼写（"汉字注音法"），还是按照原文拼写（"原文介入法"）。如果原文不是罗马字，根据原文读音和规定的拼写法来拼写叫作"音译转写法"。

汉字音译具有诸多缺点，如有音无字（音节限制和常用字限制、字音无定）以及应用方法的混乱（乱写汉字、方言音译、任意省略）。直接音译和汉字注音相比，译音比较准确，借此纠正汉字译音的错误，还可以借用国际通用的词形，发挥拉丁字母国际化的优点。直接音译要允许汉语音素的自由搭配，不能受汉字音节结构的限制。直接音译法可以分成三个步骤来解决，第一个步骤是确定基本原则：根据习惯，划分意译和音译；直接音译，不按照汉字注音；汉语音素，容许灵活配合。第二个步骤是规定转写方法：包括借形法和借音法，遵循"名从主人"原则。采用拉丁字母文字的国家按照拉丁字母的音译法，采用其他字母文字的国家可以转写成拉丁字母形式后进行音译，其中汉字国家的汉字词可以直接借形。

---

① 周有光.汉字改革概论[M].北京：文字改革出版社，1961：224—227.

第三个步骤是规定读音方法:必须用普通话的音素来发音;使用"汉读法";遵循"客随主便"。

周有光的直接音译规则别用于《汉语拼音正词法基本规则》的非汉语人名、地名的罗马字转写。除了人名、地名以外,他也认为科技术语是外来词拼写法的一个突出问题。科技术语的翻译要考虑术语民族化和术语国际化的问题,术语民族化就是使术语适应本国语言,创造"有本国特色的"名词;术语国际化是使术语随同世界通用的说法,不造本国使用的名词。新造汉字、意译、汉字音译的方法都属于术语民族化,历史上的术语翻译都用了这种方法。

术语民族化的优点是能跟本国词汇格式"调和",意义透明,容易学习、理解和记忆。但弊病在于新造汉字违背"字有定量"的原则,不符合信息化的时代要求;新造汉字之间容易发生同音和近音的困扰,不符合"语同音"的时代要求;意译不但"望文生义"的可靠性有限,且速度太慢,也难以满足社会发展要求。音译用的汉字没有标准,"用字分歧,一物容易误作二物"[1]。总而言之是"便于本国了解,但是不便于国际交流,翻译定名非常缓慢,跟不上每年产生的以 10 万计的新术语"[2]。

术语国际化包括词形国际化和读音国际化两种。词形国际化指的是各国的拉丁字母文字把术语写成同样形式,只有词尾不同。世界上多数国家采用这一方式。读音国际化指的是非拉丁字母文字按照国际通用术语的读音,用本国文字音译书写,成为"读音"国际化,"词形"民族化,如日语用片假名翻译外来语。术语国际化的缺点是意义不透明,群众不容易懂,优点是能跟上国际科技的快速发展。[3]

科技术语的音译规则理应是正词法研究的一个重要组成部分,不过其推行的困难也是客观存在的。周有光的直接音译规则就如赵元任的国语罗马字拼音法一样,精微严密,但过于复杂,一般学者要掌握尚且困难,更不用说让普通人来拼读。以音素为基本单位拼读外来词会造成大量汉语中不存在的音节或音节组合,溢出了汉语的语音系统,语感上较难接受。另外,其音译形式未考虑声调赋值,与自然的汉语音节区别太大,很难融入语流中。因此很难广泛推行,进入大众流通领域,但为了国际交流与知识传播的便利,值得在专业领域推行。"术语二元化"是解决这一问题最现实的方式。

---

① 周有光.汉语拼音在科学技术上的应用[J].文字改革,1962(9):95—102.
② 周有光.文化传播和术语翻译[J].外语教学,1992(3):64—73.
③ 周有光.文化传播和术语翻译[J].外语教学,1992(3):64—73.

②汉语拼音正词法内在矛盾

周有光归纳了汉语拼音正词法存在的诸多内在矛盾①,如视觉和听觉的矛盾,理论词和连写词的矛盾,双音节化的矛盾,离合词的矛盾,词化和非词化的矛盾,词字和语素字的矛盾等。

A 听觉和视觉的矛盾。语言的"音节串"可以伸缩,可长可短,而视觉可以接受的"音节串"长度是 2～3 个音节。分词连写时,视觉和听觉的矛盾应当"服从视觉"。

B 理论词和连写词(又称"形式词")的矛盾。理论词就是一般语法书里所谓的"词",连写词是在拼音文字中通过实践肯定下来的连写形式,如"他的"在语法书上是两个理论词,群众写拼音时写成 tade 或 tad,是一个连写词。分词连写基本上决定于分词法,所以形式词基本上跟理论词是一致的,但是二者之间的一致不是绝对的。周有光认为,问题可能在于旧的语法书是从"汉字"出发的,拼音是从"汉语"出发的。拼音给语法学提出了过去没有思考过的问题。

C 双音节化的矛盾。汉语构词有双音节化的趋势,具体可以归纳为"相吸"和"相拒"两种现象,分成"单单相吸"(两个单音节倾向于连写)、"两两相拒"(两组双音节倾向于分开)、"吸单拒双"(吸收后面加上的单音节,抗拒后面加上的双音节)、"吸一丢一"(三音节往往会吸收一个丢掉一个,变成双音节)。

D 离合词的矛盾。指的是离合词在常态下需要连写,但在插入别的成分时无法连写。

E 词化和非词化的矛盾。指的是由于"意义变化"(如"我吃饭"和"吃饭问题"中的"吃饭"意义不同)或者"经常应用"(如"猪肉"和"狼肉",前者常用,后者不常用)造成的"词化"问题。"词化"和"非词化"的界限很难分清。

F 词字和语素字的矛盾。词字记录的是词,语素字记录的是语素。语素字相遇及语素字和词字相遇都用连写,但词字相遇有时分写(如英/美)有时连写(如人家),要根据词义确定。

正词法的矛盾不止这些,解决矛盾的办法是"约定俗成"。"约定"就是在群众的拼写实践基础上研究规律和拟定规则;"俗成"就是通过拼音教学和出版拼音读物使它成为群众的拼写和阅读习惯。

从周有光指出的种种矛盾可以看出,正词法的问题反映了语言和文字之间的联系和区别。一方面,文字是记录语言的符号形式,有言文一致的要求。分词

---

① 周有光在不同论著中对这些矛盾的概括不完全一致,其中在《正词法的内在矛盾》(1983)一文中总共归纳了 13 项矛盾,最为详尽。这里根据《中国语文纵横谈》书中内容择要说明。

连写的种种矛盾,其实大部分是语言问题的副产品,正是由于汉语词类研究有太多问题没有解决,对词与非词的界限不够清晰,才导致分词连写种种的举棋不定。另一方面,文字作为一种视觉符号有其自身的结构规律,无法在各方面和听觉符号保持一致。"字符串"和"音节串"的长度做不到一致,口语词和书写词的组合规律也不完全一样。"正词法"最终的约定俗成,不会是完全遵循语言的结果,而是听觉和视觉两种机制共同作用的产物。

国家文字改革委员会 1982 年成立了汉语拼音正词法委员会,周有光作为副主任主持研制工作,以"约定俗成"的办法解决了汉语拼音正词法的诸多内在矛盾,设计出了《汉语拼音正词法基本规则》,并于 1988 年由国家教育委员会、国家语言文字工作委员会联合公布。

(2)汉语拼音功能应用

周有光认为,在中国,拼音不是正式文字,只是注音符号。和汉字比较,在技术性方面,拼音的表音功能胜过汉字,可在表意功能上不及汉字,在流通性和法定性上都不能和汉字相比,因此不是"正式文字",但具有文字的功能,能够担任某些汉字担任不了的工作,"有文字之实而无文字之名"。[1] 汉语拼音和汉字事实上形成了中国的"双文字"生活。

虽然汉语拼音只是汉字的助手,但周有光认为,汉语拼音的应用场景很广,是中国现代化进程中不可或缺的"润滑油"[2]。它既可以用于语文技术,也可以用于语文教育,还可以作为少数民族制定文字的基础[3]。其中少数民族制定文字的应用,我们放到"少数民族语文现代化"中再讨论,这里只概述前两个方面。

1)语文教育

汉语拼音在语文教育中有广泛的用途,不仅包括帮助汉语学习者通过注音认读汉字(注音拼写法既可以按字连写也可以按词连写),也包括扩大阅读(利用拼音理解文章内容,摆脱汉字认读的限制),提高写作水平(从拼音写话起步,逐步转换为汉字写话),提高规范化的通话教育(正音教育)等。根据学习对象的不同,可以分成中国语文教育和汉语国际教育。

①中国语文教育

关于中国语文教育,周有光总结了语文教学的两条思想路线:一条是从文字到语言,重文轻语;一条是从语言到文字,重语轻文。两条思想路线发展成为两

---

① 周有光.拼音方案和汉字教学法的革新:"拼音进入 21 世纪"之二[J].群言,2000(9):43—45.
② 周有光.中国语文的现代化[M].上海:上海教育出版社,1986:234.
③ 周有光.汉字改革概论[M].北京:文字改革出版社,1961:193.

种汉字教学法：一种是"集中识字法"，一种是"注音识字法"。①

"集中识字法"主张从文字到语言，"先识字，后读书"。这种传统汉字教学法的要点是在尽可能短的时间内，认读尽可能多的汉字。利用汉字声旁认读汉字，学一个，带一串。声旁不一定表音准确，也可以用拼音字母注音，但是只要"音节分写"，不要"按词连写"。"注音识字法"的全称是"拼音学话、注音识字、提前读写"。汉字注音识字法同样有悠久的历史，1000 年前日本推行"假名"注音，就获得了日本人学中国字的重大成果。注音识字法的要点是言文合一、以词带字、拼汉（拼音和汉字）并行、大量阅读、勤笔写话。

20 世纪 80 年代黑龙江省在三所小学的六个班，采用"注音识字法"进行教学实验，取得了成功，"注音识字法"迅速推广到全国。

②汉语国际教育

改革开放后，汉语拼音在汉语国际教育事业中也发挥了巨大作用。对外国人学习汉语，周有光提倡"拼音法"："准备深入学习汉语的学生，大多数利用'拼音字母'先学口语，后学汉字。对他们来说，拼音是第一种汉文，汉字是第二种汉文。从第一种汉文，过渡到第二种汉文，学习容易得多。口语容易，汉字困难，由易而难，'分散难点'。"②可见外国人学汉语对拼音的利用方式和中国人有所差别，中国人主要利用拼音来识字，外国人则不但用它认读汉字，也用来学习口语。这种差别也反映在教材拼音的编排上。中国小学语文教材的拼音以按字注音为主，对外汉语教材中的拼音则实行分词连写。

基于拼音在汉语国际教育中的重要作用，有的中外学者甚至呼吁让拼音成为"法定文字"，以形成拼音和汉字"双轮驱动"的汉语国际教学新业态，高效助力汉语的国际化。（见第八章）

2）语文技术

周有光认为，发展以汉语拼音为基础的语文实用技术，可以使我国语文实用技术走上现代化的前线，帮助科学和技术的发展，帮助实务效率的提高。科技应用是广义的，包括专门的科学和技术上的应用，也包括一般事务管理和日常生活中的技术性应用。比如序列索引、科技代号、行业用语略写、音译术语转写、汉语速记的基础、盲聋语文工具的基础、电报拼音化和视觉通信（旗语）、文字工作机械化等领域。③

---

① 周有光.汉语拼音方案基础知识[M].北京：语文出版社，1995：49—50.

② 周有光.应用语言学的三大应用[J].语言文字应用，1992(1)：3—11.

③ 周有光.汉字改革概论（第三版）[M].北京：文字改革出版社，1979：212.

对于其中有些领域,周有光进行了长期广泛深入的研究,成就卓著,比较突出的有聋盲语文工具、电报拼音化和语文机械化领域的研究。

①聋盲语文工具

为了让汉语拼音更好地服务聋盲特殊人群的语言交际,周有光(有时化名"雷简")发表了《汉语盲文的音素化和系统化》①、《沟通盲人和眼明人之间的文字交际》②、《汉语拼音在聋哑教育中的作用(上、下)》③、《汉语拼音触觉手语拟议》④、《从汉语手指字母到汉语音节指式》⑤、《别具一格的聋人语文》⑥等研究论文。通过这些文章,他不仅阐明了聋哑人、盲人等特殊人群通过汉语拼音的视觉、触觉形式学习语言的可能性和重要意义,而且论证了汉语拼音字母在特殊人群语言符号创制和推广中所具有的重要作用。

除了理论研究,周有光还实际参与设计了由内务部、教育部、中国文字改革委员会公布实施的以汉语拼音为基础的《汉语手指字母方案》(1963),并与沈家英合作设计了声韵双拼的《汉语手指音节指式图》(1974),进而在全国各地聋校推广,为特殊教育领域的语文技术实践作出了重要贡献。

②电报拼音化

20 世纪五六十年代,周有光先后发表《欢呼汉语拼音电报的开办,兼谈电报拼音化的几个问题》⑦、《汉字拼音电码问题》⑧、《铁路电报应用汉语拼音的实地调查(上、下)》⑨、《电报拼音化的当前问题(上、下)》⑩等文章,并出版了专著《电报拼音化》⑪。通过这些研究,他指出方块汉字不便于在电报上传输,"四码"电报虽然可以将汉字转化为数码,但是不能直接阅读,手续繁、速度慢、成本高。拼

---

① 周有光.汉语盲文的音素化和系统化[J].中国语文,1956(9):19—24.

② 周有光.沟通盲人和明眼人之间的文字交际[J].文字改革,1962(9):2—4.

③ 周有光.汉语拼音在聋哑教育中的作用(上)[J].文字改革,1962(7):2—4;周有光.汉语拼音在聋哑教育中的作用(下)[J].文字改革,1962(8):7—10.

④ 周有光.汉语拼音触觉手语拟议[J].文字改革,1965(7):4—7.

⑤ 周有光,沈家英.从汉语手指字母到汉语音节指式[J].语文现代化,1980(1):108—116.

⑥ 周有光.别具一格的聋人语文[J].百科知识,1983(3):29—32.

⑦ 周有光.欢呼汉语拼音电报的开办,兼谈电报拼音化的几个问题[J].文字改革,1958(13):2—4.

⑧ 周有光.汉字拼音电码问题[J].文字改革,1961(10):6—9.

⑨ 周有光,王荫圣.铁路电报应用汉语拼音的实地调查(上)[J].文字改革,1962(3):6—8;周有光,王荫圣.铁路电报应用汉语拼音的实地调查(下)[J].文字改革,1962(4):3—5.

⑩ 雷简.电报拼音化的当前问题(上)[J].文字改革,1963(5):1—5;雷简.电报拼音化的当前问题(下)[J].文字改革,1963(6):7—9.

⑪ 周有光.电报拼音化[M].北京:文字改革出版社,1965.

音化电报可以解决上述问题,代表了汉语电报的发展方向,通过对铁路电报汉语拼音应用等领域的实地调查,他认为电报拼音化需要解决电报用户的拼音教育、译电、拼音电报掺用四码、电报中的字母标调法、电报员的补充训练、电报文体口语化、电报分词连写法、同音词、电报工具书、汉字拼音电码等一系列理论和技术问题。

值得一提的是,为进一步实现电报的汉字传输,周有光还设计了一种"拼音加部首"的音形编码,附录在《电报拼音化》中。通过这次尝试,他感觉到编码不是一条康庄大道,这也为以后转型无编码的"拼音——汉字"自动变换研究埋下了伏笔。

③文字工作机械化

文字工作机械化主要是指汉字输入的电脑化。周有光在 20 世纪 60 代就已经认识到了汉语拼音在电子计算机领域的应用前景,认为应当充分利用汉语拼音以弥补汉字因符号过多而造成的文字机器录入的低效率问题[①]。其主编的著作《汉语拼音词汇》[②]以语词为单位,采用纯字母排列法,同音词排列在一起,成为中文电脑的词库基础。在《电报拼音化》一书中探讨的拼音编码技术也为后来的电脑拼音变换输入法奠定了基础。20 世纪 80 年代以后,周有光发表了诸多有关电脑拼音化的文章,如《文字改革和电子计算机》[③]、《谈计算机中文处理的拼音输入法》[④]、《计算机输入汉字的新技术:中文信息处理的双轨制》[⑤]、《边缘科学和拼音电脑》[⑥]、《应用语言学和中文信息处理》[⑦]、《谈谈作家"换笔"问题》[⑧]、《汉语规律和汉字规律(中文输入法的两大规律)》[⑨]、《拼音正词法和国际互联网》[⑩]等。

在上述论著中,周有光提出了许多重要的观点。如他比较了编码输入与无编码输入(拼音转变输入)的优劣,认为编码输入耗费脑力,只能使"中文电脑"成为打字员的"抄写机",不能成为广大知识界的起稿机,要使"中文电脑"追上"英

① 周有光.汉字改革概论(第 3 版)[M].北京:文字改革出版社,1979:221—223.
② 中国文字改革委员会词汇小组.汉语拼音词汇(初稿)[M].北京:文字改革出版社,1958.
③ 周有光.文字改革和电子计算机[J].情报学报,1982(1):19—24.
④ 周有光.谈计算机中文处理的拼音输入法[J].语文现代化,1983(1):5—8.
⑤ 周有光.计算机输入汉字的新技术:中文信息处理的双轨制[J].百科知识,1984(3):6—10.
⑥ 周有光.边缘科学和拼音电脑[J].北京社联通讯,1984(5):21—21.
⑦ 周有光.应用语言学和中文信息处理[J].中国出版,1992(1):61—64.
⑧ 周有光.谈谈作家"换笔"问题[J].语文建设,1994(2):37—40.
⑨ 周有光.汉语规律和汉字规律(中文输入法的两大规律)[J].计算机世界,1994(11):115—117.
⑩ 周有光.拼音正词法和国际互联网:"拼音进入 21 世纪"之三[J].群言,2000(11):34—36.

文电脑",必须走"拼音转变汉字"的自动化道路;提出了中文信息处理的双轨制,主张把汉语拼音作为汉字的辅助文字,采用"拼音变换法",通过键盘输入汉语拼音或缩写,由计算机自动转换为汉字,提高中文信息处理的效率;总结了利用汉语内在规律和汉字内在规律的中文输入基本原则的区别,认为汉语双音节、多音节化的语词规律、频度规律、语境规律、声韵规律可以用来改进中文的拼音输入法,而汉字的内在规律虽然可以用来设计字形编码,但复杂而多例外,中国应当走出编码时期,推广无编码的"拼音变换法";指出中文要在国际互联网上占有相称的地位,前提条件是利用拼音,利用拼音必须分词连写,使电脑知道汉字文本的分界在哪里,否则一系列重要的技术问题都难以解决,拼音是中国语文在21世纪进入国际互联网的关键课程。

值得一提的是,在文字机械化领域,周有光不仅研究拼音变换输入的理论和技术问题,也是一个实实在在的"发明家"和探索者。他被誉为"汉字拼音输入程序的拓荒人之一",曾指导计算机专家林才松于1984年发明世界上第一台中文语词处理机,这项发明影响巨大,被新华社编入"中华人民共和国大事记"。[①] 他还身体力行地推广拼音输入法,是我国最早一批使用拼音输入打字机进行写作的学者。正如苏培成所说,周老在拼音变换输入的研究和推广方面的贡献并不比制订《汉语拼音方案》逊色。[②]

④国际技术标准

在技术应用方面,汉语拼音已经成为一项国际技术符号标准。

《汉语拼音方案》的国际化。1977年,联合国第三届地名标准化会议(雅典)通过决议,建议"采用汉语拼音作为中国地名罗马字母拼写的国际标准";1979年,联合国秘书处发出通知,以汉语拼音的拼写方法为各种拉丁字母文字中转写中国人名、地名的国际标准;同年,周有光被派往巴黎、华沙参加国际标准化组织(ISO)主办的文献技术会议,推荐《汉语拼音方案》成为国际技术标准;1982年,国际标准化组织文献工作技术委员会第19次会议经投票通过国际标准《文献工作——中文罗马字母拼写法》(ISO 7098)。

《汉语拼音正词法基本规则》的国际化。自1988年由国家教育委员会和国家语言文字工作委员会联合公布以后,《汉语拼音正词法基本规则》不断走向标准化、国际化。1995年,《汉语拼音正词法基本规则》(GB/T 16159—1996)由国家质量技术监督局发布,成为国家标准;2012年,修订版的《汉语拼音正词法基

---

① 丁东.汉字拼音输入程序的拓荒人[N].社会科学报(8版:文史之旅),2018-1-25.
② 苏培成.语文改革与新启蒙运动[J].文化学刊,2014(1):33—35.

本规则》(GB/T 16159—2012)由国家市场监督管理检疫总局和国家标准化管理委员会发布;2015 年,我国主导修订后的国际标准"ISO 7098:2015"方案在国际标准化组织信息与文献标准化技术委员会(ISO/TC46)第 42 届会议上顺利通过,人名、地名的分词连写规则成为国际标准。作为一种国际通用的技术符号,汉语拼音大大便利了互联网时代的国际信息交流。

周有光对汉语拼音化的共时研究是汉语文现代化研究中的核心内容,无论是从本体规划角度还是应用规划角度都是最为系统深入的。虽然这部分内容的现实问题复杂、理论体系庞大,但背后贯穿了语文现代化的"文字尚同"(体现为《汉语拼音方案》的拉丁化和国际化)、"弃古用今"、"弃小学大"(如现代化的国际形式是拉丁字母拼音方案代替了保留传统的民族形式注音字母方案)及"弃繁用简"(如用《汉语拼音方案》代替《国语罗马字方案》)等发展规律,是以提高汉文字的效率或经济性为最终旨归的。

二、少数民族语文现代化

中国的语文现代化包括少数民族的语文建设。中国有 55 个少数民族,说 100 多种语言和方言,用 30 多种文字。20 世纪 50 年代以来国家对少数民族的语文进行了科学的调查研究。周有光也整理了不少少数民族语文研究资料,尤其是对少数民族的文字使用状况进行了深入的考察。广义汉字学的建立就多得益于他这方面的工作。

为使少数民族也能尽快走上语文现代化的轨道,新中国成立以后实施了针对性的语言文字政策,而少数民族的语文现代化有一些不同于汉语文改革的特点,在《中国语文纵横谈》①和《中国语文的时代演进》②中,周有光对这部分问题有比较集中的论述。以下内容以这两部书中的资料为主要依据概括而来。

(一)少数民族语言现代化

国家的共同语需要在全国范围内推广,少数民族也面临共同语普及教育的问题。在共同语的名称上,由于考虑到各民族的语言平等,"普通话"比"国语"更合时宜,少一些强制的意味。

我国现有 55 个少数民族,80 多种语言。汉族人口最多,因此汉语被定为国家的通用语言。少数民族除了回族、满族、畲族使用汉语以外,有多个少数民族除了使用本族语言,还使用汉语的当地方言,有些少数民族甚至有几种不同的语

① 周有光.中国语文纵横谈[M].北京:人民教育出版社,1992:19—144.
② 周有光.中国语文的时代演进[M].北京:清华大学出版社,1997:111—138.

言。少数民族的语言系属包括汉藏语系、阿尔泰语系、南岛语系、南亚语系、印欧语系，各语系下还有不同的语族，语言态势十分复杂。

尽管主张语言共同化是历史发展趋势，但周有光并不歧视弱势语言，而是充分尊重少数民族的语言文化权利和自由。他认为，各个民族都有保存和发扬本民族语言和文化传统的愿望和热情，文化较高的民族对文化较低的民族往往会造成一种强大的文化压力，迫使其放弃自己的语言和传统，这种情况伤害民族之间的感情，破坏文化多样化的宝贵传统，因此需要由国家制定法律加以制止。

我国虽没有一个明确的"双语言"政策，但事实上少数民族多半过着自然的"双语言"生活——同时用本族语言和本地汉语方言，或者同时用本族语言和另一种少数民族语言。这种状况是自然形成而非学校教育的产物。这种"双语言"由于方言的局限性，只有地区性交际的作用。为了实现中国语文的现代化，需要通过教育推行少数民族语言和汉语普通话的"双语言"，提高少数民族的交际能力和获取现代知识的能力。通过"求同存异、创新保旧"的方法，既学习普通话又发展民族语言，让两种语言在各自的范围内发挥作用，两方面都不可偏废。有人反对双语言教育，认为浪费时间，得不偿失，甚至还有分裂国家的危险，但在一个多民族、多语言的国家里，双语言教育是必由之路。

(二)少数民族文字现代化

共同语在少数民族中的推广和汉字的推广是分不开的。少数民族有一个保留民族文字和创造自己民族文字的问题。少数民族的现行文字(政府认可、学校教育)共有 31 种，分为汉字系统、回鹘字母系统、印度字母系统、阿拉伯字母系统、拉丁字母系统。每个系统下面还分为若干种文字。

少数民族文字现代化需要做的工作是如果民族文字原来不便使用，就加以整理和改造，并且给每个没有文字的民族创制一套字母，根据具体条件，做渐进的和分级的应用。

"二战"前，少数民族大都处于基本上没有文字的状态。20 世纪 50 年代是少数民族创造和改革文字的高潮，1957 年规定少数民族创造新文字有五条原则，包括：(1)新创文字要用罗马字。(2)字母用法尽可能相同或者相近于《汉语拼音方案》。(3)字母不够使用时候，可以用双字母，也可以创造新字母或者用其他办法来补充。(4)声调可以用字母或者其他办法表示，也可以不表示。(5)关系密切的文字，在字母形式和拼法上应当尽可能取得一致。

目前各少数民族创制的罗马文字方案有 16 种以上，跟汉语拼音字母基本上一致，从中也可以看到《汉语拼音方案》超出汉语之外的应用价值。

周有光上述对少数民族语言文字现代化的观点,相对比较简略,但也紧扣要点。少数民族实行普通话教育,体现了"语言求通"、"弃小学大"(选择汉语作为共同语)的语文发展规律,少数民族改革旧文字、创制拼音新文字并且进行渐进的和分级的应用,体现了语文现代化的本体规划和应用规划两个方面。少数民族文字创制以汉语拼音为基础也是符合"文字尚同"的语文发展规律的。

三、双语言政策

前面我们分别总结了周有光中国语文现代化共时研究的汉语文现代化和少数民族语文现代化这两个方面。不难发现,汉族和少数民族的语文现代化不是互相独立的两个问题,将两者贯通起来的是双语言政策。中国的"双语言"指方言或少数民族语言与普通话。中国 56 个民族,大约说 100 多种语言和地区方言;汉族分七大方言区,彼此听不懂。因此,全国推广普通话,实行"双语言"政策,是民族团结、共同发展的需要。

另外,周有光的"双语言"政策还有更高层面的含义。改革开放以来,我国进入工业化和信息化时代,需要参与各项国际活动与国际竞争。在这样的时代背景下,要同时推进"国内双语言"和"国际双语言",也就是在国内推行"普通话与方言或民族语言"的同时,根据国际需求学习国际共同语——英语。双语言是国家现代化发展水平的一个重要指标,不能等实现了工业化之后再发展信息化,同样道理,也不能等实现了国内双语言的使用之后再进行国际双语言发展。两个"双语言"共同推进,是周有光对所有中国语文发展的殷切期望。①

第三节　发展规律和发展矛盾

相对于世界语文现代化研究,周有光的中国语文现代化研究显得庞大复杂得多,也精细深入得多。这当然和他身处中国语文的改革洪流,亟须解决众多的语文具体问题有关。不过,从他体大精深的中国语文现代化理论体系中,我们也可以看到相对清晰明了的思想主题,那就是中国语文发展和世界语文发展有着一致的发展规律。

一方面,中国语文发展和中国社会发展也是密切相关、互为因果的。中国古

---

① 周有光.新时代的新语文:战后新兴国家的语文新发展[M].北京:生活·读书·新知三联书店,1999:234.

代社会发展缓慢,中国的共同语和汉字也就发展缓慢。中国在近现代发生了社会革命,并快速追赶工业化,语文生活也就相应发生了革命性的急剧变化,语文"四化"的阶段性成果都是在工业化时期完成的。中国语文的现代化也反过来推动了中国的社会革命,加速了中国的工业化进程,促进了中国社会的整体发展。

另一方面,中国语文现代化和世界语文现代化具有相同的发展规律,发展过程中体现的矛盾本质也是相同的。对此我们展开论述。

一、发展规律

无论是从历时角度还是从共时角度看,周有光对中国语文现代化的研究都体现了"语言求通""文字尚同"的人类语文发展规律。

语文现代化的历时层面。从"语言求通"角度看,"共同语"的萌芽在中国历史上一直存在,但仅限于社会上层。在近代中西方文化的交流碰撞下,中国为了赶上西方国家的发展步伐,摆脱落后挨打的命运,奋力追求工业化、信息化。作为普及教育工具的"现代共同语"迅速成长。新中国成立后,普通话的国家共同语地位很快得到确立,普通话推广达到了前所未有的水平。从"文字求通"角度看,中国的"书同文"早早地完成,在农业社会的语文发展之中独步世界。汉字的简便化和拼音化在中国农业化时代缓慢前行,到了工业化时代,由于共同语推广的需要,汉字简便化和拼音化运动狂飙突进,简化字与汉语拼音的出现大力推进了中国的语言共同化。在信息化时代,汉语拼音也成为全球拉丁化、"书同文"的"广义拼音化"的一部分,向更高层面的"文字求通"方向发展。

语文现代化的共时层面。汉语文现代化中的"四化"中,"语言共同化"和"文体口语化"体现了"语言求通"的规律;"文字简便化"则蕴含着现代汉字的规范化,是一种国家层面的"文字尚同";"表音字母化"或者"汉语的拼音化"则体现了国际层面的"文字求通"。"四化"还体现了世界语文发展的"弃古用今""弃小学大""弃繁用简"等语文现代化发展的共性特点。少数民族通过改革旧文字、创造拼音新文字及进行普通话教育,也同样走在语文共同化的轨道上。另外,英语作为事实上的国际共同语,已成为中国义务教育阶段的必修课程。中国的语文生活正不断地和国际语文生活融合,中国也日益成为人类"语言文字共同体"中的成员。

由此可见,中国的语文现代化和世界其他国家的语文现代化虽然实际措施不同,但基本原则是相通的。

二、发展矛盾

尽管语言文字发展的"大同"趋势正在文明古国悄无声息地蔓延,但中国语文现代化进程中"创新和守旧、发展和稳定"的矛盾同样十分突出。周有光提到了一些事例：

> 语文思潮是一起一落的,这是历史的规律。"五四"白话文高潮之后,就有文言读经运动。"文化大革命"之后吹起一股语文复古风,"重新发现"文言比白话简洁优美,繁体比简体好认好写,汉字比拼音易学易用。①

除了上述语文现代化的矛盾事例,21世纪初,周有光还与以"河东河西论"为代表的文化复古主义进行了一场论争,又再次验证了这一发展矛盾(见附录3)。

矛盾减慢了历史的进程,但矛盾又是难以避免的。因此尽管周有光感叹道"我国的'语文现代化'也是在'语言求通、文字尚同'的道路上前进,只是前进的步伐太小了,不能适应飞速发展的现代社会的需要"②,但他依然主张语文改革要尊重现实,尊重人心。周有光认为中国语文现代化过程中遭遇过两次重大挫折,即"新维文"和"二简字"的推行失败。据此他提出了语文改革的"阻力"规律：

> 1.改革的步子要适当,不宜太大、太快;如果"以新换旧"有困难,就应当"新旧并行",避免"新旧脱节";长期"新旧并行"以后,就能自然地"以新换旧"。
>
> 2.改革要考虑"时代思潮","人心思变"的时候可以改革,"人心思定"的时候不宜改革。冒进地改革,结果是延缓改革。③

他认为,知道了语文的发展规律和"人为"干预的可能性及其限度,就可以在"新语文的建设"中避免盲动性,发挥能动性。正是为了减少中国语文发展过程中的矛盾冲突,周有光才坚持"求同存异,创新保旧",主张全面地推行国内双语文政策(双语言、双术语、双文字等),这和世界语文发展中处理矛盾的方式是一致的。

总而言之,中国语文现代化和世界语文现代化存在着共同的发展趋势和发展矛盾,这也是周有光"从世界看中国"给我们带来的深刻启迪。

---

① 周有光.新语文的建设[M].北京:语文出版社,1992:378
② 周有光.中国语文纵横谈[M].北京:人民教育出版社,1992:16.
③ 周有光.中国语文纵横谈[M].北京:人民教育出版社,1992:17.

小　结

本章从历时和共时角度阐述了周有光的中国语文现代化研究理论体系。历时研究分别梳理了中国语文现代化的总史和分史，共时研究分别讨论了汉语文现代化和少数民族语文现代化，通过纵横两条线的梳理，归纳了其研究的思想主线，揭示了中国语文现代化的发展规律和发展矛盾，证明了中国语文现代化和世界语文现代化的发展是"同频共振"。

这部分研究贯穿了周有光语言学工作的全程，凝聚了他语文现代化理论的精华。由于本书篇幅所限，其中的一些重要内容，比如汉语拼音、正词法和现代汉字学，本都可以深入研究，但我们也只是轻描淡写。我们将重点放在整体轮廓的勾勒上，并且试图找出一以贯之的思想主题。全章的基本结论可参见图 3。

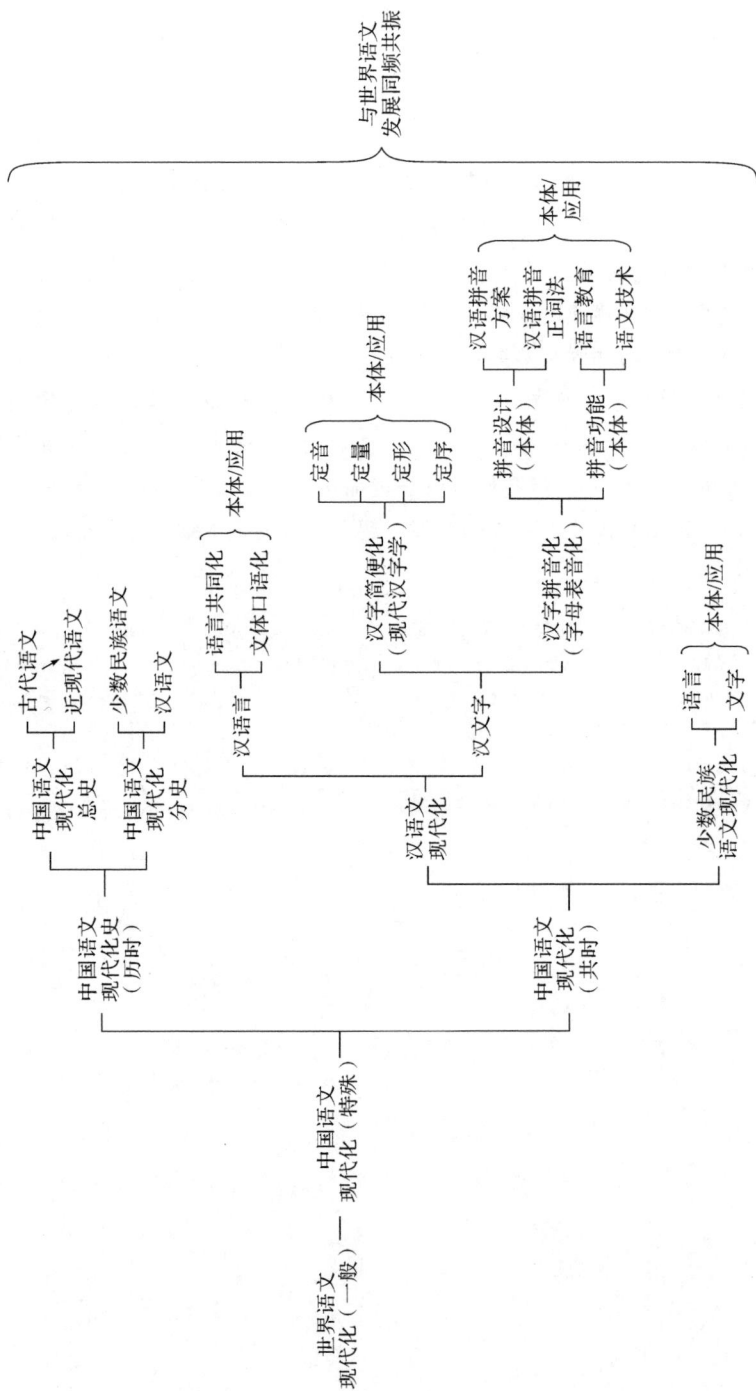

图3 "中国语文现代化"理论主体架构

第六章　理论发展

　　本书的四、五两章主要对周有光语文现代化理论体系作了横向结构分析,基本搁置了理论体系发展的纵向考察。这样做便于提炼理论体系的思想主线,勾勒整体轮廓,保持体系内部的一致性,避免流于琐碎支离,但却掩盖了学术理论演变的过程性、动态性,具有一定的片面性。本章将重点从体系演进和观念调整两方面对周有光的语文现代化理论的发展作纵向考察,以弥补横向分析的缺陷。

　　理论发展有内部程度差异。如果是理论的术语体系发生重大更替,内容出现大规模调整,就可称之为体系演进,除此之外的细微变化则属于观念调整。周有光的语文现代化理论在两方面都有一定的发展。

第一节　体系演进

　　周有光精力旺盛,勤勉多产,著述宏丰,要从他的众多作品中理出语文现代化理论体系的发展轨迹,殊为不易。所幸他有隔一段时间就将论文或学术小品缀集或重新整理成书的习惯,从他不同时期出版的著作中我们可以大致看到其学术体系发展的轨迹(见表2)。

表 2　周有光语言文化类主要著作一览[①]

作品	时间	主要内容	作品属性
《中国拼音文字研究》	1952	讨论拼音文字的建设程序、书写技术及拼音文字与共通语、方言之间的关系等	文字改革研究的起步之作

　　[①]　本表主要依据浙江大学出版社版《周有光年谱》所附的《周有光语言文字研究著述目录》制作。表格剔除了访谈录、回忆录、多人合著的文集(如《普通话常识》《汉语手指字母论集》)以及同一著作的重印本或再版本,补充了《文化学丛谈》(2011)。

续　表

作品	时间	主要内容	作品属性
《字母的故事》	1954	用通俗语言介绍字母诞生与发展的简史	文字发展史的雏形
《汉语拼音词汇（初稿）》	1958	收录规范普通话词汇，词语分词连写，完全按拼音字母顺序排列并汇集了同音词	拼音正词法雏形，拼音电报和计算机拼音输入的词汇基础
《拼音字母基础知识》	1959	介绍《汉语拼音方案》基础知识	汉语拼音科普读物
《汉字改革概论》	1961	系统论述汉字改革的理论问题，重点讨论了《汉语拼音方案》	从语言学角度建构文字改革理论体系的代表作
《电报拼音化》	1965	研究拼音在电报中的应用	汉语拼音的通信技术应用研究
《拼音化问题》	1980	1958 年前后各三年间发表的关于汉语拼音方案问题的文章	《汉语拼音方案》的设计与应用
《汉字声旁读音便查》	1980	研究现代汉字的声旁表音功能和有效表音率，提出"现代汉字学"的学科概念	现代汉字学学科创立提上日程
《语文风云》	1980	选录 20 世纪 50 年代后期到 60 年代前期发表的文章，主题是语文现代化探索	语文现代化杂文集
《中国语文的现代化》	1986	综合考察文字改革的新动向，集中讨论中文信息处理双轨制、汉语拼音正词法、现代汉字学发凡	从边缘学科角度研究中国语文现代化问题；拼音正词法研究集成
《世界字母简史》	1990	用学术语言叙述了字母的历史和文字的发展	《字母的故事》的扩展版
《新语文的建设》	1992	各国新语文建设、文字学新探、语文现代化先驱人物传记等	20 世纪 80 年代论文选，世界语文现代化研究体系的雏形
《中国语文纵横谈》	1992	从纵向和横向两方面总结了中国语言文字的历史背景、当前情况和发展问题，内容包括中国的语言、中国的文字、汉字的整理、汉语的拼音	较为成熟的中国语文现代化研究体系作品

续　表

作品	时间	主要内容	作品属性
《汉语拼音方案基础知识》	1995	讲述《汉语拼音方案》制定的历史过程及其应用	拼音科普作品
《语文闲谈》系列	1995—2000	根据和姚德怀讨论语文问题的通信改写	语文科普作品
《文化畅想曲》	1997	以文化问题为中心探讨文化、教育和语文现代化问题	文化学研究早期作品
《世界文字发展史》	1997	按历史顺序系统介绍了原始文字、古典文字和字母文字,指出"六书"具有普遍适用性,论证了文字的"形意音"发展规律,搭建了世界文字历史的整个框架	《世界字母简史》的扩展版,成熟的文字史著作,国内人类文字史研究最早的学术作品之一
《中国语文的时代演进》	1997	以通俗语言介绍中国语文现代化的主要内容,包括语言的共同化、文体的口语化、文字的简便化、注音的字母化、少数民族的语言文字状况	较为成熟的中国语文现代化研究体系作品,兼具科普性质
《比较文字学初探》	1998	提出"文字三相分类法",比较、归纳了世界文字的主要类型	比较文字学的系统研究,国内比较文字学研究最早的学术论著之一
《新时代的新语文:战后新兴国家的语文新发展》	1999	介绍战后新兴国家的语文发展情况,总结国际语文现代化发展规律	较为成熟的世界语文现代化理论与实证研究作品
《汉字和文化问题》	1999	探讨文化与汉字问题	文字学、文化学综合研究作品
《人类文字浅说》	2000	以浅显易懂的文笔叙述人类文字的历史	文字学科普作品
《现代文化的冲击波》	2000	文化探索研究	文化学研究作品
《21世纪的华语和华文:周有光耄耋文存》	2002	探讨语言文字、社会文化方面的问题	语言文字、文化研究论集
《百岁新稿》	2005	文字、语言、社会问题探讨	文化评论与随笔

续　表

作品	时间	主要内容	作品属性
《语言文字学的新探索》	2006	汇编语言文字学近年研究	语言文字学论文集
《周有光语言学论文集》	2006	语文现代化问题总体综述，讨论国际语言发展和语文现代化问题、汉语拼音方案等	语言文字学研究精选论文集
《汉语拼音文化津梁》	2007	汉语拼音各方面研究文献汇总	拼音研究论文集
《朝闻道集》	2009	探讨语言文字、社会文化方面的问题	文化评论与随笔
《拾贝集》	2010	探讨语言文字、社会文化问题	文化评论与随笔
《孔子教拼音：语文通论》	2010	探讨文字学及语文生活	语言文字学研究精选
《文化学丛谈》	2011	探讨文化问题	文化学研究论集
《静思录》	2012	人生思考、社会政治、语文生活	文化评论与随笔
《晚年所思》(1、2)	2012 2013	人生追忆、人物传记、文化漫谈	文化评论与随笔
《学思集：周有光文化论稿》	2013	文化学研究	文化学研究精选
《周有光文集》	2013	语言文字及文化研究、科普、随笔	语文文化研究、科普与随笔全集
《百岁所思》	2014	人生思考、社会政治、语文知识	文化评论与随笔
《常识》	2016	语言文字、现代教育、社会文化研究	文化学随笔与研究精选

从上表可以约略看出周有光语言文字与文化研究的整体走向：1952—1980年，周有光主要进行文字改革与汉语拼音研究。1980—1999年，周有光主要进行汉语拼音正词法、现代汉字学、语文电脑化及语文现代化一般理论体系研究，同时开展文字学、文字史方面的基础文字学理论研究。90年代逐渐转向文化学研究，2000年以后的新作品以文化随笔为主，语言文字学作品则以汇编和整理旧作为主，新的研究成果相对较少。

周有光的语文现代化理论研究可以大致分成两个阶段。

第一阶段为新中国成立初期到"文化大革命"前，以《汉字改革概论》的出版为标志，可以称为"文字改革"阶段。这一阶段，中国政府制定了文字改革的三项任务：简化汉字、推广普通话、制订和推行汉语拼音方案。周有光的研究也是围绕着这三项任务展开的。通过《汉字改革概论》这部著作以及相关的学术论文，他将文字改革与语言学挂钩，将其变成一门以语言学理论为基础的科学。这一阶段，他的研究重心是结合汉语特点来进行汉语拼音的方案设计，并研究如何将其用于科学技术、语文教育和少数民族文字的制定等领域，如何用它消除文盲、推广普通话以及作为将来正式文字的基础。这时他对汉字简化、字量及字音问题也有研究，但尚未提出现代汉字学的学科概念。周有光虽然前瞻性地认识到了文字改革具有"实用语文学"的性质，也关注到了机器翻译等语言学与电子学的跨学科研究①，但尚未明确指出语言学的应用语言学和边缘学科属性。

　　另外，这一阶段的研究主要参考了几个社会主义阵营国家和汉字文化圈国家的历史经验，与世界上其他国家同一时期的语文现代化运动缺少广泛的比较和联系。研究聚焦于国内的语文改革，世界语文现代化的宏观问题尚未得到足够关注，世界语文现代化的理论体系尚未得到考虑。这一现象应和他的个人境遇有关，据周有光自述："从 1949 年回到上海以后，一直到 1979 年，我没有和国外通过信，跟国外完全脱离关系。"②在不掌握国际语文现代化发展信息的情况下，要建立普通的语言规划理论，显然是缺少现实条件的。

　　经过"文革"期间十年的"学术潜伏"，周有光的语文现代化研究进入第二阶段——改革开放以后的八九十年代，以《新语文的建设》《中国语文纵横谈》《新时代的新语文：战后新兴国家的语文新发展》《中国语文的时代演进》这四部著作的出版为标志，可称为"语文现代化"阶段。这一阶段，以经济建设为中心、实现"四个现代化"成为新时期党和国家的政治路线，语文现代化不仅在名称上取代了过去的"文字改革"，也被赋予了新的时代内涵。20 世纪 80 年代通过多次国际学术交流和广泛的资料搜集，周有光认识到语文现代化是战后许多国家和国家联盟共同的事业，并已成为一门新兴学科，便越来越多地用"语文现代化"代替过去"文字改革"的说法。也就是在这一时期，他开始考虑这门学科的宏观理论问题，并在研究材料、研究方法上寻求新的突破。他在《文字改革的宏观研究》这篇发言大纲中说道："文字改革的研究已经不能局限于'二战'以前的语言学和文字学的范围，已经不能局限于在中国今天容易看到的数量不多的参考资料，而必须扩大视野、深入探索，找寻新的材料，运用新的方法，使文字改革的研究从空想进入科学。"③这篇大纲标志着他对语文现代化开始了新的学术探索。

---

①　周有光.在百家争鸣中进一步开展汉字改革的研究[J].中国语文,1961(3):1—3.

②　周有光.逝年如水:周有光百年口述[M].杭州:浙江大学出版社,2015:396.

③　周有光.中国语文的现代化[M].上海:上海教育出版社,1986:197.

进入"科学技术为第一生产力"的信息化社会,周有光不仅明确认识到语文现代化应时时注重社会需求和语言文字应用的关系,因此是社会语言学和应用语言学的分支学科,同时也明确认识到语文现代化研究要走出语言学的领地,广泛地和其他学科结合,成为一门交叉科学。改革开放让他重新拥有了世界眼光。在宏观方面,他纵向考察人类语文生活史,横向比较不同区域国家的语文建设情况,目光触及世界语文现代化的各个领域,其语文现代化的宏观理论体系轮廓已然清晰。在微观方面,周有光继续探索中国语文现代化中出现的新问题,对汉语拼音正词法、现代汉字学、语文电脑化等重要课题深入钻研。他还开展了广义汉字学、世界文字史、比较文字学等基础文字学研究,从中汲取营养支持和丰富语言现代化理论。本书对周有光语文现代化理论体系的共时结构分析,大多是以这段时期的研究为主要依据的。

周有光于 1988 年退休。他曾经自述:"1988 年以后可以分两个阶段,第一个阶段就是把我的研究工作一点一点告一个段落;第二个阶段就是随便看东西,写杂文。"①他说的第一个阶段的工作,应该主要就是指上述四本著作以及文字学著作的整理出版,这也是一次对其语言学研究的总结。第二阶段其主要精力开始转投文化学领域。在这个阶段,他的工作与其说是研究,不如说是思考,思考的成果多数以杂文的形式发表,而语文现代化方面的成果主要为科普作品或是对以往成果的重新整理与二次传播。因此可以说,以 1999 年出版的《新时代的新语文:战后新兴国家的语文新发展》一书为节点,他的整个语文现代化理论体系基本定型了。

第二节　观念调整

除了周有光的语文现代化理论体系处在动态发展中,体系中一些重要观念也经历了调整或摇摆,下面试举几例分析。

一、国际共同语

周有光很早就有了国际"双语言政策"的主张,不过他对国际共同语的认识却有过明显的变化。

在 20 世纪 50 年代出版的《中国拼音文字研究》中,他比较了国际共同语(当

---

① 周有光.周有光百岁口述[M].桂林:广西师范大学出版社,2008:149.

时称"国际共通语")选择的两种办法,第一种是在各国原有语言中选择一种,第二种是以若干国家原有的语言为基础修订一种"综合语"(或称"仿造语")。他认为英语历史短浅且拼写不规则,不认为它会成一种国际共通语,而是更倾向于将几种国家的原有语言综合,修订成为一种"国际语","要的是拉丁的字汇,中国的语法"。他引用斯大林的语言理论,认为将来的国际语"既不是德语,也不是俄国语,更不是英国语,而是吸取了各民族语言及各区域语言的精华的新语言"①。

改革开放以后,随着中美关系的改善、国际交流的加强和国内政治环境的改变,周有光已不再认为国际语言需要一种融合各种语言的新语言,也否认了"世界语"这样的非自然语言,转而认可强势的自然语言。他说:"大英帝国瓦解了,它留下一分有价值的遗产,就是事实上已经成为国际共同语的'英语'。'英语'不仅仅是大英帝国的语言了,它成为全世界人民的公共财富。"②他又说:"地球村的共同语不是开会决定的,而是由历史逐渐形成的。英语已经事实上成为地球村的共同语。三百年来'日不落'的大英帝国'日落'了,遗留下来一份遗产'英语',正像罗马帝国瓦解之后遗留下来的'拉丁语'。'公历'失去了基督教特色,'米制'失去了法国特色,'英语'失去了英国特色。英语不仅没有阶级性,也没有国家的疆界。它是一条大家可走的世界公路,谁利用它,谁就得到方便。"③这些论述都说明他此时已经完全转向肯定英语作为国际语言的地位。

二、拼音定位

作为深受拉丁化运动影响的知识分子,周有光在新中国成立初期对中国改用拼音文字抱有热切的期望,认为不仅汉语应当使用拼音文字,其他民族的文字也应拼音化。他在《中国拼音文字研究》中谈及拼音化运动的目标时说:

> 中国的拼音文字运动,不仅要把汉语写成拼音文字,并且要把其他各种少数民族语言写成拼音文字,使他们已有文字的,进一步把文字近代化;没有文字的,开始有他们自己的文字。少数民族语言的写成拼音文字,应当是新中国民族政策的一部分。④

周有光相信活的拼音新文字终将代替汉字成为中国的"法定文字",而汉字将成为历史"古字"。不过,相对于鲁迅、钱玄同这些主张"废除汉字"的改革激进

① 周有光.中国拼音文字研究[M].上海:东方书店,1952:121—122.
② 周有光.中国语文纵横谈[M].北京:人民教育出版社,1992:263.
③ 周有光.新时代的新语文:战后新兴国家的语文新发展[M].北京:生活·读书·新知三联书店,1999:22.
④ 周有光.中国拼音文字研究[M].上海:东方书店,1952:2.

派,周有光仍是一位温和的改革派,他认为拼音在现阶段只能是一种"辅助文字",虽然汉字满身是缺点,是文化前进的障碍,但过早地提出废除汉字的口号无利于文字改革工作。拼音文字仍在幼年时期,在未成年之前,与汉字的竞争是处于劣势的,只能取得"辅助文字"的地位,而汉字仍是"法定"文字。他认为拼音文字需要通过长期竞争争取"法定文字"的地位,最重要的战术是把文字的实用领域掌握在手中。①

可能是受到苏联领导人建议新中国使用民族文字形式的影响,也可能是国内使用汉字的习惯力量过于强大的原因,文字改革的争鸣十分激烈②,为了搁置争议,将拼音变成正式文字的国家政策最终没有出台。在 1956 年至 1958 年汉语拼音方案的审定过程中,方案名称从"汉语拼音文字方案"改为"汉语拼音方案",删除了"文字"二字。由周有光等人起草、周恩来总理宣读的《当前文字改革的任务》(1958)报告中明确指出"《汉语拼音方案》是用来为汉字注音和推广普通话的,它并不是用来代替汉字的拼音文字"。1958 年第一届全国人民代表大会通过了《关于〈汉语拼音方案〉的决议》,"拼音"不是"拼音文字"成为中国大陆的政策。此时,周有光对拼音的态度变得更加务实,已经放弃了给拼音一个"文字"名分的想法,只认它是"拼音文字的雏形和基础","是辅助的文字工具,辅助作为正式文字的汉字",也淡化了原先"与汉字竞争"之类的说法。③

20 世纪 80 年代,周有光进一步提出了关于罗马字拼音四个等级的"理想"。最高的理想是使汉语拼音成为唯一的有法定地位的正式中国文字,经过一个可能的最短的过渡时期(例如 5 年或 50 年),完全代替汉字。次高的理想是使拼音文字合法化,但是并不废除汉字,同时应用有同等合法地位的两种文字。第三种理想是承认汉语拼音没有作为正式文字的法定地位的事实,但是作为辅助的文字应当有跟汉字同样的在一切场合应用的机会。第四种也是最低的理想是汉语拼音作为辅助的文字工具,只在汉字不能有效地应用的场合才应用,例如打电报。对照这四个等级可知,《汉语拼音方案》的颁布宣告了第一种理想和第二种理想的落空或悬置。而后面这两种理想,周有光认为其"分别不在理论而在实际。当它还不能在有限的场合充分利用的时候,怎么可能在一切场合应用呢?"④

---

① 周有光.中国拼音文字研究[M].上海:东方书店,1952:3.

② 参见:倪海曙.1957年文字改革辩论选辑[M].上海:新知识出版社,1958;詹鄞鑫.二十世纪文字改革争鸣综述[J].中国文字研究,2003(0):34—50.

③ 周有光.汉字改革概论[M].北京:文字改革出版社,1961:193.

④ 周有光.中国语文的现代化[M].上海:上海教育出版社,1986:226.

对于这种"理想"的降格,周有光也有他的解释:"文字有极强的惯性;历史越久、应用越广,惯性越强。喜欢汉字也好,讨厌汉字也好,下命令废除汉字是行不通的,也不会出现这样的命令。……在汉字的汪洋大海中,汉语拼音的文字性功能需要逐步发展,无法一步登天。先作为辅助性的拼音工具,做汉字的拐棍(给汉字注音等)。再作为辅助性的文字工具,做汉字的代表(打电报等)。然后一步一步前进,一直到汉语拼音成为群众的常识以后,还只可能是事实上的辅助文字(大致象日本的假名),不可能就成为跟汉字并起并坐的法定文字。"①他还多次强调,这个过程可能是相当漫长的,在未来数百年内都不太可能完成。

对于拼音的文字性质,周有光认为他于 20 世纪 50 年代提出的"拼音方案＋正词法＝拼音文字"的公式是错误的,并提出了新的公式:"技术性(方案＋正词法)＋流通性＋法定性＝拼音文字。"他认为技术性的完善化只能使"拼音"向"文字"前进一步,不能使它成为"文字"。汉语拼音在流通性和法定性上并没有达到文字的要求。文字的流通性是最重要的力量,只要流通性不断增加,任何文字设计都能从较狭走向较宽的范围,从辅助走向事实上的法定地位。② 公式的转变突出了文字的应用范围(流通性)对文字地位的重要性,也反映了周有光对汉语拼音化道路的漫长性有了更深的认识。

三、字母名称

字母名称是字母形式中的一个重要问题。在汉语拼音的应用推广中,字母名称教育似乎是最不成功的,至今很少人能准确背出汉语拼音所有的字母名称或准确认读(笔者曾在一个 80 人的汉语国际教育硕士班询问"HSK"的规范读法,竟无一人答对)。拼音字母名称的订立是有充分理据的,周有光指出:

> 拉丁字母用来作为汉语的拼音符号,虽然已经有很长的历史,可是我们一直没有定下比较适用的我们自己的字母名称。指称字母时候都借用英文字母名称。采用拉丁字母的国家,都有自己的字母名称。字母名称要同字母在自己语言里的读音联系,所以借用英文字母名称是不妥当的。元音字母可以读音和名称合一,辅音字母必须前面或后面加上一个元音方能说得响亮,听得清楚,这就是辅音字母的名称。新方案给汉语拼音字母定了名称,在课堂上、电话里、无线电广播里,就说得响亮,听得清楚了。③

---

① 周有光.关于文字改革的误解和理解[J].文字改革,1982(2):5—7.

② 周有光.正词法的性质问题[J].文字改革,1984(1):5—12.

③ 徐进文(周有光笔名).汉语拼音方案草案跟过去各种拉丁字母方案的比较[J].语文知识,1958(1):18.

可见制定一套能够体现汉语音值,发音响亮、听得清楚的拼音字母名称,不但要在技术性上完全有说服力,也要体现了一定的民族价值。因此,他早年并不认同拼音字母用注音字母或英语字母的名称来读。但几十年的实践证明,字母名称的群众中的流通并不顺利,人们依旧习惯用注音字母名称,并且越来越流行用英语字母来呼读拼音字母。周有光对此解释说:"方案规定了字母名称,但是没有认真推行。注音字母的名称事实上代替了拼音字母的名称。近来又有用英文字母名称代替的趋势,这是一个先入为主的习惯问题。"①

面对文字的这种技术性不敌流通性的现象,周有光的看法比较通透,他指出:"在拼音扩大应用的时候,人们提出一些建设性的意见,应当诚恳地欢迎。例如,有人认为汉语拼音方案规定的字母名称无法推行,不如借用英语的字母名称,方便小学生同时学习英语。这个意见,我认为是切实可行的。日语罗马字借用英语名称,是成功的先例。"②由此可见,周有光晚年从国际共同语推广的角度来解释英语名称取代拼音字母名称的现象,似乎放弃了一定要推广拼音字母名称的观念,体现了一种尊重语文发展"弃小从大"这一发展特点的务实态度。

四、同音词问题

有很多人把同音词看作文字问题,认为汉字能够区分同音词,拼音文字不能区分同音词。对于这种误会,周有光在《汉字改革概论》中澄清:同音词的存在是语言的一般现象,不是汉语特有的问题。语言有同音词,文字就不能没有同音词,文字只能把同音词写成同音异形,不能写成异音异形。同音词问题的根源在语言而不在文字。周有光又提出了两种同音词分化法:第一是在语言里分化同音词,通过整理词汇,使同音词变成非同音词,这是汉语规范化的工作之一;第二是在文字上分化同音词,通过分化词形,使同形词变成非同形词,就是在词形上附加不读音的成分。对第二种分化法,他概括了两种代表性的意见:一种主张认为同音词是"致命伤",拼音不分同音,就不能成为文字;另一种主张认为根本没有问题,不管是从实用上还是理论上,同音词分化列入正字法(正词法)是多余的。③

周有光认为两种意见都太片面。夸大同音词的严重性,要求拼音文字跟汉字一样作不合理、不必要的区分固然是错误的,但要求拼音文字解决同音词问题的意见确实具有普遍性,需要实事求是地对待。而且,说话的时候有语调、情态

① 周有光.《汉语拼音方案》的制订过程[J].语文建设,1998(4):14.
② 周有光.拼音正词法和国际互联网:"拼音进入 21 世纪"之三[J].群言,2000(11):35.
③ 周有光.汉字改革概论[M].北京:文字改革出版社,1961:274—289.

等的帮助,听不懂可以发问,说不清可以重说,但文字没有这些辅助条件,文字常常要离开句子写出单个的词,这就要求在词形上有更高的精密性和明确性。

因此,他认为"在拼音文字中作最小限度的必要的词形分化,会有利于使它早日成为社会要求的实用文字"。他主张对不能用汉语规范化的方法来解决的同音词进行词形的分化,并给出了分化词形的具体方法,包括字体和标点的利用、拼写形式的利用、方音和古音的利用、添加部首、变换字母等。

从《汉字改革概论》的上述观点可知,周有光早期对同音词的看法表现出一种认识矛盾:一方面他认为同音词是语言问题,另一方面又主张从词形上对同音词进行一定程度的分化,以增加人们对拼音的接受度。同音词分化被看作是正词法的一个重要方面,这似乎又变成了一个文字问题。

周有光后来认识到了这个问题,他认为:

> 过去一向把区分同音词,作为"拼音正词法"的重要内容。现在我想,那是错的。正词法不应当有区分同音词这个内容。用书面形式区分同音词,可以让汉字去担任,汉字已经做得很周密了。把同音词用分化词形的方法固定在拼音中间,只会损害拼音的功能和发展。日本不打算这样做。越南拼音文字中,根据词典的记载,也是同音词非常多的;可是越南人说,他们没有感觉到这是一个问题。今天"拼音"不是"拼音文字",不应当使拼音"汉字化"。拼音和汉字在这里应当二者分工。①

上述看法的转变,解除了早期的认识矛盾,同音词分化不再被视作拼音需要解决的问题。从中也可以看出周有光在晚年更加坚持同音词是一个语言问题,可以根据语言自身的运作规律来加以调节的观点。他还提出了一个语言运作的"避免同音词规律":人类的早期语言往往是单音节词为主的单音节语,语词数量增加超过了音节数目以后,为了避免同音混淆,就发生语词的双音节化。双音节词的数量,也不宜超过音节数量的"自乘",否则就会发生语词的双音节以上的多音节化。② 可能因为语言自身有这类调节功能,文字仅需发挥"语言的录音机"功能。对拼音是否需要区别同音词的认识转变也可能来自周有光20世纪80年代起关于拼音变换输入法的研究和实践。因为拼音变换输入法可以基本依靠现代汉语的内在规律,如双音节化和多音节化规律、语词的频度规律、上下文的语

---

① 周有光.中国语文纵横谈[M].北京:人民教育出版社,1992:251.
② 周有光.语文闲谈(上)[M].北京:生活·读书·新知三联书店,1997:164—165.

境规律等获得词语识别的唯一性,"使'同音词'的选择减少到微不足道的程度"①。总之,周有光放弃扩展汉语拼音的汉字式"表意"功能,体现了他对文字表音化道路的一种理论自信。

五、"四化"议题

"语言共同化、文体口语化、文字简便化、注音字母化"等"四化"是最为人所知的周有光关于中国语文现代化的具体议题。由于这种说法和四个现代化存在着某种呼应,表达又朗朗上口,所以深入人心。但查看周有光历年论著可知,"四化"并不是一个一成不变的说法。在不同时期,周有光对中国语文现代化研究的议题概括是不固定的(见表3)。

表3 "语文现代化"在不同论著中的表述概览

篇名(书名)	内容	时间
《中国语文的现代化》②	共同语和标准音,汉字整理和现代汉字问题,拼音化和正词法,中文信息处理的双轨制	1984
《文字改革》③	语言的有计划的发展,文字的有计划的发展	1988
《语文运动的回顾和展望(纪念五四运动70周年)》④	普及现代全国共同语;文体口语化;制定汉语字母;整理汉字;少数民族改进和创制文字;扫除文盲,实行全民义务教育	1989
《中国语文纵横谈》⑤	语言现代化,文体现代化,表音现代化,文字现代化。	1992
《信息化时代的中国语文现代化》⑥	语言共同化,文体口语化,表音字母化,文字简便化。 语文本身的研究(共同语和白话文、现代汉字学、拼音),语文教育的研究(推广普通话、汉字教学、英语教学),语文技术的研究(中文输入电脑的技术、自然语言处理、广播和电视语文、办公自动化、特殊语文)	1995

---

① 周有光.汉字和文化问题[M].沈阳:辽宁人民出版社,2000:244.
② 周有光.中国语文的现代化[J].教育研究,1984(1):33—40.
③ 中国大百科全书总编辑委员会《语言文字》编辑委员会.中国大百科全书:语言文字[M].北京:中国大百科全书出版社,1988:403.
④ 周有光.语文运动的回顾和展望(纪念五四运动70周年)[J].语文建设,1989(2):4—10.
⑤ 周有光.中国语文纵横谈[M].北京:人民教育出版社,1992:8—9.
⑥ 周有光.信息化时代的中国语文现代化[M]//王均.语文现代化论丛.济南:山东教育出版社,1995:43—49.

续 表

篇名（书名）	内容	时间
《中国语文的时代演进》①	语言的共同化，文体的口语化，文字的简便化，注音的字母化	1997
《语文闲谈续编(下)》②	语文本身的现代化（例如文言变为白话，繁体字变为简体字），语文教育的现代化（例如声旁认字改为注音识字），语文技术的现代化（例如手工写字改为电脑打字）	1997
《我和语文现代化》③	语言的共同化，文体的口语化，文字的简便化，注音的字母化，语文的电脑化，术语的国际化	1998
《几个有不同理解的语文问题》④	语文工具的现代化，语文生活的现代化	2002
《文字改革（中国大百科全书语言文字卷更新稿）》⑤	汉族：语言的共同化、文体的口语化、文字的简便化和表音的字母化 少数民族：文字的创造和改革	2003
《语文规划和社会建设》⑥	语言的共同化，文体的口语化，文字的简易（便）化，注音的字母化	2005

由上表可以看出周有光对语文现代化议题概括在不同时期的变化，这种变化有一定道理可循：

一、语文现代化、中国语文现代化以及汉语文现代化、少数民族语文现代化是不同层次的问题，其所对应的研究内容应有所区分。"语文本身的研究（现代化）"、"语文教育的研究（现代化）"、"语文技术的研究（或现代化）"或"语文工具的现代化"、"语文生活的现代化"是对语文现代化一般问题的概括，适用于任何国家的语文现代化研究，且后者比前者更加精炼。"四化"是特指汉语文现代化的研究内容，少数民族的语文问题不一定是"四化"，比如有些少数民族本身就使用拼音文字，就不存在表音字母化的问题，有些少数民族本身就不存在文字，就

① 周有光.中国语文的时代演进[M].北京：清华大学出版社，1997：2.
② 周有光.语文闲谈续编（下）[M].北京：生活·读书·新知三联书店，1997：128.
③ 周有光.新时代的新语文：战后新兴国家的语文新发展[M].北京：生活·读书·新知三联书店，1999：221.
④ 周有光.几个有不同理解的语文问题[J].群言，2002（4）：36—37.
⑤ 周有光.文字改革（中国大百科全书语言文字卷更新稿）[C]//中国语文现代化学会2003年年度会议论文集.2003：76—81.
⑥ 周有光.语文规划和社会建设[J].群言，2005（7）：35—37.

没有"文字简便化"的问题。汉语文现代化和少数民族语文现代化问题相加才是中国语文现代化的全部问题。

二、语文现代化的具体问题具有时代性、阶段性的特点。例如,20 世纪 50 年代的文字改革任务仅仅包括简化汉字、推广普通话、制定和推行汉语拼音方案,实际上只包含了"四化"中的"三化","文体口语化"不包含在内,因为当时认为这项任务在新中国成立前就已经完成了。周有光的《中国语文的现代化》仍然未提及这项内容,却增加了"中文信息处理的双轨制",这说明"语文电脑化"已经成为信息时代的新课题,并且一度在《我和语文现代化》中和"术语国际化"一起被列入了主要议题中。至于"文体口语化"在 80 年代后期又出现在语文现代化的内容中,则可能和当时掀起的复古思潮有关①,周有光因此感觉到这项任务实际上还有继续进行的必要。"术语国际化"的单独出现也和"全球化"背景下科技交流速度不断加快的时代特点有密切关系。

小 结

本章考察了周有光语文现代化研究在理论体系和具体观念上的历时变化。在理论体系方面,其发展可分成以《汉字改革概论》为代表的"文字改革"阶段和以《中国语文纵横谈》《新时代的新语文》等四部著作为代表的"语文现代化"阶段。第一阶段的理论主要和语言学挂钩,研究的中心是《汉语拼音方案》。第二阶段的理论更多借助了多学科资源,研究对象扩展到现代汉字学、拼音正词法、语文电脑化等中国语文现代化的其他微观论题,并开展了对世界语文现代化的宏观研究,其语文现代化理论的整体框架逐渐形成。在观念调整方面,他关于国际共同语、拼音定位、字母名称、同音词问题、"四化"议题等问题的认识都发生了变化。

上述变化一方面反映了周有光与时俱进、精益求精的探索精神,另一方面也反映了语文现代化隶属于应用语言学的学科特点,尤其是"四化"相关内容的调整。应用语言学研究以时代问题为导向,以社会需求为旨归,具有灵活性、开放性的特点,常常体现为一张系列问题的菜单。这个菜单上的条目可以按照语言

---

① 周有光曾这样形容 20 世纪 80 年代的复古思潮:"一个新的语文复古运动正在中国大陆行进。据说重新'发现'了:文言比白话雅致,繁体比简体优美,方言比国语活泼,汉字比拼音易学易用。"参见:周有光.新语文的建设[M].北京:语文出版社,1992:250.

学的系统来进行合理化的分类,并尽量保持稳定,但不能苛求这些条目一成不变,因为"现实"这位顾客的口味会不断变化。正如周有光所说:"应用语言学以'应用'为生命。离开'应用',应用语言学就失去了存在的价值。'应用'因时而异,因地而异,因事而异。有当前急迫需要的主要应用,有暂时可有可无的次要应用。分清本末,分清主次,分清缓急,应用语言学才能最佳地发挥作用。"[①]

---

① 周有光.应用语言学的三大应用[J].语言文字应用,1992(1):3.

第七章　方法梳理

无论是理论体系的主体架构,还是理论体系的应用研究,背后都有方法论的指导。如果不考察方法论,也难称对理论体系有全面的认识。本章将以周有光常提出的"世界眼光"为纲领,梳理其研究方法。

"从世界看中国"是周有光的口头禅,常常作为赠言签在他送给别人的书上。"从世界看中国"虽然表面上是讲如何看待中国的问题,但实际上也包含着用世界眼光做学问的方法论。他说:"中国是一个文化很丰富传统很厚的国家,但是由于我们长期很少跟世界交流,我们看到的都是中国,很少人能看到世界。从中国来看世界,往往不能得到科学的结论。今天是一个全球化的时代,全球化影响到了学问,也影响到了语言学,影响到了文字学。"①"世界眼光"往往具有普适性,可以贯穿不同学科的研究。它不仅是周有光研究人类文化的一贯视角,也是他进行语言文字学和语文现代化研究最根本的方法论。

从概念上来说,"世界"是时间和空间的总和,代表着人类的整体视域。从方法论角度说,"从世界看中国"或者"世界眼光"主要包括科学民主、系统发展、分类比较、唯物辩证等四个方面。

第一节　科学民主

薄守生等认为,从五四运动中成长起来的中国现代语言学与"德先生""赛先生"存在着深刻的关联,这是它兼具自然科学和社会科学属性的原始根源所在。科学观念促使中国现代语言学得以形成,民主促进了现代语言的形成和现代语

---

① 周有光.百岁新稿[M].北京:生活·读书·新知三联书店,2005:130.

言学的发展。① 作为在五四运动中成长起来的周有光，一生信奉"科学"和"民主"，并将此种精神用于语文现代化的研究中。他说："人类历史像一条田径跑道，世界各国都在这条跑道上竞走；有快有慢，有先有后，后来可以居上，出轨终须回归，道路只有一条，没有第二第三道路。竞走目标是没有终点的科学和民主。"②因此，科学和民主，应是他所说的"世界眼光"的第一层方法论。

一、科学一元

苏培成在谈到周有光的治学之道时说："周有光之所以能揭示事物发展的科学规律，主要的方法是坚持用世界的眼光看中国，坚持科学发展的一元性。"③坚持科学发展的一元性的确是"从世界看中国"最重要的意义。在《科学的一元性》一文中，周有光认为"任何科学，都是全人类长时间共同积累起来的智慧结晶。颠扑不破的保存下来，是非难定的暂时存疑，不符实际的一概剔除。公开论证，公开实验，公开查核。知识在世界范围交流，不再有'一国的科学'、'一族的科学'、'一个集团的科学'。学派可以不同，科学总归是共同的、统一的、一元的"④。科学作为一种认识世界的方式，有其不同于过往的神学、玄学的最大特点——实证：

> "科学"的特点是重视"实证"，实证没有先决条件，可以反复"检验"，不设置"禁区"。"实践是检验真理的唯一标准"，认识这一条原理，足以防止"从科学回到空想"的倒退。"唯一标准"就是"一元性"。科学的"真伪"分别，要用"实践"、"实验"、"实证"来测定，不服从"强权即公理"的指令。⑤

周有光认为，语言学也属于社会科学，应当遵守实证科学的要求，自然科学的方法也适用于社会科学。

在他的语文现代化研究中，实验、调查、统计等实证科学方法的运用是很频繁也很熟练的。

（一）实验法

实验法是周有光及其团队在研究中经常采用的方法，尤其是和汉语拼音相关的研究。《汉语拼音方案》在制定过程中的每个疑难问题，比如字母形式、隔音

---

① 薄守生,赖慧玲.百年中国语言学思想史[M].北京:中国社会科学出版社,2016:170—178.
② 周有光.文化学丛谈[M].北京:语文出版社,2011,引说:6.
③ 苏培成.周有光先生的治学之道[N].光明日报,2013-06-23(5).
④ 周有光.科学的一元性[J].群言,1989(3):17.
⑤ 周有光.科学的一元性[J].群言,1989(3):18.

符号、标调符号的选用都经过了实验的检验。周有光认为汉语拼音字母的新名称并不比旧名称难学难记,也是通过北京师范大学附属实验小学和其他小学的实验以及一些工农学习班的实验来证明的。由周有光主持制订的《汉语拼音正词法基本规则》从《试用稿》(1984 年)到正式发布(1988 年)期间,做了十万多词的拼写实验。由周有光参与设计、以《汉语拼音方案》为基础的《汉语手指字母方案》在公布之前,经过广泛和长期的实际试用,又经过反复的"指式清晰性实验",根据试用和实验作了必要的修正,才得以定案。由周有光指导沈家英设计的《汉语手指音节》也经过了几年的教学实验才证明是成功的。

《汉语拼音方案》的应用和推广也离不开实验。比如 20 世纪五六十年代全国各地就开始进行"注音扫盲"和推广普通话的教学实验,其中山西万荣成为先进的红旗,1958—1959 年期间,全县 21 万人中,有半数人学会了《汉语拼音方案》和普通话,摘掉了文盲的帽子。20 世纪 80 年代在黑龙江省、各方言区以及少数民族地区等十几个省(区市)300 多所小学开展的"注音识字、提前读写"实验,也让周有光相信"注音识字法"的效果好于"集中识字法"。

应用研究的成果要服务现实,不经过实验就难以证明研究者设想的有效性。甚至于《汉语拼音方案》的推出本身就是一种实验。《汉语拼音方案(草案)》在提出的时候就说明它的用途之一是"研究和实验汉语拼音文字"①,这场实验至今尚未结束,是否成功,可能需要数百年的时间才能证明。

(二)调查法

早年作为经济学家的周有光就很熟悉社会调查对经济工作的重要意义。在国内时,他曾受公司的派遣到大西北进行经济调研,在美国工作时,也常常被派到欧洲了解情况,回来后撰写调查报告。转行做语文现代化研究时,他也将调查法运用于语文研究中。

20 世纪 50 年代《汉语拼音方案》创制期间,中国文字改革委员会广泛征求意见,数易其稿,通过发表并公开征求意见的方式,了解民意,收集各方关于草案的来信。这些信件对方案的修改和选择起到了重要的参考作用。据周有光回忆:

> 拼音方案委员会开会讨论初稿时候,除个人意见之外,还提出各个重要部门的意见。……初稿经过这样修改之后,成为"汉语拼音方案草案"(删除"文字"二字),在 1956 年 2 月 12 日由文改会发表,公开征求意见。群众提出的意见,来路广,创见多,反应热烈,无以复加。……国内国外群众来信

---

① 关于拟订汉语拼音方案(草案)的几点说明[J].人民教育,1956(3):30—34.

4300多件，无法归纳成为一个草案，结果归纳成为两个草案，作为两种"修正式"，在1956年8月由文改会发表，再次公开征求意见。……拼音方案的制订是在十分慎重中进行的。文改会提出的方案，都要再经过国务院组织高级"审订委员会"加以审订。……这个统一的草案叫做"修正草案"，由国务院在1957年12月11日公布，让群众先知道，并提请全国人民代表大会讨论和批准。1958年2月11日得到全国人民代表大会通过。经过三年的谨慎工作，《汉语拼音方案》终于诞生。①

上述这一带有"群众运动"色彩的修订过程，体现了社会调查的研究方法——通过大规模的数据收集了解公众的语言态度和改革意见。正如钟彩顺所说："在没有现代信息技术的条件下，书信往来成为社会公共知识分子表达个体意见或参与大型社会活动的重要形式，这一形式虽然没有今天规模系统抽样那么全面和深入，但在当时条件下，它确实为语言规划和语言政策的制订提供了重要的依据。可以说，它是社会语言学调查的雏形。"②

《方案》出台以后，为了适应国际化的需要，能够加入国际标准化组织，又由国际标准化组织前后开了好多次会议，经过三年才定下来，才使其变成一个国际标准。所以周有光认为"它的原理性、科学性、适用性等方面都经过了广泛的证明"③。正因如此，每当有人提倡出新的修改意见时，周有光可以用自己丰富的调查材料清楚地说明，提出现有方案难以改动的原因。根据高家莺的回忆，他和范可育曾写信给叶籁士，建议把ng改为ŋ，可以省写字母，不仅书写方便而且可以起到隔音符号的作用。而周有光在替叶籁士回复修改建议的信中，列举了数条来自调查的理由：(1)许多印刷厂没有这个字母，现刻刻不好。(2)书写有困难。(3)小学教科书要求一致，不宜一音两写。(4)电报设备上没有这个字母。(5)地名单一罗马化不用这个字母。(6)国际广泛通用的Telex没有这个字母。(7)国际标准化组织的基本式没有这个字母。(8)国际情报检索网络没有用这个字母。根据这些理由，他建议"与其牵一发而动全身，不如暂先支持一致，以利普及拼音教育"。高家莺因此称赞周有光"对中国语文现代化的各个方面都注意调查研究和实践，因而能提出符合实际的科学理论和独到见解"④。

① 周有光.《汉语拼音方案》的制订过程[J].语文建设,1998(4):12.
② 钟彩顺.周有光先生和语言规划[M]//王云路,等.语文和语文现代化研究:周有光纪念文集.杭州:浙江大学出版社,2019:188.
③ 周有光.岁岁年年有光:周有光谈话集[M].天津:天津人民出版社,2016:14.
④ 高家莺.周有光先生引领我们创建新学科[N].语言文字周报,2017-03-22(4).

不仅《方案》的制定经过了无数的多种形式的调查,《汉语拼音正词法基本规则》在制订和修订过程中,也广泛听取了各方面人士的意见,邀请教育界、出版界、信息界和语文界的专家、学者进行了讨论。① 这可以说是对《方案》成功经验的延续。

此外,《汉语拼音方案》的应用也是需要调查方法的。这方面的典型例子是,为了解汉语拼音在铁路电报应用的情况和问题,周有光在 1961 年赴哈尔滨、牡丹江、北京、上海等地进行调查,采用参观、访问、会谈等方式,摸清了电路铁路电报拼音化的发展经过、已经取得的成效和尚待解决的问题,发表了《铁路电报应用汉语拼音的实地调查(上、下)》(1962)。

(三)统计法

统计学本是经济学常用的研究方法,周有光非常娴熟巧妙地将它用于语文现代化的研究当中,发现了许多有价值的规律,解决了一些语文难题。比较典型的是对现代汉字学的两项著名研究。

1.汉字声旁表音功能的研究②。在这项研究中,他对《新华字典》(1971)的8075 个汉字进行穷尽性分类统计,现代汉字中"声旁的有效表音率"为 39%,如果区分声调则不到 20%。

2.汉字效用递减率的研究。在这项研究中,他提出现代汉字最高频 1000 字的覆盖率大约是 90%,每增加 1400 字只提高覆盖率的大约十分之一。多种字频统计证明这个规律基本上接近实际,可以用来作为减少字量的理论依据。

事实上,现代汉字学高度依赖统计数据来解决分层定量的问题。无论是出版用字、教育用字或者电脑技术用字,其数量分界都需要得到统计学的支持,离开了统计学的现代汉字定量研究的科学性将无从谈起。

统计法还往往和语料库结合在一起。在周有光的汉字声旁表音功能的研究中,《新华字典》就是一个现成的语料库。此外,周有光很早就有了自建语料库的意识。为了研究多音节连写词比较各种"可混关节"的出现频率,从而比较各种分隔音节方法的优点和缺点,周有光将 1953—1955 年的《语文知识》(月刊)所刊载的全部"拼音读物"作为语料库,统计了各种"可混关节"的位置、比例、次数等数据,为连读法、变字法和加符法等音节分节方案的比较和遴选提供了依据。③

① 佚名.汉语拼音正词法基本规则[J].语文建设,1988(4):5—12.
② 周有光.现代汉字中声旁的表音功能问题[J].中国语文,1978(3):172—178;周有光.汉字声旁读音便查[M].长春:吉林人民出版社,1980:1—13.
③ 周有光.拼音文字的音节分界问题[J].拼音,1956(1):32—37.

这种把统计学和语料库结合起来的研究方法,在今天看来仍然是十分先进的。

　　20 世纪 80 年代以后,周有光虽年事已高,但对实证方法的重视却丝毫不减。他认为,文字改革的研究已经不能局限于"二战"以前的语言学和文字学范围,已经不能局限于在中国今天容易看到的数量不多的参考资料,而必须扩大视野、深入探索,找寻新的材料,运用新的方法,使文字改革的研究从空想进入科学。[①] 他的文字发展史、比较文字学研究,引用了大量来自世界各地的文字资料;他的广义文字学研究,依据的是国内 20 世纪 50 年代以来积累的少数民族文字调查材料。他在书斋中广泛阅读,通过信息网络和人脉资源搜罗世界各地的语文生活资料,他所提出的世界语文现代化的共同规律(文字尚同、语言求通等)就是来自对各个国家地区语文建设数据的科学归纳。这些都是他将实证主义的科学方法一以贯之的表现。

　　二、学术民主

　　民主虽然主要是一个政治概念,但也会对学术研究产生重要的影响,成为所谓"学术民主"的问题。正如薄守生等所说,"并非民主与政治无关,我们也不能狭隘地把民主理解为只是政治参与"[②]。运用"民主"观念来研究语文现代化,也是将"世界眼光"作为方法论的重要含义。

　　(一)"民主"是选择语文问题的价值标准。语文现代化的问题不仅是语文问题,也是社会问题,很多社会问题与民主有关。首先,周有光对普通民众的语文教育非常重视,这体现了他的民主观念。清末民初,中国基础教育严重落后,普通民众的文盲率非常高,周有光作为深受五四运动影响的进步学者,深感方言歧异、文言艰涩、汉字繁难等问题对大众教育造成的不利影响,迫切地想要通过语文改革来提高大众语文教育水平,他长期致力解决的"语言共同化、文体口语化、文字简便化、注音字母化"等语文改革问题都是为大众教育、平民教育服务的。其次,他提倡对少数民族和落后地区实施双语言制度,同样充分体现了民主精神。因为这种制度一方面可以帮助落后的方言区或少数民族通过学好共同语来参与国家建设,另一方面也尊重、保护了他们使用本地或本民族语言的权利。第三,他研究利用汉语拼音帮助特殊人群制定手语和触觉语言符号,解决他们的学习和交流障碍,这体现了他对这一弱势人群民主权利的尊重。

　　(二)"民主"是解决语文问题的行动机制。周有光认为:"语文生活的前进动

①　周有光.中国语文的现代化[M].上海:上海教育出版社,1986:196—198.
②　薄守生,赖慧玲.百年中国语言学思想史[M].北京:中国社会科学出版社,2016:178.

力来自三个方面：（1）群众的语文运动；（2）学者的语文研究；（3）政府的语文政策。三个方面是相辅相成的：没有语文运动就没有活力，没有语文研究就不能提高，没有语文政策就难于推行。"[①]他通过政府、专家、民众的三位一体，建构了一个有效的"话语民主"机制。[②] 语文问题的解决，既不是政府的独断专行，也不是群众的忽左忽右，更不是学者的纸上谈兵，而需要通过三者的对话协商来渐次推进。这一点，同样可以从《汉语拼音方案》的制定过程得到充分印证。作为一项汉字改革的重大事件，它动员了群众的充分参与，发挥了专家的集体智慧，体现了政府的民主决策，而且中间几经来回，反复磋商。这一事件是通过民主解决语文问题的经典案例。

（三）"民主"是进行学术交流的对话准则。"民主"不仅是用来处理学者、群众、政府的重要运作机制，也是学者之间进行学术交流的重要行为准则。周有光通过"不怕错主义"来践行这种学术交流的民主精神，他指出，出现错误是正常现象，可以从批评指正中得到更为准确的意见。他非常愿意听到不同的意见和声音。[③] 他对知识分子提出希望："主义往往被看成是一种信仰，只去信仰不去怀疑，这跟学术是完全两条路，学术希望你批评我，希望你来说我的错处，批评是学术的养料，没有批评学术就不能进步了，所以外国人讲学术进步的一个规律叫尝试与错误，一方面尝试一方面错，错了就改，再发现错误再改，避免这样的事，尝试与错误是在这个道路上同时进行的。可是只去信仰不去怀疑，那整个科学就没有了。"[④]当然，批评未必是由于错误，有的也可能是由于误解或者无知，对批评的意见，也需要批判地接受。在学术上自由地互相批评，发扬学术民主，是促进学术进步的重要方式。

第二节 系统发展

"世界眼光"作为方法论的第二个层面，运用生物学进化论中的系统观和发展观来研究语言文字规律和语文现代化问题。

① 周有光.信息化时代的中国语文现代化[M]//王均.语文现代化论丛.济南：山东教育出版社，1995：49.
② 钟彩顺.周有光先生和语言规划[M]//王云路，等.语文和语文现代化研究：周有光纪念文集.杭州：浙江大学出版社，2019：188.
③ 周有光.逝年如水：周有光百年口述[M].杭州：浙江大学出版社，2015：462.
④ 周有光.岁岁年年有光：周有光谈话集[M].天津：天津人民出版社，2016：118.

　　周有光认为："进化论的提出是世界上事物的系统化、整体化。这是人类思想的重要发展，人类思想在这里得到升华。我们要用这种思想方法来研究语言学，来研究文字学。"①

　　在文字发展史研究中，周有光将进化论的思想方法贯彻得十分彻底。在《文字的体式变化和结构分类》②一文中，他认为进化论的特点是："把所有生物看作一个总的系统，彼此有共同的发展关系；生物通过变异、遗传和自然选择，从低级到高级，从猿到人，有一个进化的规律，不是平面回旋，而是逐步进化。理解进化，要高瞻远瞩，对古今生物作系统的比较研究；如果只从一时一地看一种生物，是看不出进化来的。"对人类文字，周有光也提出了类似的假设："人类文字是一个总的系统，有共同的发展规律；各国文字有自身的演变，人类文字有共同的进化；自身的演变包孕于共同的进化之中。这就是文字的'进化论'。"他也认为研究文字的发展要突破"一时一地"的局限："文字的进化非常缓慢，百年、千年，才看到一次飞跃，而重要的飞跃往往发生在文字从一国到另一国的传播之中和传播之后。正像'从猿到人'不能在一时一地看到一样，文字的进化也不能从一时一地来理解。"两相比较，不难发现周有光非常自觉地运用生物进化论俯瞰全局的系统观、发展观来研究文字发展问题。

　　同样，语文现代化的研究也不能限于中国的一时一地，要放到全世界和人类历史长河中去进行。这也是为什么周有光在改革开放以后要投身人类语文生活发展史和区域国别语文建设研究。正是通过这样的突破一时一地的系统性研究，他才能得出"语言求通、文字尚同"的语文发展规律以及"弃古用今""弃小学大""弃繁从简"的语文发展特点。只有准确把握人类语文的发展趋势，才能为中国的语文现代化做出合乎发展规律的抉择提供理论依据。系统观和发展观，正是周有光"世界眼光"的重要体现。

第三节　分类比较

　　"世界眼光"作为方法论的第三个层面，是对比较和分类法的使用。他引用科学的定理"比较增进知识，分类形成系统"③来形容这两种方法的重要性。他

①　周有光.百岁新稿[M].北京:生活·读书·新知三联书店,2005:120.
②　周有光.文字的体式变化和结构分类[J].语文建设,1988(6):13—16.
③　周有光.比较文字学初探[M].北京:语文出版社,1998:3.

重视分类,因为"学术大都从分类开始,然后进入科学领域,例如语言学、生物学。文字学也是如此"①。也强调比较,因为"如果我们研究生物学,只研究一种生物,那么生物学的研究就不完备;同样,如果我们研究语言学,只研究一种语言,这个语言研究也就不完备"②。更强调比较和分类的综合运用:"比较引起分类,分类形成系统,比较、分类、系统化是知识进入科学领域的重要门径。"③

比较和分类在周有光的语言文字学研究中,也得到了充分的贯彻。在人类文字发展史、比较文字学研究中,"原始文字""古典文字""字母文字"的历史分期和"三相"的文字类型学说正是分类法和比较法综合运用的结果。在语文现代化研究中,他提出区分广义的拼音化和狭义的拼音化,解决了汉语拼音的功能定位问题;提出区分古语用字和现代汉语用字,解决了现代汉字"字无定量"的问题。这些是分类法和比较法在具体问题研究中的巧妙运用。在《文字改革的宏观研究》一文中,他强调区分宏观研究和微观研究;而宏观研究又区分了"空间"研究和"时间"研究。在《现代汉字学发凡》一文中,他区分了文字学的历时研究和共时研究,从而开创了现代汉字学。这些是将分类法和比较法用于语文现代化理论研究的充分体现。凡此种种,不胜枚举。

比较和分类是系统观和发展观形成的基础,没有分类和比较就难以构建语文的层次系统,难以把握语文系统的发展方向,只有通过分类和比较才能确定中国语文在世界语文发展进程中的地位和价值,这也是"从世界看中国"的题中应有之义。

第四节　唯物辩证

"世界眼光"作为方法论的第四个方面,体现了周有光的唯物辩证法。唯物辩证法的主要观点包括联系观、发展观以及对立统一的矛盾观三个方面,其中的发展观我们在第二节中已有分析,这里主要讨论另外两个方面。

首先是联系观。"从世界看中国",意味着要寻找中国语文和外国语文的联系。只有找到联系、建立联系,才能形成对语文结构系统和语文发展规律的整体认识。在理论研究中,联系观十分受到周有光的重视。在《文字改革的宏观研

① 周有光.世界文字发展史[M].3版.上海:上海教育出版社,2011:398.
② 周有光.百岁新稿[M].北京:生活·读书·新知三联书店,2005:130.
③ 周有光.比较文字学初探[M].北京:语文出版社,1998:1.

究》一文中,他专门讨论了"联系",认为"知识的转移是科学发展的规律",特别指出"扩大学科联系和事物联系来进行文改研究,有重要的学术意义和实用意义"。他将文字改革看作边缘学科,认为文字改革的发展要建立在与其他学科的联系之上,这种学科认识上的突破,也是他普遍联系的世界眼光作用下的结果。在其他具体研究中,他也非常善于利用联系的方法。如在人类文字学发展史研究中,文字系统的演进规律就是他在通过寻找不同历史时期、不同地区之间文字的相互联系中获得的。在语文现代化研究中,他注意中外语文改革的联系、语言文字的联系、普通话与方言的联系、繁体字与简体字的联系、拼音与普通话的联系、拼音与汉字的联系等,如果没有根深蒂固的联系观,他就难以建立严密的语文现代化理论体系,也难以创造如此丰富的研究成果。

其次是矛盾观。周有光非常善于运用辩证法的对立统一法则来解决语言文字研究中的诸多矛盾。"从世界看中国"就直接反映了国际化和民族化的矛盾,外来字母与民族文字就属于这一类矛盾,处理两者的关系需要有对立统一思维。对此,周有光认为"民族形式和国际形式是相互转变的,民族形式传播开来就成国际形式,国际形式在某一国用久了就变成民族形式。罗马字母原来是拉丁民族的民族形式,后来成为国际形式。国际形式的罗马字到了英国又成为英国的民族字母"[1],用辩证法化解了很多人的排斥心理。另外,在讨论口语和书面语这对矛盾时,他说"口语使文章现代化、有生命力。文章又使口语得到提高和精炼。这是语文发展的辩证法"[2],揭示了"言文一致"的矛盾关系。在讨论文字的稳定性和演变性这对矛盾时,他说"文字一方面需要稳定,另一方面需要演变。稳定性和演变性是文字的二重矛盾性格。没有稳定性,文字就在时间上和空间上不能流传久远。这是为什么许多已经掌握了文字工具的知识分子反对文字改革,甚至连简体字也反对的原因。可是,文字到了脱离了语言或落后于时代的时候,又要求改革。这时候演变性就发挥作用了。没有演变性,文字就没有进步,也没有字母的故事可讲了"[3]。这种对于文字演变规律的辩证观点能够避免文字改革走向不可调和的冲突。类似的矛盾处理方式在他的语言、文字、文化研究中不乏其例,比如"双语文""双文化"等政策的提出都体现了处理矛盾冲突的对立统一法则。

---

① 周有光.新时代的新语文:战后新兴国家的语文新发展[M].北京:生活·读书·新知三联书店,1999:196.

② 周有光.语文闲谈(上)[M].北京:生活·读书·新知三联书店,1995:192.

③ 周有光.字母的故事[M].北京:人民文学出版社,2009:1.

　　唯物辩证法的熟练使用,造就了周有光看待问题的全面性,解决问题的灵活性,也造就了他温和平衡、不走极端的学术品格。

小　结

　　本章通过四个方面和八个小点(科学/民主、系统/发展、分类/比较、联系/矛盾),对"世界眼光"作为方法论进行了角度宽广、包容性强的解读。这四个方面未必周全,而用"世界眼光"统摄也未必完全符合学者的本意,带有"建构"的性质,但我们力求将周有光的方法论概括得经济、简洁并有一定的解释力,这也是对他"删繁就简三秋树,领异标新二月花"①这一人生信条的实践。

---

　　①　冯志伟.周有光先生二三事[M]//王铁琨,王奇,沙宗元.一生有光:周有光先生百年寿辰纪念文集.北京:语文出版社,2007:220.

第八章　问题争鸣

本章主要梳理学界关于周有光语文现代化研究的理论基础、理论主体、研究方法等方面的问题争鸣，并对此提出我们的看法。这是一次关于周有光的学术话语、其他学者的疑义话语以及我们的阐释话语的三方互动。

周有光具有宽广的胸襟，欢迎不同的声音。学术争鸣是"学术民主"的重要体现。周有光有别于大多数语言学者的一个重要方面，是他在学界以外也享有较高的社会知名度，有时也是一个颇具争议的焦点人物。仅在网络媒体"知乎"关于"周有光老先生去世了，如何评价他的一生？"的提问中，截至2022年7月，已有58万多次的浏览量，127个网友回答，每个回答下面又有众多网友参与评论。从这些回答和评论中可以看到，社会大众对周有光的关注点，既和他在语文现代化事业的成就尤其是汉语拼音的贡献有关，也涉及他对社会文化、政治历史方面的一些见解，而其中许多评价并不属于学术讨论的范畴。

本章将聚焦于学术文献中与周有光语文现代化研究有关的各种评论或争议，将讨论限制在学术范围内。总结学界的不同声音，目前的争鸣主要集中于如下几个方面。

第一节　理论基础之争

在理论基础方面，学界讨论最多的是和基础文字学有关的问题。理论基础不同于理论主体。周有光对基础文字学的研究不同于文字改革研究，但两者确实存在着密切的联系。基础文字学研究得出的重要规律，对语文改革和建设起着重要的指导作用。如果对于语文发展规律的认识出现重大分歧，也会动摇语文现代化理论体系的大厦，不可不加以明辨。这里主要讨论两个文字学的根本问题：文字发展规律和文字、语言、文化传播的关系。

一、文字发展规律

（一）"三阶段论"是"先验"理论？

王宜早在《读周有光〈比较文字学初探〉》一文中认为，周有光关于"形—意—音"的文字进化论是"先验"的。对于"先验"，他的解释是："学术研究，特别是自然科学研究，照理说是先有研究，后有结论。可是在有些领域，特别是在一些社会科学领域，则是先有结论，后有研究。在结论的引导下搞学术研究，以研究去'圆''饰'结论。这种情况，我称之为'先验'。汉字要实行拉丁化。就是这样一个'先验'的结论。"①他列举了《比较文字学初探》的一段后记为证：

> 50年代，中国成立文字改革委员会，我被调来会中工作。这时候，听到许多人谈论，文字改革的根据是文字的发展规律。什么是文字的发展规律呢？只有简单的一句话，那就是从表形到表意到表音，没有深入的和详细的说明。反对的人说，根本没有这样的文字发展规律。你看，汉字经过三千年，变成拼音文字了吗？对这种反对意见，无人能作使人信服的解答。这是一个复杂的学术问题，不能用三言两语来肯定或者否定。要想进一步了解文字的发展规律，只有进行较文字学的研究。②

根据这段话，他认为周有光从事"比较文字学"的研究就是为了"说明"三阶段的文字发展规律，而这样的研究出发点是先验的。

我们认为，王宜早对这段后记的解读存在偏差：周有光分明在原文中指出了对于三阶段发展规律有赞成和反对两种意见，其中反对者列举了最重要的事实——汉字经过了3000年依然没有变成拼音文字。这一事实成为周有光进行比较文字学研究的动力。从"这是一个复杂的学术问题，不能用三言两语来肯定或者否定。要想进一步了解文字的发展规律，只有进行比较文字学的研究"可知，周有光的研究是为了对"三阶段论"进行证明（只有"证明"才可能有"肯定"或"否定"两种结论），而不是王所说的"说明"（"说明"是对既定结论进行解释），因此不能武断地扣上"先验"的帽子。周有光对于"三阶段论"的论证，主要是依靠通过丰富的事实材料来完成的（见第二章），符合科学研究的"大胆假设、小心求证"的科学程序。何况，周有光还在书中坦然指出了文字三阶段论论证的材料缺陷："人类学中有一个'失去了的环节'（missing link）：猿和人之间的中间环节还没有找到。文字学中也有一个'失去了的环节'：意音文字和字母之间的中间

---

① 王宜早.读周有光《比较文字学初探》[J].南京晓庄学院学报，2006(5)：61—64.

② 周有光.比较文字学初探[M].北京：语文出版社，1998：441.

环节还没有找到。"①这体现了实事求是的严谨学术态度,不是一句"先验"可以否定的。

（二）"三阶段论"会推出"中国文化落后论"？

王宜早在同一篇文章中进一步指出,"三阶段论"的效果是会轻易地推出中国的文化是落后的文化,应该全盘接受西方的先进文化;中国的汉字是落后的文字,应该取消汉字,代之以西方的拉丁文字;中国的民族是"劣等民族",应该由西方的"高等民族"来统治。

这一推论存在逻辑问题。且不论汉字是否真的落后,"汉文化"本身是个比汉字宽泛得多的整体概念,即便承认汉字落后,也并不能推导出"汉文化落后",更不能推导出中国的民族是"劣等民族",应该由西方的"高等民族"来统治。这样的推论方式是一种典型的"滑坡逻辑"。文字的发展水平和文化的发展水平不存在严格的对应关系,而是相对独立的两个问题。正如周有光指出,"文字的先进和落后跟文化的先进和落后不是一回事。有的民族引进了先进的文字,但是文化依旧是落后的。有的民族的文化前进了,文字由于有强大的习惯性,并不随即改变为先进的文字。但是,在较长时间之后,二者之间会发生调整"②。因此,完全有可能出现一种先进文化起初拥有一种不太先进的文字,然后慢慢改用先进的文字,从而变得更加先进的情况。而且,一个民族是否能够保持文明的整体优势,恰恰反映在它是否足够开放,是否愿意向先进事物积极学习,而非不加分辨地为自己的所有文化传统辩护,甚至抱残守缺。

另外,拉丁文字也并不是西方文化的产物,而是来源于亚洲的腓尼基文字,如今已为世界大多数国家采用,属于国际现代文化。向国际公认的现代文化学习,怎么会得出中国是"劣等民族",应该由西方的"高等民族"来统治的结论呢？

（三）"文字一元论"是非学术的？

王宜早在该文中又认为,像周有光这样的"汉字拉丁学派",对达尔文的进化论匆匆忙忙的引申,"借西方理论武器来否定自己的民族文化",在文字学上,则把汉字研究纳入拼音文字的轨道,基本理论在源头处存在失误。"比较文字学"研究中那种以一种文字"统一天下"的指导思想应该受到质疑,研究取消汉字的战略和策略这种非学术的研究工作也应该受到质疑。在文化多元化的世界里,谈论由哪一种文字来统一世界,显然是不合时宜的。

---

① 周有光.比较文字学初探[M].北京:语文出版社,1998:273.
② 全国高等学院校文字改革学会.语文现代化（第五辑）[M].北京:语文出版社,1981:228.

姑且不讨论进化论是否适用于文字发展研究,上述观点显然存在两个误区:一是对文字改革研究的歪曲,二是对文字一元论(一种文字"统一世界")的误解。

第一个误区的问题在于,不能因不认同某种主张而否认语言文字战略和策略研究的学术性。作为学术研究,无论是一元的文字发展观还是多元的文字发展观,都应该是基于事实的一种科学假设。而语言文字战略和策略作为一种学术研究,不能说"取消汉字"是非学术的,而"弘扬汉字"则是学术的。无论是哪一种主张,只要是基于对语言发展规律的科学判断,都不能否认其研究的合理性。学术研究是讲事实、讲证据的,从"借西方理论武器来否定自己的民族文化"这样的"动机论"出发来衡量学术研究的价值并不可取。

第二个误区的问题在于,主张一种文字"统一天下"的"文字一元论"和"文化多元论"并非不能相容。无论是文化上还是文字上,周有光并不反对多元论,只是认为多元论的成立有一个前提:"多元文化和谐共存必须有共同的交通规则。多元并存而没有共同的交通规则,最后有走向严重冲突的危险。"① 世界上的文字可以多元并立,但理应有一种国际通用的文字形式作为人类书面沟通的工具。拉丁文字成为世界上大多数国家书写语言的工具,证明它最有可能成为这样一种文字形式。汉字本身是否会发展为拼音文字姑且不论,但汉语拼音的出现已经为全世界的"书同文"进一步铺平了道路。汉字仍然是多元传统文化的一支很有代表性的力量,而它的长期存在和拉丁文字成为国际现代化文化的通用文字并不矛盾。

换句话说,周有光并不是一位激进的一元主义者。他提倡的是"双语文"的二重语言制度,并强调语言的"共同化"含义不等于"同化","共同化"是大家能说普通话,并不废除方言;"同化"是使用你的语言,放弃我的语言。② 他在肯定语言文字同化、聚合的大趋势下,也肯定、尊重语言文字局部分化、异化的事实。在对待汉字改革的态度上,他也指出:

> 人们往往把采用拼音文字跟废除汉字连在一起,认为采用拼音文字就得废除汉字。这种想法是不切实际的。汉字没有必要废除,也不可能废除。拼音文字应当跟汉字分工并用,各尽所长。二者是彼此辅助的,不是彼此排斥的。好比有了帆船还得有轮船,不是有了轮船就废除帆船。③

---

① 周有光.文化冲突与文化和谐[J].群言,2006(7):2.
② 周有光.中国语文的时代演进[M].北京:清华大学出版社,1997:17.
③ 周有光.文字改革和文字规律:汉字改革讲话(下)[J].语文建设,1964(9):16.

这是既肯定文字演变的共同化趋势，又包容差异性的文字发展观，只看到理论中主张统一的一面，对其多元性的一面闭口不谈，是缺乏辩证的观点。

二、文字、语言和文化传播的关系

汉字是否会发展成拼音文字，或者汉语是否需要拼音化的问题，关系到文字、语言、文化传播的类系。有一种观点认为，采用哪一种文字是由语言的特点决定的，也就是"语言决定论"。如唐兰就指出："中国文字果真能摒弃了行用过几千年的形声文字而变为直捷了当的拼音文字吗？一个民族的文字，应当和它的语言相适应，近代中国语言虽则渐渐是多音节的，究竟还是最简短的单音节双音节为主体，同音的语言又特别地多，声调的变化又如此地重要，在通俗作品里含糊些，也许还不要紧，用拼音文字所传达不出来的意思，只要读者多思索一会，或者简直马虎过去就完了。但是要写历史，要传播艰深的思想，高度的文化，我们立刻会觉得拼音文字是怎样的不适于我们的语言。"① 陈梦家也说："中国文字（汉字）发源于图象，逐渐的经过简化和人意的改作成为定形的简省的概略的象形，作为记录语言的符号。它是在汉语的基础上成长而发展的。汉语是单音缀的、孤立的、分析的。所以汉字是一字一音缀的，同一个字在不同的句子中可以用作不同的词类，一个字在一个句子中只表示一个单纯的意义。汉语决定了汉字，也决定了汉语法，即语序在句子中的重要作用。汉语也决定了中国文字长期的停留在象形的形符系统上而没有走上音符文字的路。"②

针对上述语言决定论，周有光提出了文字类型是由文化（尤其是宗教）传播决定的观点，并举多例证明同一语言可以由不同文字记录、同一文字可以记录不同语言。其中一个例子是，日本的语言特点跟汉语不同，但都采用汉字，这是因为汉字随汉文化传播到了日本。③ 但周有光又曾指出，日本文字假名的创造是为了解决"日语以多音节词为主，词儿带有变化的词尾，用汉字书写日语，格格不入"，"用汉字写日语，不得不把单音节的汉字读成多音节而且词尾变化难以写出"④等困难，显然他并不否认语言对文字有影响。

刘桂梅在《周有光语文改革思想研究》一文中质疑，周有光以日本文字为例，一方面证明同一种文字可以记录不同的语言，以此否定"语言决定文字"论；一方面又摆出语言影响文字的事实。以同一个例子论证两个截然相反的观点是不合

① 唐兰.中国文字学[M].上海：上海古籍出版社,2005:89.
② 陈梦家.殷虚卜辞综述[M].北京：中华书局,1988:644.
③ 周有光.谈谈语言和文字的类型关系[J].书屋,2001(8):58—60.
④ 周有光.日本是怎样应用语言文字的？——访日观感[J].语文建设,1986(3):43.

适的。刘桂梅进一步指出"语言决定文字"与"文字跟着文化走"并不互相排斥，语言的特点和文化的传播都是影响文字的主要因素。文字作为"能记"，必须与语言这个"所记"相适应才会有生命力；文字作为文化的载体，它也不可避免地受到文化传播的影响，文字的发展演变是多种因素综合作用的结果。①

针对此类质疑，周有光作了回应："日本采用汉字之后，从汉字中发展出假名，这是古典文字传到异国之后从表意向表音发展的共同现象。汉字没有退出日文，汉字和假名的混合文字仍旧属于汉字类型。"②

周有光的回应比较简短，但揭示了文字类型选择的两个重要方面：文字类型和语言特点的关系，文字类型和文化传播的关系。下面分别对这两方面进行讨论。

（一）文字类型和语言特点

如果说语言决定文字的观点是指任何特定类型的文字只能和特定语言相匹配，那确实是难以成立的。语言类型相同的汉语和藏语采用了不同的文字，甚至同属于汉语的东干语（汉语方言）采用了拼音文字而没有使用汉字，这些例子都说明语言决定论是站不住脚的。周有光所反对的语言决定论，应是从这个意义上来说的。可是，汉字在日本发生的表音化变异又能被解释成是为了适应日语的语言特点，因而成为"语言决定文字"的一个证据③。但这只是表面的解释，因为音素文字在记录不同语言时并不会发生逆向的发展，"自从西方学者发现从表形到表意到表音的发展规律之后，还没有发现逆向的演变现象"④。拉丁文字传到中国以后用来记录汉语时，也没有走向表意化，汉语拼音仍然是一种表音的"文字"（广义文字）。正因如此，周有光才认为日本"从汉字中发展出假名，这是古典文字传到异国之后从表意向表音发展的共同现象"。也就是说，虽然汉字这样的表意文字或古典文字会为了适应不同语言特点而发生表音化的变异现象，但字母文字逆向的表意演变却不会发生。汉字在日本传播发生的变异反映的是文字本身的发展规律。

为什么不同的文字类型会对语言产生不同的适应能力呢？因为相对于其他符号，语言符号的本质特征是其语音。其他符号也可以表达意义，但不是使用语音形式，所以语音才是语言符号的本质特征（反之，相对于其他声音，语言符号的

---

① 刘桂梅.周有光语文改革思想研究[D].山东师范大学,2005.

② 周有光.世界文字发展史[M].3 版.上海:上海教育出版社,2011:399.

③ 申小龙.汉字改革的科学性与民族性[J].学术月刊,1985(10):41—47.

④ 周有光.比较文字学初探[M].北京:语文出版社,1998:24.

本质特征是其意义,这并不矛盾)。文字被广泛接受的定义是"记录语言的书面符号",所以对语言语音的记录能力就决定了文字的技术水平。① 周有光用记音技术的高低来区分文字制度的先进与落后。他认为音素字母数目最少,拼音能力最高,能够记录任何语言,跟其他文字比,在科学的精密程度上好比原子之于分子,因此是技术最先进的文字。② 汉字虽然被一些人叫做"表意文字",但这并不是说它不能表音,周有光就认为它是"意音文字"。正如赵元任所说,"它跟世界多数其他文字的不同,不是标义标音的不同,乃是所标的语言单位的尺寸不同"③。文字记录的语言单位越大,所需的文字数量就越多。基本上,一个汉字所标的语言单位是语素,代表汉语中一个有意义的音节。语素文字相比于音节文字和音素文字,确实好比分子之于原子的关系。虽然对于汉语这样音节较为简单的孤立语来说,汉字的记音能力已经能够满足汉语的需要,但这种文字却不能自如地记录其他类型语言(如黏着语、屈折语)的语音系统。因此,当它被借用于记录其他语言(比如多音节的日语)时就会发生变异,演变为拼音文字。

薛丹丽在《周有光文字类型理论的研究》一文中认为,文字类型和语言特点有一定的关系。音素文字可以记录所有类型的语言,适应性最强;词文字只可以记录古代的几种语言,适应性最弱。音素文字可以记录孤立语,可以记录黏着语,可以记录屈折语;音节文字可以记录孤立语,黏着语;语素文字于现代只能记录孤立语;词文字已经被淘汰了,只能记录古代的几种语言。④ 这一概括很有道理,但"文字类型和语言特点有一定关系"是一个过于笼统的说法。具体而言,语言的语音特点对不同文字类型的制约程度不同,语素文字较容易受语言语音特点的制约,而表音文字则较少或不受语言语音特点的制约。

(二)文字类型和文化传播

西方流传着一种说法,"字母跟着宗教走"。周有光将其修改为"文字跟着文化走",意思是文字类型由文化传播决定。因为"字母跟着宗教走"有时说不通,比如佛教进入中国,但梵文被挡在了外面。文化相对于语言是一个

---

① 就记音的科学性与完备性而言,国际音标比拉丁字母更加精密,但却不算记音技术最高的书写符号。周有光认为:"国际音标分辨过细,书写不便(尤其不便连续书写);拉丁字母经过拼合代用等变通办法,已可满足各种语言或方言的需要;这样,字母数目减少,在打字、发电报及其他实用上,比较简便。"可见,衡量文字拼音技术的高低,除了看精密性,还要看简明性。参见:周有光.中国拼音文字研究[M].上海:东方书店,1952:3.

② 周有光.语文风云[M].北京:文字改革出版社,1980.

③ 赵元任.语言问题[M].北京:商务印书馆,1980:144.

④ 薛丹丽.周有光文字类型理论的研究[D].湖南师范大学,2017.

整体概念,政治、经济、宗教、文学、艺术、科学甚至语言本身,都属于文化的组成部分。

日本采用汉字来记录日语,主要是为了学习先进的中国文化,周有光说的"汉字没有退出日文,汉字和假名的混合文字仍旧属于汉字类型",反映的就是中国文化对日本文字根深蒂固的影响。而日本创造假名,除了是文字表音化演变规律的作用以外,也和文化的传播有关。周有光指出:"假名的创造,在形体上没有离开汉字,只是简化了笔画,在原理上学习印度。假名的排列方法,'伊吕波歌'是一节佛经,'五十音图'传说是空海和尚的设计。这说明日本除中国文化之外,又受到了印度文化的影响。"①可见,日文的产生同时受到了两种强势文化的影响。

结合上述两方面,周有光"文字跟着文化走"这一说法并没有完整地表达他对文字类型和文化传播关系的看法。从周有光的文字发展理论体系来看,文字类型的选择应该同时取决于两个因素:文字本身的记音技术和文化传播。所属文化先进且记音技术高的文字,最容易在文化传播中得到广泛的跨语言流通,成为多数语言的文字类型,如拉丁文字;所属文化先进但记音技术弱的文字也能够广泛流通,但可能会因为需要适应不同类型的语言而发生表音化的演变,如曾经的汉字。所属文化较落后的文字,无论其记音技术高低,都只能成为某种语言或有限几种语言的文字。

按照周有光的文字类型学说,所属文化先进且记音技术高的文字,最容易成为国际通用文字。进入工业化社会后,科学代替宗教成为西方文化的核心力量,西方文化因科学而获得强大的竞争力,其所使用的拉丁文字也由此得到"流通赋能",加之拉丁字母本身具有高超的记音能力和书写效率,适应了这种科技型文化,更令其传播畅通无阻,从而掀起了全世界的拉丁化浪潮。没有自源文字的民族,可能直接借用这种国际通用文字来记录自己的语言;有自源文字的民族,在先进文化的强势传播中,可能会选择放弃其原有的文字体制,也可能在保持自己原有文字的基础上,采用国际通用文字作为辅助形式。

汉文化与佛教文化在交流中产生了字母记音的方式,在与西方文化的交流中产生了汉语拼音方案,都是文化传播与文字记音技术共同作用的结果。

---

① 周有光.谈谈语言和文字的类型关系[J].书屋,2001(7):60.

第二节　理论主体之争

在理论主体方面,学者们的争鸣观点主要集中在汉语文现代化中的某些具体论题。这里以专名音译、声旁表音、汉字效用、汉语拼音四个具体论题为例来加以讨论,其中汉语拼音的问题相对来说最多也最复杂。

一、专名音译

针对汉语的专名音译问题,吕叔湘曾在《不如干脆照抄原文》一文中认为要想彻底解决用汉字音译外国人名、地名中译音不准、译音不统一、译名太长不好记的唯一办法就是照抄原文,不必译音。如不会念外文,可以照汉语拼音来念。① 对此,刘正埮在《"干脆照抄原文"行不通:关于外国人、地名音译问题的商榷》一文中提出了反对意见,包括旧译已成习惯、照抄"原文"的"原文"意思不明确(原文是仅指英文还是包括其他语言的文字?)、有些译名难以用汉语拼音读出等七条反对理由。② 周有光在《关于专名音译问题:向吕叔湘、刘正埮两先生请教》一文中针对两人的观点,介绍了国际上关于专名和非专名的"单一罗马化"规定,分析了在拼音国际电报、汉语拼音儿童读物、科技著作等不同场合中罗马字母国际通用术语的使用情况。他着重指出,出版物有一般和专门的分别,在一般的大众读物中,应写音译汉字,必要时加上(原文)括注,在专门的高水平著作中,对没有标准音译汉字的专名,不如"照抄原文(或原文的罗马字母拼写法)"。"照抄原文"无可厚非,不过需要注意不同的场合。③

刘正埮又在《再谈"干脆照抄原文"行不通:兼答周有光先生》一文中对周有光的上述观点提出异议。他首先认为周有光提及的"单一罗马化"问题离"是否应当照抄原文"这个论题甚远。其次认为周有光说的"用音译汉字附注原文"的方式和吕叔湘说的无附加条件的"照抄原文"是两回事,并认为这可能是没有仔细读吕叔湘的文章所致。最后他仍然坚持汉字音译的方式,除了先前提出的七条理由外,他又作了一些补充,如汉译形式虽有时字形不同,但受过高等教育的人能够分辨;汉字音译还具有用不同字形区别同音词的优势;汉语拼音字母只适合用来拼读汉字而不能用来拼读外语中的

---

① 吕叔湘.不如干脆照抄原文[N].北京晚报,1984-4-19(3).

② 刘正埮."干脆照抄原文"行不通:关于外国人、地名音译问题的商榷[J].群言,1985(5):37.

③ 周有光.关于专名音译问题:向吕叔湘、刘正埮两先生请教[J].群言,1986(2):30.

人名、地名,用拼音转写缺乏统一的原则,一般人不易掌握;汉字音译可以减省篇幅……他还特别提到,连周有光参与编写的《简明不列颠百科全书》的书名中的"不列颠"这一地名都没有使用原文,可见这条原则是不现实的。照抄原文得不到广大人民群众的支持。①

对比周文和刘正埮对周文的回应文章,不难发现刘文对周文存在着相当的误解。

首先,周文提出"单一罗马化"绝非与"是否应当照抄原文"这个论题无关,而是要表明国际上对那些原文不用罗马字母的专名,是需要经过"单一罗马化"的拼音转写后再引用的,这是对吕叔湘"照抄原文"这一观点的补充,也是对刘正埮所质疑的"'原文'意思不明"的进一步说明。

其次,周文并没有说"在音译汉字附注原文或原文罗马字拼写法"等同于"照抄原文"。相反,他在文末清楚说明了两者的区别:在一般的大众读物中,应写音译汉字,必要时加上(原文)括注;在专门的高水平著作中,对没有标准音译汉字的专名,不如"照抄原文(或原文的罗马字母标注法)"。显然,两者使用场合不同,不容混淆,将两者等同是刘未能正确理解周文造成的。

最后,刘文一再强调音译汉字的优点,坚信"照抄原文"得不到社会大众的支持,甚至以周有光自己都不使用这种方式为证。他显然忽略了不同音译方式的语境条件。周文说"出版物有一般与专门的区别,词汇的应用有文化场合的不同",这体现了周有光的"术语二元化"思想。他并没有无条件地反对音译汉字的使用,只是认为这种方式比较适合大众读物(有必要时夹注原文),是一种民族形式;而"照抄原文(或原文的罗马字母标注法)"则更适合专业的高水平著作,是一种国际形式。《简明不列颠百科全书》之所以没有"照抄原文",也正是因为它属于大众科普读物,需要采用民族形式。

二、声旁表音

孙中运在《形声字声旁及其分类:同周有光同志商榷》②一文中对周有光《汉字声旁读音便查》(简称《便查》)一书中关于汉语声旁表音功能研究的结论提出了质疑。他指出,声旁是形声字中的表音部分,周有光在《便查》中却以所有的现代汉字为对象,"为了便于统计,把部首以外的半边一概视为声旁",造成概念混乱,把汉字中的象形字、指事字、会意字都找出了"声旁"。不能表音的声旁的"统

① 刘正埮.再谈"干脆照抄原文"行不通:兼答周有光先生[J].群言,1986(7):33—34.
② 孙中运.形声字声旁及其分类:同周有光同志商榷[J].辽宁师院学报,1982(1):87—88.

计"数据不能说明任何问题。另外,周有光对声旁的分类,如同音声旁、半同音声旁、异音声旁,概括不出声旁的结构、读音及其发展变化的特点,是不科学的。孙中运认为,按形声字声旁的结构、读音及其发展变化的特点,声旁可分为五类:同声声旁、省声声旁、异读声旁、变声声旁、变形声旁。

诚然,"声旁"的本义是指形声字中的表音部分,但周有光在《便查》中已经明言他所研究的"声旁"只是借了"声旁"的名称。他对"声旁"的范围作了重新划定,即"把部首以外的半边一概视为声旁",其中包括能够表音和不能表音的,还有形式类似声旁而实际不然的部分,所以把含有声旁的汉字称为"含旁字",不称"形声字"。[①] 换言之,他要研究的不是形声字中的声旁,而是所有现代汉字中除了部首以外其他成分的表音功能,研究的是这些"声旁"的表音效率。

周有光还明确说道,在他的研究中,"汉字按现代字形机械地归类,不考虑原字的历史背景"。含旁字绝大多数是形声字,但也包括"类推形声字"(如非形声字、假形声字)。[②] 由此可见,他要研究的是现代汉字中非部首成分的有效表音率,这有别于汉字史中对形声字声旁的研究。只有理解其研究的对象和目的,才能正确地评判该研究的价值和意义。周有光着眼于现代汉字中非部首成分能否有效表音的问题,而孙中运则是着眼于形声字中声旁的发展变化特点,前者是共时描写,后者是历时刻画,角度不同,也就不存在谁是谁非的问题。

由于研究的是现代汉字的非部首成分能否表现整字读音,周有光的统计方式并不存在什么问题,这和研究形声字的声旁表音功能不在一个维度。对于现代汉字的学习者和使用者来说,一个字的部分和整字读音的关系,是可以直观地了解的,是个"秀才读半边"的问题;而一个字是不是形声字,则需要借助汉字史知识。这也反映了现代汉字学和历史汉字学的分工不同。也许《便查》借用"声旁"这一早已有规约意义的名称的做法值得商榷,但周有光现代汉字学的研究方法和主要结论却仍然具有重要的参考价值。

三、汉字效用

薄守生在《语言经济学:非主流语言学与非主流经济学的牵手》一文中论及"语言经济学"时认为:"语言并不是完全意义上的'商品',也非一般意义上的'公共产品',语言具有更多的特殊性。因此,语言经济学也不把'语言市场'放在第一重要的位置。'商品'的某些经济规律对'语言商品'并不适用,比如周有光曾

---

① 周有光.汉字声旁读音便查[M].长春:吉林人民出版社,1980:2.
② 周有光.汉字声旁读音便查[M].长春:吉林人民出版社,1980:2.

说：'汉字的使用效率是很不平衡的……最高频 1000 字的覆盖率大约是 90％，以后每增加 1400 字大约提高覆盖率十分之一。这叫做汉字效用递减率。'周有光先是经济学教授，后又从事语言学研究（之后便不再研究经济学了），周有光对经济学中的'边际效益递减'原则应该比较熟悉，或许'汉字效用递减率'是'边际效益递减'的一种套用。"[1]薄守生在《薄守生语言学论著（2010～2016）集中勘误》又补充说："如果是一种套用，这种套用并不准确，因为'不同的汉字'具有不同的使用功能，'每一个'汉字都是一种'商品'的话，而边际效益递减是针对同一种商品来探讨的。"[2]也就是说，"不同的汉字"之间应该不存在严格的"效用递减率"。

薄守生上述的"边际效益递减"也即周有光所说的"效用递减率"。作为一条经济学规律，它最初指的是消费者从同一商品连续增加的每一消费单位中所得到的效用增量会呈现递减趋势。而薄文对"汉字效用递减率"质疑的依据是：一、语言不是完全意义上的商品，而边际效益递减率是用于商品分析的，所以边际效益可能不适用于语言问题的分析。二、即使把汉字看作商品，但由于每个汉字都有不同的功能，相当于不同种类的商品，而边际效益递减是针对同一商品的，因此更不能将边际效应规律套用在汉字效用的分析上。

如果我们对薄文观点的理解无误，那么这两条理由的合理性是值得怀疑的：

（一）并非一切经济学规律都能用于非经济学领域，但边际效益递减率的运用却早已超出经济学领域，被用于教育学、管理学、心理学、农业、环境保护、体育等多个领域的研究中；换言之，在社会活动的方方面面，都已经发现了"边际效益递减率"的作用。这条反映"投入—产出"关系的人类社会活动规律，虽然最早在商品消费中发现，但显然并不是只发生在商品消费行为上。因此，在语言应用这种社会活动中，发现和运用"边际效益递减率"丝毫也不值得奇怪。

（二）汉字存在效用递减率不能说是套用的结果，而是被发现的结果。未经事实验证的只能是假设，这一假设需要通过数据统计得到证实以后才可以称之为"发现"。对于汉字效用递减率，周有光不仅有自己的统计数据做验证，也有《现代汉语频率字典》《现代汉语常用字表》的数据佐证。他声明这条规律只是说明一个趋势，不同的具体统计有不同的偏离，但具体数字偏离规律不远，说明规

① 薄守生.语言经济学:非主流语言学与非主流经济学的牵手[N].中国社会科学报,2010-01-19(8).

② 薄守生.薄守生语言学论著(2010～2016)集中勘误[J].现代语文,2017(4):161.

律指出的趋势是正确的。^①因此问题已经不是边际效益递减率是否能够"套用",而是要解释汉字的用字投入增加与覆盖率的关系符合边际效益递减规律的原因。如果因为每个汉字的功能(意义)不同,就不能套用边际效益递减规律,那么这条规律的出现是否反过来证明,使用频率低的汉字和使用频率高的汉字有大量的功能重叠(同义)情况,从而造成了效能递减(覆盖率降低)? 这才是需要进一步验证的假设。

需要指出的是,薄文所提出的质疑不仅仅是针对汉字效用递减率的,同时也是将经济学原理作为语言文字研究基础可靠性的反思,这种反思应该是有益的。语言文字除了实用价值还有人文价值,其使用不能简单地等同于商品消费,但也不能因此否认它们在某些方面体现了类似于商品的属性,"汉字效用递减率"就是其中之一。

四、汉语拼音

《汉语拼音方案》的本体设计和功能应用问题,从它起草之时起就是大众关注的焦点。这里不打算回顾新中国成立初期的一些意见,而重点讨论新世纪学界新提出的一些看法。

(一)方案设计

1.字母名称

关于汉语拼音的字母名称问题,马庆株等在《汉语拼音字母名称的完善与推行》一文中针对当前拼音字母名称"英语化"的现象,指出这是一种屈从语言帝国主义的表现,且有违语言法律和国家语言政策。英语极端受宠和方案推行不力是拼音字母名称未能广泛通行的主要原因。拼音字母名称的确定经过了长期的酝酿、反复的研究和广泛的讨论,虽非尽善尽美,但理据充分,符合国际化与民族化的要求,体现了民族精神和民族自信力,因此不可轻言放弃——一方面要进一步完善字母的名称,使之更适于称读;另一方面要加强语言文字政策的执行力度,大力推广。^②

上述对字母名称的主张强调了方案制定者的良苦用心。如果从文字符号的技术性(规范性)、合法性、流通性三个标准来评价,拼音字母名称在技术性(或理据性)方面考虑周到,大醇小疵,也合乎法定性,其推广不力主要是遇到了流通性

---

①　周有光.中国语文纵横谈[M].北京:人民教育出版社,1992:156.

②　马庆株,高燕.汉语拼音字母名称的完善与推行[J].吉林师范大学学报(人文社会科学版),2004(4):6—12.

障碍。周有光指出:"从中文传统来看,字母名称是新事物。这一套新的字母名称至今未能顺利推广。社会上流行的办法是:或者借用英文字母名称,或者借用注音字母名称。注音字母缺少几个字母（v,w,y 等）,可是名称符合汉语音值。英文名称跟汉语音值不一致,但是英文有广泛的流通性。日本没有另定'罗马字'的名称,长期借用英文名称。这实际不是技术问题,而是文化习惯问题。"① 另外,"'国语罗马字'也有规定的字母名称,但是没有推广。使用国语罗马字的人们,都借用英文字母名称"②。

可见,尽管拼音字母名称确实在技术上做到了国际化和民族化的巧妙融合（用国际化的字母表现汉语的音质）,但是它的流通能力不敌注音字母名称,更比不上英语字母名称。在拼音字母名称以前,社会大众已经先入为主地形成了两种字母传统名称的认读习惯,心理上难以再接受新的字母名称,这是它至今未能顺利推广的根本原因,也是晚年周有光不再坚持推行拼音字母名称的主要原因。至于使用英语名称是否是一种屈从语言帝国主义的表现,周有光曾对"语言帝国主义"概念委婉地表达了保留态度③。他又指出:"语言是没有阶级性的。英语是了解国际形势、发展国际贸易、学习新的科技知识所不可缺少的条件。谁利用它,谁就得到好处;谁不利用它,谁就要吃亏。英语是在'开放'政策下'开放'思想的主要门户。"④或许在他看来,用英语名称来指代拼音字母名称,一方面有利于国际共同语的学习,另一方面也不妨碍《汉语拼音方案》功能的发挥,所以是一种利大于弊的选择。

2. 同音词分化

同音词分化至今仍被一些学者看作是汉语拼音正词法的重要问题,如胡明扬认为:"要真正推进汉字改革事业就要面对现实,从事艰苦的研究和实践工作,在现有的拼音方案的基础上拿出一个真正可行的文字方案来。这样一个文字方案应该保证反映汉语语音足够的区别性信息……这种新的拼音文字在功能上不比汉字差并尽可能要超过汉字,这样才有可能最终取汉字而代之。要做到这点的关键是必须能区分汉语常用语素中的同音语素。"⑤苏培成认为:"目前,实行分词连写的汉语拼音在阅读和传输时仍感不便,主要原因是没有解决汉语拼音

① 周有光.文化畅想曲[M].北京:中国青年出版社,1997:108—109.

② 周有光.百岁新稿[M].北京:生活·读书·新知三联书店,2005:149.

③ 周有光.三个国际语言问题(下)[J].群言,1998(3):31—32.

④ 周有光.周有光语文论集(第二卷)[M].上海:上海文化出版社,2002:45.

⑤ 胡明扬.汉语拼音方案和汉语拼音文字[M]//陆俭明,苏培成.语文现代化和汉语拼音方案.北京:语文出版社,2004:169.

的词汇定型问题,首先是没有解决拼音里的同音词分化问题。因为词汇没有定型,阅读时不得不更多地依赖上下文。其实这个问题早就提出来了,周有光著《汉字改革概论》(1961 年的第一版)的第一版里就有专节讨论'同音词分化法'。为了实现中国语文的世界化,我们要跨过这道门槛,尽快地研究拼音词汇的定型化,完善汉语拼音正词法。"① 马庆株在《整合创新,促进中国语文现代化:汉语拼写方案的必要性、科学性和可行性》一文中则以《汉语拼音方案》为基础进一步整合,提出了一套自称可作为文字系统使用的汉语拼写方案,尝试在不用附加符号的条件下,用多种办法表示声调,并利用汉字声旁反映的古音、方音与特殊拼法对应,以此来区分同音词。②

　　第六章中已经说到周有光对同音词分化的认识经历过转变。正如苏培成所说,早年周有光确实主张对同音词作一定程度的词形分化,以满足社会大众对汉语拼音文字的要求,并且还列举了几种词形分化的方法,其中包括利用古音、方音。马文设计的拼写方案可以看作是这一思路的延续。其实周有光还在《汉字改革概论》中提到另一种持遵循类似思路的方案,即外国传教士 Henri Lamasse和 Ernest Jasmin 设计的"方言际辣体汉字"。它按古音(广韵)拼写,使汉字的拼写形式尽可能各个不同,各方言可以按照各自的语音来读。周有光认为这种分化方法是拼音文字汉字化,是按汉字分化而不是按音分化;从设计上来看是精密的,从实用上来看却过于复杂。③ 马文的拼写方案与"方言际辣体汉字"异曲同工,有类似的精密性,而从实用上看更加复杂,因为它要求使用者不仅要先学会汉字,还要掌握一定的音韵知识。

　　20 世纪 80 年代以后周有光已逐渐不再视同音词为拼音正词法问题。他认为汉字和拼音应该有适当的分工,在表意功能上汉字已经做得很好,拼音不应该追求汉字那样的表意功能,而应该更加坚定地走表音化道路。他所研究的拼音变换输入法的大获成功也在一定程度上证明,只要充分运用汉语的内在规律,就能基本解决同音词问题。他相信同音词的词形分化试图将汉语拼音表意化,这种做法损害了拼音功能,违背了文字发展的规律。

　　①　苏培成.《汉语拼音方案》的完善与推行及周有光先生的贡献[J].通化师范学院学报,2017(3):45.

　　②　马庆株.整合创新,促进中国语文现代化:汉语拼写方案的必要性、科学性和可行性[J].中国语文,2014(6):559-573+576.

　　③　周有光.汉字改革概论[M].北京:文字改革出版社,1961:294.

(二)应用定位

1.汉语拼音不应成为拼写工具?

潘文国在《〈汉语拼音方案〉的回顾与思考》①一文中认为,《汉语拼音方案》的定位是"拼写和注音工具",这是主张给汉字"注音"的"注音派"和主张创制新文字的"拼写派"或"文字派"妥协的产物,并且主要体现了"文字派"的主张。因为"注音"是为文字服务的,"拼写"可以为文字服务也可以为语言服务。②《汉语拼音方案》中的隔音符号和一些变读变写规则在"注音派"看来是多余的,在"文字派"看来是优点。《汉语拼音正词法基本规则》是"文字派"主张的结果,完全是为拼音文字服务的。但由于正词法中的分词连写作为一个老大难的语言问题(主要依赖语法),至今尚未解决,典型表现在国际标准"ISO 7098:2015"只同意"在汉语拼音中,对于人名、地名、语言名、民族名、宗教名这5种命名实体,都要按词进行连写",而没有接受动词、名词、形容词、动宾结构等的连写规范,因此需要为《汉语拼音方案》认真定性、定位:究竟是作为文字的注音工具、作为语言的拼写工具,还是像目前这样含混的"拼写、注音"工具?

应该说,无论是"注音派"还是"文字派",都认可《方案》给汉字注音的功能,两派的主要矛盾为是否承认《方案》用来拼写汉语的"文字"功能。潘文委婉地表达了对《方案》拼写文字功能的怀疑,其主要原因是分词连写在语言学上尤其是语法上遇到的理论和技术困难。但仅仅因为某些语言问题没解决就否定《方案》及正词法的"拼写"功能,这似乎不够有说服力,原因如下。

(1)分词连写不属于纯粹的语言问题,尤其不仅仅是语法问题。《规则》的制定原则除了"按语法词类分节规定分词连写规则"以外,也包括"以词为拼写单位,并适当考虑语音、语义等因素,并兼顾词的拼写长度"。这说明分词连写不能仅考虑语法或构词法。在第五章中已经说到,周有光认为正词法充满了种种矛盾,其中包括视觉与听觉的矛盾。当视觉和听觉发生矛盾(两种官能可以接受的音节串数量不同)时,分词连写应当服从视觉的需要,这说明分词连写不仅仅要适应语言规律,更需要尊重书写规律。即便是适应语言规律,也不仅仅是语法问题。周有光认为,分词的规律首先考虑语言节律,诉诸语感。"汉语拼音的分词

① 潘文国.《汉语拼音方案》的回顾与思考[J].语言规划学研究,2018(1):79—81.

② 潘文认为"拼写可以为文字服务"值得商榷,"拼写"的对象应是语言。周有光认为汉字没有拼写法,他指出:"给汉字注音和拼写普通话,是《汉语拼音方案》的两项基本功能。这两项功能有不同的性质:给汉字注音以汉字为对象,以音节为单位;拼写普通话以汉语为对象,以词儿为单位。"参见:周有光.中国语文的现代化[M].上海:上海教育出版社,1986:81.

连写是以语言中的'分词节奏'作为依据的……分词连写法跟语法和构词法都有密切关系,但是,它又有不同于语法和构词法的自己的规律。"①

(2)分词连写不属于纯粹的理论问题。一方面,包括分词连写在内的《汉语拼音正词法基本规则》不是纯理论研究的产物,不是凭空起草的,而是以过去的实践作为基础的。这些实践包括过去各种个人和集体草拟的正词法规则、《汉语拼音方案》公布以后出版的各种拼音读物、各种以《汉语拼音方案》为基础并以词儿为拼写单位的词书等。② 周有光指出:"正词法是合理性和习惯性的结合。正词法是学术研究和群众习惯的结合。它既讲道理,又不完全讲道理。每一项正词法规范都可能有违反规范的例外。同一个格式,常用的要求连写,不常用的要求分写或半连写。从分写到半连写到连写,因时间的推移而逐步变化。规则往往有例外,科学的定律也难免有例外。在正词法上,规则和例外的矛盾更是常见。合理性和违反合理性的习惯性共同存在于正词法之中,经过'约定俗成',矛盾得到逐步统一。"③这说明,分词连写规则的形成离不开群众的实践,是在实践中逐渐固定的,不是单纯依靠理论设计来解决问题的。另一方面,正词法规则也不等于真正的拼写规律。周有光说:"把规律写成规则,要斟酌实用要求。有时规律简单,规则须要详尽……群众不愿接受的规则没有实用价值。"④他又指出:"正词法规则的作用是有限的。它只能起参考作用,没有强制作用。拼写的人们不是先读熟了正词法条文才来拼写的,正如没有先读熟了语法条文才来写文章一样。正词法条文是跟着拼写实践走的,不是拼写实践跟着正词法条文走的。没有公认的正词法规则也照样在拼写。但是,研究制订正词法规则,在拼写实践中会发生一定的影响,使拼写实践向比较合理的规范前进。就是制订正词法基本规则和各种专用规则的目的。"⑤这说明,学者制定的分词连写等正词法规则虽然有一定的指导作用,但不能凌驾于实践和规律之上,如果得到认真研究和推广,可以促进正词法在实践中的"约定俗成",但不能代替拼写规律本身。

(3)分词连写不是一个一蹴而就的方案,取得的成绩不容抹杀。分词连写法是在语文工作者的推动下,特别是在群众的教育过程中,经过长年累月而达到约定俗成的。汉语拼音分词连写法的早期尝试与汉字改革运动一同开始(卢戆章在1892年的《一目了然初阶》中就实行了不完备的分词连写),其发展不过一百

---

① 周有光.中国语文的现代化[M].上海:上海教育出版社,1986:125.

② 周有光.汉语拼音正词法委员会的工作情况[J].文字改革,1984(5):18—19+38.

③ 周有光.中国语文的现代化[M].上海:上海教育出版社,1986:81.

④ 周有光.中国语文的现代化[M].上海:上海教育出版社,1986:81.

⑤ 周有光.汉语拼音正词法委员会的工作情况[J].文字改革,1984(5):19.

多年的历史。相比于其他拼音文字正词法(如俄文产生于约一千年前,产生后五百年才有了分词连写制度,至今仍有一些书写分歧;英文的情况也差不多),目前取得的成就已经足够令人鼓舞了。正词法从草案到成为国家标准,再到部分地成为国际标准,正是《汉语拼音方案》的拼写功能或文字功能迅速成长的证明。我们除了要正视包括分词连写在内的正词法面临的理论和技术困难,更应该看到它的成熟与进步。

随着中文信息处理的发展,主张中文分词连写的声音越来越多。从 20 世纪 80 年代后期开始,陆续有陈力为《中文信息处理的几个基础性课题》[①]、陈力为《汉语书面语的分词问题:一个有关全民的信息化问题》[②]、俞士汶等《受限汉语研究的必要性》[③]、冯志伟《汉语书面语的分词连写》[④]等中文信息处理领域的研究从计算机文本识别、信息检索和数据管理等角度出发,不断呼吁改变中文的传统书写体式,采用中文的分词书写。中文自动分词技术也相应得到了迅速的发展,据不完全统计,近年来自动分词方法累计已至少 22 种,最高分词精确率超过 95%。[⑤] 冯志伟在给周有光的通信中说:"中文要在国际互联网上占有相称的地位,前提条件是利用拼音。利用拼音必须分词连写,使电脑知道汉字文本的分界在哪里,否则一系列重要的技术问题都难以解决。"[⑥]周有光回应:"分词连写了,拼音就容易看得懂。人脑要求看得懂,电脑也要求看得懂。如果看不懂,电脑就无法为我们进行智能化的工作。"[⑦]新世纪的新趋势表明,信息时代对分词连写、正词法提出了新的要求,汉语拼音的拼写功能不是被弱化或取消了,而是越来越被强化。针对《汉语拼音方案》的这场漫长的拼音文字实验,目前远未到结案定论的时点。

2.汉语拼音理应成为法定文字?

与潘文国的观点相反,李泉《确立拼音为法定文字 高效助力汉语国际化》[⑧]提出了确立拼音为第二法定文字的主张。该文认为,我国的语言文字标准规划

---

① 陈力为.中文信息处理的几个基础性课题[J].中国计算机用户,1989(1):3.

② 陈力为.汉语书面语的分词问题:一个有关全民的信息化问题[J].中文信息学报,1996(1):11—13.

③ 俞士汶,朱学锋.受限汉语研究的必要性[M]//王均.语文现代化论丛(第三辑).北京:语文出版社,1997:150—160.

④ 冯志伟.汉语书面语的分词连写[J].语文建设,2001(3):15+12.

⑤ 周程远.中文自动分词系统的研究与实现[D].华东师范大学,2010.

⑥ 周有光.拼音正词法和国际互联网:"拼音进入 21 世纪"之三[J].群言,2000(11):35.

⑦ 周有光.拼音正词法和国际互联网:"拼音进入 21 世纪"之三[J].群言,2000(11):36.

⑧ 李泉.确立拼音为法定文字 高效助力汉语国际化[J].语言规划学研究,2018(1):85—89.

和应用滞后,拼音功能定性保守和发挥不够,《中华人民共和国国家通用语言文字法》(2001)(简称《国家通用语言文字法》)仅将拼音视为"拼写和注音工具",没有明确其法定的文字地位,有定性偏失的问题,忽略了外国人学汉字的实际困难和只学习口语的外国人对拼音的强烈需求。文章建议,将拼音提升为书写汉语的第二法定文字,进一步释放拼音在汉语国际传播中的能量,使拼音化汉语教学模式与汉字化汉语教学模式并驾齐驱,形成拼音和汉字"双轮驱动"的国际汉语教学新业态,高效助力汉语的国际化。针对周有光将拼音定性为"没有文字名义的文字"、理由是"流通性不足,法定性没有"的看法,该文认为随着时代的进步和发展,在信息化时代和汉语国际传播的大背景下,拼音的流通性远非制订拼音方案的 20 世纪 50 年代所能相比。如今汉语拼音早已成为拼写汉语的国际标准,拼音是国际汉语教学不可或缺的工具,拼音在海外的可接受度和流通程度远高于汉字。调查显示海外民众和媒体不但广泛认可和接受汉语拼音,事实上也已经将拼音视作书写汉语的文字工具。国内不仅普通话教学和推广离不开拼音,而且随着电脑和手机的普及,拼音几乎成了人们不可或缺的"输写"工具。拼音在国内外的流通度超越了以往任何时期,不可谓"不足",是到了政府和法律部门给予其"文字之名"的时候了。

　　李文的上述观点并非惊世新说,早在 21 世纪初,德国学者柯彼德发表的《汉语拼音在国际汉语教学中的地位和运用》[①]就提出了类似的观点。该文认为汉语拼音虽然在中国的地位较低,但已经闻名于世,不仅大量进入国际新闻媒体帮助外国人了解中国,而且已被成千上万学习汉语的中国人熟练掌握;不仅在汉语教学中充当着多功能的辅助工具,而且用于同学、老师之间的书面交际和网络交流,具有了文字的性质和价值。不过,由于大多数的中国人不重视汉语拼音,也不习惯于学习和使用汉语拼音,甚至以为汉语拼音是"外来产品",因此外国人使用汉语拼音的场合和范围深受限制。为了减少难学的汉字对"汉语成为世界大语种"形成的障碍,该文主张在汉语教学中"应该为时间有限、只学习口语交际的人开设专门的汉语听说课程,汉字可以不教或者有限度地教,基本上用汉语拼音来尽快提高汉语口语能力"。柯彼德认为正在进入信息时代的中国,如果要消除国际中的交流障碍就必须考虑将汉语拼音提升为自己语言的第二种书面载体,并逐渐实现"双文制"。汉语拼音一旦在中国和国际上变为中国语言的第二种文字,中国与世界各国之间的书面交际也就可以在汉语拼音的基础上进行。

---

①　柯彼德.汉语拼音在国际汉语教学中的地位和运用[J].世界汉语教学,2003(3):67—72.

两文观点并无重大实质差异，都建议将汉语拼音定位为第二法定文字，而主要依据是拼音在中外交流与对外汉语教学中发挥的重大作用。不同之处在于，李文提到了汉语拼音在国内流通性的增长性变化，而对拼音成为第二法定文字后的使用场景没有明确说明，柯文则提及了拼音作为法定文字以后的应用场景：除了更好地服务于对外汉语口语教学外，还可以作为中外书面交际的基础。

我们认为，承认汉语拼音作为第二法定文字的确符合汉语文字发展的方向。作为汉语的书写符号，当前汉字在国内乃至汉字文化圈内的法定文字地位是无可动摇的。但在汉字圈以外，它的国际流通性却比不上汉语拼音，如果要扩大汉语的影响力，应该进一步利用汉语拼音的国际优势。虽然不少人有"汉语只能有一种法定文字"的观念，但世界上并没有语言和文字的"一夫一妻制"，许多国家都规定了两种或多种法定文字（如日本、韩国），让汉语拥有汉字和拼音两种法定文字，并区分它们各自的法定地位和使用场合，并不是一种落后的"一妻一妾"制，而是一种符合"双语文"发展趋势的进步制度。

但是，目前汉语拼音成为第二法定文字的现实条件并不满足，原因如下。

第一，国内汉语拼音的流通性远没有达到法定文字的要求。李文认为，由于互联网和电脑技术的发展，国内熟悉使用拼音输入法的汉语母语者越来越多，拼音的流通性有了空前的增长。但汉语拼音的这种用法不属于文字性质的流通，而只是作为汉字的辅助工具，没有摆脱"拐棍"的性质。目前国内传媒出版界对拼音文本的传播热情并不高，采用正词法的拼音纸质出版物、网络文本都很罕见，熟练掌握拼音正词法、能够不依赖汉字阅读汉语拼音文本的汉语母语者也不多。汉语作为文字出现的场合比较有限，多数国人对拼音的定位仍然是认读汉字和"提取"（输入）汉字的辅助工具，缺乏强烈的"文字认同感"。在这样的情况下，要让拼音成为一种法定文字，国内的民意基础依然薄弱。

第二，如果拼音在汉语母语者之间不能以文字的身份广泛流通，那让拼音成为中外交流的正式文字就是一句空话。发出"让拼音成为法定文字"呼声的主体主要是国际汉语学习者（主要是拼音文字母语背景的学习者），他们的主要目的是希望用拼音来替代汉字作为和中国人进行书面语交流的正式文字。这一诉求表面上是针对语言文字的立法者，实际上是针对广大汉语母语者。但在广大汉语母语者不认同拼音的文字身份，也不能熟练阅读、书写包含正词法的拼音文本的情况下，以单一拼音为书面语载体的国际文化交流自然很难顺利开展。

第三，目前的国家法律对拼音的功能定位其实并不"保守"和"滞后"，也并非不能适应新情况。《国家通用语言文字法》规定"国家通用语言文字以《汉语拼音方案》作为拼写和注音工具。《汉语拼音方案》是中国人名、地名和中文文献罗马字母拼写法的统一规范,并用于汉字不便或不能使用的领域"。这样的条文固然没有明确给予汉语拼音法定文字的地位或名分,但实际上却赋予了它文字功能。汉语拼音"拼写"的对象是汉语,而拼音文字正是语言的拼写工具,正如潘文国在《〈汉语拼音方案〉的回顾与思考》所说:其中的"拼写"含混地反映了"文字派"的主张。汉语拼音"用于汉字不便或不能使用的领域",也就是允许它在某些场合有条件地代替汉字执行文字职能。条文没有规定哪些属于"汉字不便或不能使用的领域",解释的余地很大,给汉语拼音发挥文字的作用留下了广阔空间。国际新闻媒体使用大量拼音来作为汉语的借词,可以说存在汉字不便或不能使用的空间;国际中文教育中大量学习者只想掌握汉语口语或抵触用汉字进行书面语交际,也存在着汉字不便或不能使用的空间;甚至在国内互联网交际中,一些新词、新语常用拼音字母形式,也是出于汉字不便或不能使用的缘故。可以说,目前的法律虽然没有给拼音一个文字的名分,但容许拼音发展其文字功能,在汉字的"固有领土"外拓宽自己的"应用市场",充分体现了周有光所说的汉语拼音"有文字之实而无文字之名"的主张。上述两文所提到的汉语拼音流通性的发展,并没有超过《国家通用语言文字法》的解释范围,国际汉语学习者利用拼音作为书面语交际的工具也并无"违法"之忧。

第四,通过法律改变拼音的文字地位,提高拼音的流通性和认同度的做法,效果难以预测。周有光曾以少数民族维吾尔族和哈萨克族的新文字推行的例子来说明立法的局限性,这两种新文字虽然有较好的技术性,也获得了法定性,但是由于流通性不及旧文字而最终推行失败。可见没有流通性作为后盾的法定性是空的。① 在当前的时代氛围下,社会大众充满着对汉字的热爱与自豪,如果推出将拼音定为第二法定文字的法律,难保"拼音恐惧症"不大面积复发,"外来文化威胁民族文化地位"的论调不会兴风作浪(目前取消、淡化小学拼音教育的呼声也时有耳闻)。如果释法工作不到位,引发严重负面舆情的可能性是存在的。笔者最近曾在执教的汉语国际教育专业硕士研究生班(人数 80 人)做过调查,让学生在初读李文后就"是否支持汉语拼音作为第二法定文字"举手投票,结果显示支持者只有 4 人,占总人数的 5%。在经过"这篇文章不是主张让拼音代替汉字,只是作为用于中外交流等有限场合的正式文字"等观点澄清后进行第二次投票,支持者上升到 8 人,也仅占总人数的 10%。这一调查反映的还只是具有专业背景的人的态度,如果调查延伸到全社会,结果是可想而知的。一条得不到社

---

① 周有光.中国语文纵横谈[M].北京:人民教育出版社,1992:228.

会大众支持的法律,最终很可能成为一纸空文。

那么,汉语拼音成为第二法定文字就只能是一个不切实际的梦想吗? 也不是。周有光曾说:

> 有人这样说:"如果汉语拼音是文字,我就学它、用它;如果不是文字,我就不学、不用。"我们的看法正相反:要学它、用它,它才会发展成为文字! 当前的问题是推广汉语拼音教育,不是提出汉语拼音文字方案。只有在汉语拼音教育的普及和提高的基础上,才可能有汉语拼音文字。①

这段话反映了文字立法和文字流通的关系。在一个拥有 3000 年古老文字史并将这种古老文字与民族身份认同牢固绑定的国家,依靠立法来推行、扶持一种流通性不足的新文字,困难太大,何况它的拼写技术性也还不十分完备。要使汉语拼音发展成为法定的汉语拼音文字,周有光认为主要有两件大事需要完成:一是普及汉语拼音和普通话教育,在汉字不便和不能做的一切工作中,充分应用汉语拼音作为补充;二是解决汉语拼音的各种拼写法问题,使汉语拼音的拼写法逐渐定形,通过学校教育和群众应用成为书写和阅读的习惯。②

对照新中国成立初期,虽然今天的汉语拼音教育和汉语拼写技术有了长足的进步,拼音应用也已经相当广泛,但仍没有达到成为法定文字的条件。因此,目前比较可行的做法是:在继续大力推进汉语拼音基础教育(尤其是目前极被忽视的汉语拼音正词法教育)的基础上,进一步推动汉语拼音的"文本化",结合词式书写,让汉语拼音和汉字共同建构多元化的书面文本(如常规汉字文本、词式汉字文本、拼音文本,或者汉字+拼音的双文字文本),一方面发展汉语拼音的文字功能和拼写技术,一方面提高民众对汉语拼音的文字认同感。正如陆丙甫等指出:汉语程度较低者于各种场合所使用的汉语文本变体,包括国际互联网上出现的各种变体,为汉语文本的长远改进提供了必要的多元化实践经验和选择空间。为了慎重、逐步地优化汉语,为什么不能容许汉语的汉字文本和包括拼音文本在内的其他文本变体同时存在的"一语双文"或"一语多文"呢?③ 尤其是在一些中外交流的国际场合,推行拼音+汉字的汉语书面文本,可以大大提高汉语使用的便利性,扩大汉语的影响力。当拼音的文字功能不断强大,使用场景不断丰富,使得国内外广大民众越来越习以为常时,成为法定文字的目标也就不难实现

---

① 周有光.汉语拼音 文化津梁[M].北京:生活·读书·新知三联书店,2007:268.
② 周有光.语文风云[M].北京:文字改革出版社,1980:33.
③ 陆丙甫,谢天蔚.对外汉语教学中的文本多元化[J].世界汉语教学,2014(1):113—127.

了。而这是需要政府、教育界、传媒界、学术界等通力合作、持续奋斗、循序渐进
地来完成的。

　　总之，国家法律已经为汉语拼音发展其文字功能提供了足够的保障，更改法
律不是发展汉语拼音的当务之急。正所谓"实至名归"，周有光说的"推行汉语拼
音的首要工作是扩大拼音的流通性，而不是争取作为'文字'的法定性"①，这句
告诫至今仍然是适合的。要让汉语拼音发展为第二法定文字，国际汉语学习者
的鼓吹、推动固然很重要，但首先要努力赢得汉语母语者的拥护和支持。

　　近年来，不时有学者对汉语拼音的技术设计和应用功能提出有价值的改进
或完善建议，如颜迈《对〈汉语拼音方案〉的修改意见》②、胡百华《拼音字母读音
献疑》③、覃盛发《〈汉语拼音正词法基本规则〉修订管见》④、李小凡《汉语拼音隔
音、标调新探》⑤、李志江《关于完善〈汉语拼音方案〉的几点建议》⑥、刘振平《汉语
国际推广背景下的汉语拼音拼写规则的改革》⑦、马庆株《〈汉语拼音方案〉无须
修改，但要完善》⑧、彭泽润等《汉语拼音应用的优势、局限和问题》⑨、程森《关于
〈汉语拼音方案〉"韵母表"的修改建议》⑩、彭泽润《〈汉语拼音方案〉的遗留问题
和修订研究》⑪等。对于《汉语拼音方案》颁布以后出现的各种意见，周有光曾语
重心长地说："汉语拼音方案音位、音素等等从语言学角度是值得研究的，当时我
们制定方案的时候的确花了很大的功夫，因为定一个方案首先考虑是实用，既要
考虑学术的原理，又要考虑实用，两者之间不是相等的。分词连写既要讲道理又
不能完全讲道理，要考虑实用。汉语拼音方案内部仔细分析有许多毛病，这是实

　　①　周有光.关于文字改革的误解和理解[J].语文建设,1982(2):5—7.
　　②　颜迈.对《汉语拼音方案》的修改意见[J].贵州教育学院学报(社会科学版),2000(5):66—
67.
　　③　胡百华.拼音字母读音献疑[J].语文建设,2001(1):16—17.
　　④　覃盛发.《汉语拼音正词法基本规则》修订管见[J].广西民族学院学报(哲学社会科学版),
2001(6):95—98.
　　⑤　李小凡.汉语拼音隔音、标调新探[J].语言教学与研究,2007(2):29—32.
　　⑥　李志江.关于完善《汉语拼音方案》的几点建议[J].语言文字应用,2008(3):15—16.
　　⑦　刘振平.汉语国际推广背景下的汉语拼音拼写规则的改革[J].汉语学习,2010(6):82—89.
　　⑧　马庆株.《汉语拼音方案》无须修改,但要完善[J].湖南工业大学学报(社会科学版),2010
(6):95—99.
　　⑨　彭泽润,刘英玲.汉语拼音应用的优势、局限和问题[J].长沙电力学院学报(社会科学版),
2002(2):105—108.
　　⑩　程森.关于《汉语拼音方案》"韵母表"的修改建议[J].辞书研究,2011(6):114—117.
　　⑪　彭泽润.《汉语拼音方案》的遗留问题和修订研究[M]//王云路,等.语文和语文现代化研
究:周有光纪念文集.杭州:浙江大学出版社,2019:79—85.

用跟原理不能兼顾的东西。这个问题可以研究，但目前不是一个急于要解决的问题，学术界可以提出具体的意见。方案公布以后不断有人提出修改意见，我对修改意见是非常注意的。可以说群众包括外国人提出的意见几乎没有一条我们没有研究过，我们当时用了很大功夫，所以搞了三年。现在想想那时花了几年功夫是值得的，那时马虎一点点现在就麻烦了。这些问题可以继续研究，但是要修改方案不是一个简单的事情。语言文字都有一个继承性，不是完全讲道理的。"①由此可见，语文运动的发展确实是三股力量的合力推动，群众支持、学者研究、政策落实缺一不可。群众和学者们对汉语拼音的各种修改建议和完善主张可以畅所欲言，但方案的修改是一个重要的政策问题，在人心思定的年代更加要格外慎重。

第三节　研究方法之争

史有为在《论汉字再演化》②一文中对周有光"要从世界看中国，不要从中国看世界"的口号提出异议，指出其实质是"五四偏激思想的翻版，是接近全盘西化的另一种表述"。他指出，世界有西方的，有东方的；有落后的，有发达的。究竟从哪个世界去看中国？在现代语境中只能是从"发达的欧美西方世界看中国"，从大局上看，这显然是有进步意义的。但如果仅仅是从西方世界看，必然看到中国的落后愚昧，会把本民族的传统文化一笔抹杀，全盘否定中国的自源文化，导致不客观、公正地看待本民族的文化，得出中国传统文化、语文与汉字一无可取，必然要全盘西化的结论。他进一步认为"不要从中国看世界"是不可能的，不讲"从中国看世界"是不周全的。从中国看西方世界会对自己的文化具有起码的自信，会理解汉字与汉语契合的原因，从而对汉字产生敬意和信任。他还指出，中国和世界是"对接"而不是"接轨"的关系，"对接"是保有适合自己的自主标准与规则，而仅仅在接口处设立与对方连通或沟通的转换装置，维持与对方的沟通。"接轨"是将己方所有的标准、规则都与对方一致化。所谓"与国际接轨"在某种程度上其实就是"西化"的另一种表述。

史文虽然是从研究态度的角度讨论"从世界看中国"这句口号的，但也认为

---

① 周有光.访百岁老人周有光先生[N].雅言,2009-4-15-66(4).

② 史有为.论汉字再演化[M]//王云路,等.语文和语文现代化研究:周有光纪念文集.杭州:浙江大学出版社,2019:98—122.

"找到了合适的态度,也就可以找到新的理论依据和方法"。所以我们认为也可从方法论的层面与之展开对话。

我们认为史文对周有光的这两句具有方法论性质的口号存在一定的误读,最大的问题是将"从世界看中国"等同于"从西方世界看中国",把整体—局部的系统关系解读成了非此即彼的对立关系。

周有光在其文化学研究中明确否认东西方对立的文化观。他说:"把人类文化分为东方和西方的'东西两分法',非常流行,但是这不符合客观事实。从地区分布来看,有四种传统文化:(1)东亚文化,(2)南亚文化,(3)西亚文化,(4)西欧文化。西欧文化传到美洲成为西方文化。"①他认为"各地区的传统文化彼此接触,相互吸收,逐渐形成一种不分彼此的共同文化,包含不同传统文化的精华,特别是先进的学术、政策和制度,叫做'国际现代文化'"②。他还说:"人类文化的结构形式像是一张八仙桌。四种地区传统文化是八仙桌的四条腿,国际现代文化是八仙桌的桌面。"③显然,从"世界看中国"的"世界"就是指这张"八仙桌",而不仅仅是"西方文化"这一条"腿"。在这样的前提下,史文所述的问题是不会发生的。

首先,"从世界看中国"是一种从整体(系统)中认识局部、从比较中确定价值的研究方法,它不仅不会导致对传统文化的否定和全盘西化,甚至也可以是文化自信的源泉。因为代表世界的国际现代文化是由各种传统文化的精华交融形成的。周有光认为:"国际现代文化不等于西方文化。它以科学为基础,包含各种发明创造。西方发展科学较早,发明创造较多,成为国际现代文化的主要构成部分。西方以外也有重大贡献。例如:阿拉伯数字是印度的发明,罗马字母是西亚腓尼基的发明,瓷器和纸张是中国的发明,这些也是国际现代文化的构成部分。国际现代文化是人类'共创、共有、共享'的共同文化,不能说就是西方文化。……两种文化,新旧并存,相互补充,彼此促进。国际现代文化提高了地区传统文化,地区传统文化丰富了国际现代文化。"④可见,中国文化对国际现代文化的形成和发展同样具有重要的贡献和责任,而中华民族如欲彰显文化自信,未来更需要"从世界看中国":着眼于全人类的共同发展问题来奉献中国的方案、作出中国的贡献。

---

① 周有光.朝闻道集[M].北京:世界图书出版公司北京公司,2010:93.

② 周有光.文化冲突与文化和谐[J].群言,2006(7):42.

③ 周有光.文化学丛谈[M].北京:语文出版社,2011:41.

④ 周有光.文化冲突与文化和谐[J].群言,2006(7):42.

其次,"不要从中国看世界"也并非否认中华民族的文化价值,无意打击中华民族的文化自信,而是提醒国人不做"井底之蛙",不要"一叶障目",杜绝盲目自大的心态——"从中国看世界,你的眼光就没有办法放大"①。"不要从中国看世界"其实可以视为对中国传统文化的浅显表达,两千年前的孔子就提出了类似的认识方法:"毋意,毋必,毋固,毋我。"(《论语·子罕》)自我中心主义是人类的本能,本民族的眼光确实是难以摆脱的。但正因为人人都有这种认识方法上的偏执,而偏执往往是文化冲突的根源,所以才需要格外强调它的弊端。去除自我中心主义,对个人而言可以防止自我蒙蔽、自欺欺人,对国家和民族来说可以防止民粹主义、种族主义,对人类文明来说可以促进文化和谐,减少冲突。作为一种"矫枉过正"的善意提醒,我们同样可以说"不要从美国看世界""不要从伊朗看世界""不要从俄国看世界"。从这种意义上说,"不要从中国看世界"和"从世界看中国"形成互补、统一的两面。

再次,"与国际接轨"并不是与西方"接轨",不是将"己方所有的标准、规则都与对方一致化",从而成为"全盘西化"的另一种表述,而是要与国际社会实现交流互通,文明互鉴,并遵守人类社会共同的规则秩序。周有光认为"现代社会是国际大家庭的成员,不是独立于国际之外的世外桃源。为了实现国际性,需要开通跟世界各国往来的渠道,包括物质的和精神的渠道,也就是所谓跟国际接轨"②。周有光又说"与国际接轨"是指"遵守世界大多数国家共同遵守的国际法规、协定和原则,学习先进的学术、政策和制度,按照历史发展的轨道前进"③。综合看来,他强调的是开放交流并遵守人类共同认可、共同缔造的社会秩序和学术规则,尊重人类历史发展的共同规律。"与国际接轨"并不拒绝中国在共同秩序构建中发挥自己的能动性,也不是要中国一味迎合少数西方国家制定的单边秩序。

我们认同"从世界看中国"的主张,因为它不仅仅是一种文化态度,更是一种文化学说的方法论,同时也是一种语文现代化研究的方法论。它关系到如何在人类社会发展的大系统中探索语言文字的发展规律,如何通过世界语文的分类比较来对本民族语言文字进行客观的定性和估值,以及如何采用全世界共同遵守的现代科学方法来进行语文现代化的研究。科学研究的结论可以不同,但科学研究的方法应该有共识。老一辈学者研究、推动本民族的语文现代化,从中发

---

① 周有光.中国语文现代化研究要放眼世界[J].北华大学学报(社会科学版),2005:22.

② 周有光.文化畅想曲[M].北京:中国青年出版社,1997:45.

③ 周有光.文化冲突与文化和谐[J].群言,2006(7):43.

现的问题、不足多一些,不免让人产生打击文化自信的错觉,但如果没有问题的发现,也就没有进步的空间。何况,自信和自省在中国文化中并无矛盾。孔子非常谦虚,"一日三省",但他也有自信的时候,那就是针对他的"好学",他说:"十室之邑,必有忠信如丘者焉,不如丘之好学也。"善于自省,乐于学习,应该视作一个民族最高等的自信。

小　结

回顾本章可知,对于周有光的语文现代化理论,学术界提出了多方面的不同观点。有争议的内容涵盖了理论基础(文字学"三阶段"理论和文字、语言、文化传播的关系)、理论主体(专名音译、声旁表音功能、汉字效用递减率及汉语拼音诸问题)、研究方法("从世界看中国")等方面,我们对这些观点进行了梳理,并与之进行了必要的"意义磋商"。

由于文字改革对社会现实的影响较大,并且涉及"民族自信",故较容易引起学界的争论。有的争论确实是出于学术上的不同观点,有的则不完全理性,甚至脱离学术范畴,而沦为道德抨击或情感宣泄。周有光曾提及因为他搞文字改革受到国内外的谩骂——台湾出了一本书,专门批判"周匪有光";北京某本杂志也出了一个专号专门批判他。[①] 这对于一位严谨而又真诚的语文研究者来说显然是不公平的。

本章内容虽然以对周有光理论观点的澄清和辩护为主,但并不代表我们对研究对象会无条件支持。在第九章中,笔者将对该理论体系作出自己的评价,并反思其中的一些问题,以彰显"真理越辩越明"的精神,将学术对话延续下去。

---

① 周有光.对话周有光[M].北京:人民日报出版社,2014:48.

第九章 评价反思

本章对周有光语文现代化理论体系的多维价值进行评价,并提出几点针对理论的反思,以"学术争鸣"的延续提供新的视角。

第一节 理论评价

周有光关于语文现代化的理论研究是中国应用语言学和语言规划学的初始篇章,实现了与国际语言规划研究的学术话语接轨,为语言规划研究提供了一份中国化的学术方案,还为中国语言规划的多元发展提供了丰富的学术滋养,推动了语言文字学的基础研究,同时产生了深远的现实影响。

一、开启中国语言规划及应用语言学的初始篇章

从中国语言规划学术史来看,虽然有学者认为中国历史上早就有了指导语言规划工作的基本理论,如"雅正"就属于语言文字体制形式方面的标准,"正名""约定俗成"等语言思想也是中国传统语言规划的理论基础①,但如果从应用语言学是对语言学理论的应用及理论的系统性要求角度,这些传统的语言规划思想还缺少语言学理论的有力支撑,认识处于萌芽状态,称不上严格意义上的理论。以清末切音字运动为标志的近代语文现代化运动浪潮迭起,但现代语言学理论研究刚刚处于起步阶段,将语言学和文字改革结合的研究一直未曾展开,基

---

① 陈章太.语言规划概论[M].北京:商务印书馆,2015:153—154.

于语言学理论的语言规划研究主要是新中国成立以后的事情。[①] 因此,周有光不愧为"中国语言规划的开拓者"。周有光曾回忆道:"1958 年秋季,北京大学中文系王力教授约我去开讲一门'汉字改革'课程。我借此机会把清末以来文改运动的历史经验整理一番,从中归纳出一些原则,就我的浅薄了解,尝试跟语言学(包括文字学)挂钩,希望使文字改革成为一门可以言之成理的系统知识。我的这一努力是幼稚的,可是在当时是一种新的尝试,引起了广泛的注意。"[②]这些话从侧面证明了他对语言规划研究有一种道夫先路的理论自觉。

周有光的《汉字改革概论》在中国语言规划学术史上占有重要地位,可以说是国内最早将文字改革与语言学理论紧密挂钩的学术专著之一,苏培成称其是"国内'五四'以来第一本从理论上讲清楚汉字改革的学术著作"[③]。尽管该书以汉语拼音方案为核心内容,明显偏重文字的改革问题,语言规划的理论框架还不够全面,且由于政治环境的局限,该书对全世界的语文生活也未展开全面研究。但书中说明了文字改革与语言理论研究的关系,注重用世界文字发展规律来指导文字改革,注意区别汉语拼音的本体规划与功能规划,对共同语的普及和推广也有了详细的论述,其理论奠基之功是值得充分肯定的。

更为难得的是,在《汉语拼音方案》等研究中,周有光已经自觉地采用了语言规划研究的一些前沿,如调查、实验、统计、语料库、互动协商等(见第六章)。正如钟彩顺所说:"西方语言学政策与规划的理论和方法直到 20 世纪六七十年代才出现,而周有光在 50 年代就已创新性地把很多先进的语言学研究方法引入语言规划……"[④]这些科学方法的运用,使得他的研究成果经受住了时间的考验,多数结论至今仍然无法被推翻。

另外值得注意的是,周有光在文字改革的研究中也洞察到了应用语言学这门学科的存在。《文字改革概论》也可以说是一部开创性的应用语言学理论著作,周有光有过这样一段自述:

[①] 语言规划理论的早期探索是由老一辈学者共同进行的,不能归功于某位学者。比如新中国成立前,王力《汉字改革》(1940)是较早把汉字改革作为语言学课题来进行研究讨论的专著。新中国成立后,郑林曦《汉字改革》(1957)、张世禄《汉字改革的理论和实践》(1957)、周铁铮《汉字和汉字改革》(1957)等都属于这方面早期探索的成果。

[②] 周有光.新时代的新语文:战后新兴国家的语文新发展[M].北京:生活・读书・新知三联书店,1999:223.

[③] 《周有光画传》编委会.穿越世纪的光:周有光画传[M].北京:生活・读书・新知三联书店,2017:182.

[④] 钟彩顺.周有光先生和语言规划[M]//王云路,等.语文和语文现代化研究:周有光纪念文集.杭州:浙江大学出版社,2019:186—198.

中国搞语文学、文字学的人多得很,可都是搞传统的语文学,现代的东西就搞得很少,几乎没有人搞字母学。……建立国家的共同语言要有一些理论,普通话的第一本理论书是徐世荣写的,从前我们有好多语言学的书,一本也不管用,文字学都是用来看古书的,跟今天的生活完全没有关系,这是很不正常的。中国的传统是研究古代才有学问,研究现代的东西不是学问,这是错误,今天想办法在改。我这本书(《汉字改革概论》)可以说是"文改运动"跟文字学、语言学挂钩的第一本书。以前有几本小本子,也是没有理论的,苏联的拉丁化运动也缺少理论。这可以说是我到"文改会"做的第一件事情,要提高文字改革的学术水平。同时中国引进了西洋的语言学,可是还没有把语言学用之于生活。①

可见,在《汉字改革概论》之前,中国虽然已经有了一些语言学著作,但多是语言本体研究或古文研究,没有把语言学用于生活中。虽然有人认为中国传统的"小学"也是应用语言学。但从应用语言学"对语言学理论的应用"这个定义来看,古代既然还没有语言学理论,又何来对语言学理论的应用呢? 在这个意义上,《汉字改革概论》可谓是应用语言学理论的开荒之作。此外,周有光早在20世纪六七十年代就认为手指字母、盲字等特殊语文技术的设计和改进的研究,是"实用语文学"的组成部分②,并说汉语拼音的技术应用体现了语文"实用技术"③。这更说明他在20世纪六七十年代就已经有了"应用语言学"的学科意识,这不仅在当时的中国是一种先进的语言学理念,即使从国际上看也是领先的。

二、接轨国际语言规划研究的学术话语

改革开放以后,通过与国际学界的交流,周有光扩大了"文字改革"的含义,将其和国际上的"语文现代化"或"语言规划"衔接,拓展为一门既和国际接轨,又不乏中国特色的学问,使得中外语言规划的学术话语可以得到"对话"。周有光说:

中国跟外国往来多起来了,就明白了"文字"的现代化和"语言"的现代化不是中国一个国家的事情,是全世界的"大事情"。各个国家有它不同的条件、不同的情况,因此,具体研究内容并不相同,可是,基本方向、基本方法

---

① 周有光,文明国.超越百年的人生智慧:周有光自述[M].北京:人民日报出版社,2014:79—80.
② 周有光,等.汉语手指字母论集[M].北京:文字改革出版社,1965:24.
③ 周有光.汉字改革概论[M].3版.北京:文字改革出版社,1979:203.

是相同的。后来,外国就提出语文规划或者叫语言计划这样一门新的学问。这门新学问,其实在中国是早已开始了的。中国叫文字改革,名称不同就是了,内容、道理是一样的。后来我们扩大了"文字改革"的含义,把它说成"语文现代化"。语文现代化是一项长期的工作,甚至可以说是永远要做下去的,因为,语言和文字是跟着时代的发展而演变的。①

从这段话可以看出,将语言规划完全看作一门外来学科是不准确的。"语言规划"概念的引进,带给中国语言学界的反应不仅有"恍然大悟",也有"所见略同"。周有光认为,各个国家有不同的具体情况,具体研究内容不同,但是基本原理、基本方向、基本方法是相同的。他对两者之间的接轨或对话作出了自己的贡献。比如从定义和认识上说,西方有学者认为语言规划是"一种有意识的语言改变"②,周有光也认为"没有一成不变的文字,任何文字都是不断变化着的。有的变化是自发的,也就是无意识的、无计划的;有的变化是自觉的,也就是有意识的、有计划的。只有自觉的变化才能称为文字改革"③,"语文变化,可以是无意识的,可以是有意识的。有意识和有计划的变化,称之为文字改革"④。可见双方都认同语文现代化的计划性、自觉性。从研究内容来说,西方语言规划最基本的分类是本体规划(Corpus Planning)和地位规划(Status Planning)⑤,周有光也较早区分了汉语拼音的本体方案与应用功能⑥,并在20世纪90年代进一步提出了"语文本身的现代化""语文教育的现代化""语文技术的现代化"的三分法⑦,之后又提出了"语文本身的现代化"和"语文生活的现代化"的二分法⑧。他的语言规划研究和西方一样都注意本体规划和应用规划的差别。从理论基础和研究方法来说,西方经典语言规划研究(20世纪50—60年代)受结构主义语言学和实证主义思想影响很大⑨,周有光早期的文字改革研究同样是和语言学尤其是

① 周有光.中国语文现代化研究要放眼世界[J].北华大学学报(社会科学版),2005(6):22.

② Joan Rubin, Bjorn H. Jernudd. Introduction: Language Planning as an Element in Modernization.[M]// Joan Rubin, Bjorn H. Jernudd. Can Language be Planned?: Sociolinguistic Theory and Practice for Developing Nations. Honolulu: University of Hawai'i Press,1971:Xiii-xxivv.

③ 周有光.汉字改革概论[M].北京:文字改革出版社,1961:4.

④ 周有光.新时代的新语文:战后新兴国家的语文新发展[M].北京:生活·读书·新知三联书店,1999:219—235.

⑤ Kloss H. Research Possibilities on Group Bilingualism: A Report[J]. 1969.

⑥ 周有光.汉字改革概论[M].北京:文字改革出版社,1961:4.

⑦ 周有光.语文闲谈续编(下)[M].北京:生活·读书·新知三联书店,1997:128.

⑧ 周有光.几个有不同理解的语文问题[J].群言,2002(4):36—37.

⑨ 祝畹瑾.新编社会语言学概论[M].北京:北京大学出版社,2013:310.

结构主义语言学挂钩的,他的研究方法也是以实证主义为指导的(见第七章)。西方语言规划具有鲜明的跨学科属性,政治学、政策科学、社会学、经济学、生态学、法学、批判性语言学理论、后现代主义等构成语言规划的跨学科视角,形成语言规划理论的"丛林"①。这也是周有光语文现代化研究的鲜明特点,尽管涉及的学科知识有所差异,但他具有自觉的"边缘学科"意识是毋庸置疑的。

正如第八章所述,"接轨"不是单向的输入,而应当互通有无。相比于西方的语言规划理论,周有光的语文现代化研究在理论框架有意识的构建方面还有所欠缺,例如,豪根(Haugen)用标准选择、标准制定、标准实施和标准完善等四个阶段来表示语言规划的过程。② 库珀从语言规划的参与者,试图影响的语言行为,语言行为主体,语言规划的目的、条件、手段、决策过程等八个方面构建理论框架来分析语言规划活动。③ 卡普兰和鲍尔道夫(Baldauf)也提出了基于语言生态观的语言规划圈层模型。④ 周有光的语文现代化研究在上述方面涉及较少,但在另外一些方面也显示出独特的价值,例如以下几个方面。

在研究内容方面,他的理论涵盖了语文现代化的一般问题和特殊问题、历时问题和共时问题、语言问题和文字问题、本体问题和应用问题,将宏观研究和微观研究紧密结合,既有系统性又突出了重点,对西方学者不够重视、不甚了解的汉语文字现代化、信息化问题提出了许多独到的见解,如《汉语拼音方案》及正词法研究、现代汉字学研究、中文信息处理研究,解决了汉语国际化和信息化的诸多难题,并促使汉语拼音成为国际标准。这是对世界语言规划研究的必要补充和重要贡献。

在研究方法方面,周有光重视群众运动的作用,倡导学术民主。周有光在20世纪80年代提出要区分文字改革中的群众运动和政府政策⑤,90年代又进一步提出群众运动、学者研究、政策实施共同推动语文发展的看法⑥,构建了一

① 祝畹瑾. 新编社会语言学概论[M]. 北京:北京大学出版社,2013:321.

② Haugen E. The Implemention of Corpus Planning:Theory and Practice [M]//Juan Cobarrubias,Joshua A. Fishman. Progress in Language Planning:International Perspectives. Berlin:Mouton,1983:269-289.

③ Robert L. Cooper. Language Planning and Social Change[M]. Cambridge:Cambridge University Press,1989:98.

④ Robert B. Kaplan, Richard B. Baldauf Jr. Language Planning:from Practice to Theory [M]. Clevedon:Multilingual Matters Ltd,1997:184-186.

⑤ 周有光. 中国的汉字改革和汉字教学[J]. 语文建设,1986(6):9.

⑥ 周有光. 信息化时代的中国语文现代化[M]//王均. 语文现代化论丛. 济南:山东教育出版社,1995:49.

个具有中国特色的语言规划"决策民主"模式①。

最后，周有光坚持用"语文现代化"这一术语代替"语言规划"或"语言计划"的做法也显示了中国式语言规划的特点——"语文现代化"中的"语文"，本身就是一个同时兼具国际化和民族化的名词。国外语言学重语言而轻文字，中国历来轻文字而重语言。虽然随着国际学术交流的加强，国内语言本位的理念越来越深入人心，口语的地位逐渐上升，但始终没有超过文字。"语文"一词的使用，延续了中国语文研究的悠久传统，彰显了中国语言规划研究的独特性。

三、滋养中国语言规划研究的多元发展

周有光的语文现代化理论不仅是中国早期产生的具有中国特色的语言规划理论，更是一种富有包容性的开放性理论，为后辈学者"接着讲"提供了广阔空间。比如现在已成为热门课题的"语言经济""语言生活""语言资源""汉语国际教育（国际中文教育）""语言国情"等都能从他的学说中得到启发。"语言经济"的有关论述我们已经在第二章中加以介绍，这里再补充一下另外几个论题。

语言生活。中国的语言生活研究经过 21 世纪二十多年的发展，已"从'现象级'话题发展成中国社会语言学最具活力的分支"②。"语言生活"这一概念最早由日本国立国语研究所在 1948 年提出，而后在日本成为有影响的研究流派。③在中国，这一术语曾被认为最早是由陈章太在 20 世纪八九十年代引进的④。但周有光对于语言生活的关注也不容忽视，他至迟于 1957 年就使用了"语言生活"这个名称⑤，并在以后的学术研究中多次加以讨论（有时用"语文生活"）。在《周有光文集》（2013）中，"语言生活"在不同篇章中共出现 134 次，"语文生活"共出现 57 次。他的文章如《语言生活的现代化》⑥、《我看日本的语文生活》⑦、《语文生活的历史进程》⑧都是直接采用这个术语作为文题。他的《新语文的建设》⑨一

---

① 藤井明认为："中国文字改革的特点是：反复发动群众，从群众中来，到群众中去，即由中央收集群众使用的活生生的文字材料，然后再返回到群众中去征求意见，经修改后再返回到群众中去。"这一概括基本正确，但忽视了学者在文字改革中起到的桥梁作用。参见：(日)藤井明,姜焕柱.中国的文字改革[M].保定：河北大学出版社,2000:64.

② 郭熙,祝晓宏.语言生活研究十年[J].语言战略研究,2016(3):26.

③ 郭熙,祝晓宏.语言生活研究十年[J].语言战略研究,2016(3):25.

④ 邹煜.家国情怀：语言生活派这十年[M].北京：商务印书馆,2015:4.

⑤ 周有光,等.普通话常识[M].北京：文字改革出版社,1957:19.

⑥ 周有光.语言生活的现代化[J].中学语文教学,1979(3):5—7.

⑦ 周有光.我看日本的语文生活[J].群言,1986(10):42—43.

⑧ 周有光.语文生活的历史进程[J].群言,2001(6):3.

⑨ 周有光.新语文的建设[M].北京：语文出版社,1992.

书是对世界各地的语文发展情况的调查,更是以"XX(地区、国家)的语文生活"作为多个章节的小标题。此外,他还对"语文生活"下过简单的定义:"语文生活就是语文应用。"①从运用范围来看,他说的"语言生活"或者"语文生活"可以泛指文字的创造与传播、共同语的选择和发展、语体变革、媒介变革、语言文字教育、信息处理技术发展等和语言应用相关的各个方面。人类历史及各个国家和地区,汉族与少数民族各类人群的语文生活状况,无论是宏观还是微观,都在其研究视野之内。如今中国语言研究领域的"语言生活派"已经云集了一个庞大的学术群体,拥有了"语言生活皮书系列"这样具有一定国际影响和鲜明中国特色的代表成果。领军人物李宇明曾将"语言生活"定义为"运用、学习和研究语言文字、语言知识和语言技术的各种活动",并根据三个维度和三个方面纵横构成了语言生活的九个范畴,归纳了如何开展研究的工作方法,如分领域观察语言生活,利用媒体语言统计语言生活,进行语言舆情分析研判,进行语言国情的调查研究,并建立学术研究体系等。② 与之相较,周有光对"语言生活"的早期研究,虽然内涵还较为笼统,论证的系统性不足,但两者对语言生活的理解基本一致。尤其是语言生活派把"家国情怀"作为自己最大的特点,"不完全把学术当做个人赏玩的玩物,而是考虑怎样才能利国惠民"③,这种接地气的主张显然也是对周有光这样的老一辈学者的精神传承。

语言资源。这是 21 世纪初随着语言资源保护事业的发展而迅速崛起的一门学问。周有光在《从语言资源化说开来》④一文中对语言资源作了带有语言经济学色彩的解读。他认为在知识资本主义社会,语言是最基本的信息资源,是一种无形的商品,但资源商品化需要先进行大力的开发。他用树的果实和根须生动地比喻语言资源和语文现代化的关系——"语言资源化好比采摘干枝上的果实,语文现代化好比培植大树的根须。"他认为汉语经过现代化以后,已经成为一种"新兴语种","汉语热"将稳步上升,但要想取代英语的国际地位,就要培养"流通广、人口多、出版富、术语新、商务盛"等五点优势,进行价值开发。此外,他还指出为了更好地开发汉字资源,应当使汉字圈外的语文工作者和语文企业经营者都知道中国语文现代化研究的新成果(如现代汉字学和比较文字学),这是把语言学成果产业化的基础工作。从他的论述可知,他的语文现代化理论也是可

---

① 周有光.几个有不同理解的语文问题[J].群言,2002(4):37.
② 李宇明.语言生活与语言生活研究[J].语言战略研究,2016(3):9.
③ 李宇明语,见:邹煜.家国情怀:语言生活派这十年[M].北京:商务印书馆,2015:9—10.
④ 周有光.从语言资源化说开来[J].群言,2010(6):38—39.

以和语言资源学说联系和衔接的,尤其是他强调语言资源需经现代化开发才能产生商品价值的观点,对语言资源研究是一种重要的提醒。

汉语国际教育。对于这门在改革开放后不断升温、已然成为国家战略的"显学",回顾第五章内容可知,周有光一方面冷静地指出"汉语"的国际地位并不像大家所期待的那么高,在联合国文件中,汉语使用率远低于英语和其他语言,但另一方面,他也认为汉语的前景一片光明。他从语言规划的角度,倡议要继续有序推动海峡两岸暨香港的汉语汉字规范化(现代化)、汉字文化圈的汉字统一和全世界华人的华语华文规范、普及。他尤其重视 21 世纪华语华文的发展,主张将一般基础华文用字限制在 3500 个常用字范围之内,实行字有定量,并充分发挥汉语拼音对汉字和汉语教育的辅助作用。这些建议都对汉语国际教育研究朝着科学方向前进起着重要的指引作用。

语言国情。随着国家"一带一路"倡议的开展,语言国情成为这几年来的一个重要战略课题。而正如第四章所述,周有光早在 20 世纪 80 年代就开始调查世界各国的语文发展情况。在《新时代的新语文:战后新兴国家的语文新发展》的序言中,他说:"了解和研究世界各国的语文新发展,是社会语言学的一项经常课题。欧美各国很重视这项课题。在中国,这还是一个缺门。这本小书希望对这个缺门发生抛砖引玉的作用。"[1]他借助各种社会资源和信息资源广泛搜集文献数据,分门别类地对世界各国、各区域的新语文建设进行了调查和分析,总结了世界各国新语文建设的特点、规律、问题和矛盾。虽然他只是谦虚地说自己"未能深入研究,因为信息来源不足。我所作的工作,只是开个头,引条路"。但这一探路工作确实扩大了中国语言规划的研究范围,不仅为以后语言国情或区域国别语文调查研究提供了丰富的历史资料,也提供了一个可供参考的研究范式。

凡此种种,足见周有光的语文现代化理论对中国语言规划学学科领域拓展和研究内容深化的作用。相信无论未来语言规划研究如何发展,他的学说都将会持续提供有益的资源,依然值得我们与之"保持通话"。

四、推动中国语言文字学的基础研究

语文现代化作为语文有计划的发展,是人类主观能动性的体现。这种主观能动性的发挥必须以语言文字自身特点与发展演变的客观规律为基本前提。而

① 周有光.新时代的新语文:战后新兴国家的语文新发展[M].北京:生活·读书·新知三联书店,1999:1.

语言文字的客观规律仍然在很多方面模糊不清的现状中引发了语言规划学者的积极探索,由此促进了语言文字的基础研究。周有光认为:"文字改革对语言学和文字学提出了许多新的问题,这些问题的解决是文字改革的核心内容,但都需要借助语言文字学的理论和知识,对这些问题的研究也扩大了语言学和文字学的研究范围。"①

如第二章所说,周有光的语文现代化研究对基础文字学有重要的促进作用。中国有传统的文字学,但要研究中国的文字现代化,仅有中国传统文字学的知识是不够的,而应将其置于人类文字学的大背景下去考察。为此,周有光创立了世界文字史、比较文字学等学科,开展了文字学的基础研究。他描述了几门学科的关联脉络:"文字改革促进了文字学的发展。古称小学(教小儿识字的学问),清末称文字学,1950 年代称汉字学;名称一再更改,反映认识不断前进。1980 年代,从历史汉字学中分出现代汉字学;扩大范围,研究汉语和非汉语的汉字型文字,成为广义汉字学。以人类的文字为研究对象,成立人类文字学或称普通文字学;分出比较文字学,进行对比研究。……文字学的进展,使汉字在人类文字中的历史地位有了初步的科学解释。"②在上述研究中,除了"现代汉字学"具有极强的交叉学科属性,其他文字学都具有基础研究性质。

在这些基础研究中,比较文字学是周有光最为重视的学问之一。曹伯韩说:"综合西方的古文字学和各种字母来源的研究和中国的文字学来作比较的研究,更深入地发现文字的产生和演变的一般规律和各民族的文字发展情况不完全相同的原因,是有必要的。这是'比较文字学'或'一般文字学',是今后文字学者应该开辟的一个新园地。"③这个新园地,周有光可以说是最早的开拓者之一。④ 其中《比较文字学初探》是国内最早的关于比较文字学研究的学术专著之一,也是周有光自我评价较高的一部作品:"好多材料是从国外来的,但这里面的理论是我的,好多理论是我的不是外国的,别人的书上也没有的。"⑤。他经过多年探索提出的用于世界文字比较和分类的"六书具有普遍适用性""文字三相说"等理论观点,是对比较文字学乃至人类文字学的重要学术贡献。

周有光在拼音正词法研制过程中也解决了一些汉语本体问题,对语言学理

---

① 周有光.新时代的新语文:战后新兴国家的语文新发展[M].北京:生活·读书·新知三联书店,1999:219.

② 周有光.语文规划和社会建设[J].群言,2005(7):36.

③ 曹伯韩.文字和文字学(续完)[J].语文学习,1958(7):23.

④ 国内与周有光《比较文字学初探》出版时间较为接近的还有王元鹿的《比较文字学》(1997)。

⑤ 周有光.对话周有光[M].北京:人民日报出版社,2014:30—31.

论研究作出了富有启发性的探索。如他指出同音词是语言问题而非文字问题，阐明了现代汉语具有因"避同"而产生的双音节、多音节化趋势。他在正词法连写技术研究中发现的"理论词"和"连写词"的矛盾（如"他""的"在语法书中是两个词，正词法中写成 tad），促使人们反思传统语法学从汉字本位出发分词的弊端。① 他的某些见解还对语用学研究很有启发，比如"双语文政策"（包括语言、文体、文字、术语等各个领域各个层面）的提出，就体现了不同语言文字适应不同语境的规律。关于分词连写标准的"三面综合法"（"三面"指文法、词义、语音，实际上还加上了视觉）以及分词连写规则要遵循"约定俗成"这一实践规律的观点②，突破了占据语法学界主流的依照语法功能和分布来分词的结构主义框架，肯定语义、韵律、视觉等因素对分词的影响，体现了语用制约语法的原理。此外，他为了解决计算机汉字输入的问题而提出的汉语内在规律，例如语词的双音节化和多音节化规律、词频规律、语境规律、声韵互补规律，对消除歧义的语用学研究也有重要的参考价值。

五、产生广泛深远的现实影响

周有光认为语文现代化的研究"要根据实际需要来找题目。研究不仅要解决实际问题，还要解决理论问题。凡是理论上面讲不通的事情，你做起来就一定会有困难。……理论跟实际是分不开的，实际是科研题目最重要的、几乎可以说是唯一的来源"③。这充分表明，语文现代化理论是一种应用理论，主要目的是研究和解决国家和社会语文发展过程中的实际问题。而要衡量它的价值，最终也要依据现实的标尺。

周有光的语文现代化学说，虽然基本上已发展为一种具有普适意义的语言规划理论，但其研究的重心却是中国社会的语文发展和语文生活，这也是"从世界看中国"的本质含义。因此评估他的理论的现实意义，不能脱离中国的社会生活。他的理论解决了中国国内与国际的诸多语文应用问题，实实在在地提升了人民群众的语文生活品质，产生了深远的现实影响。试举几例如下。

（一）汉语拼音产生的社会影响不可估量。虽然周有光曾把拼音比作科技车轮的"润滑油"，能起到减少现代化进程摩擦的作用，但拼音发挥的威力却远远超出了"润滑油"。它同时兼任"识字工具""教育工具""文化工具""工商业和科技

① 周有光.中国语文纵横谈[M].北京：人民教育出版社,1992：244.
② 周有光.汉字改革概论[M].北京：文字改革出版社,1961：222—252.
③ 奚博先.周有光先生治学经验访谈录[M]//王铁琨,王奇,沙宗元.一生有光：周有光先生百年寿辰纪念文集.北京：语文出版社,2007：251.

界的标记工具""信息化时代的信息工具"①,在各行各业的用途极为广泛,已到了润物细无声的地步,大幅提升了中国普罗大众的语文生活品质。它还是国际技术标准,是汉语信息国际化的重要桥梁,也是外国人学习汉语的得力助手,今后必将在 21 世纪继续发挥沟通中国和世界的作用,产生越来越大的国际影响。

(二)现代汉字学的倡议和研究推动了现代汉字的科学规划。尤其是"现代汉字用字全表""汉字效用递减率""汉字分层定量"等概念的提出,推动了现代汉字的标准化、信息化建设(如《通用规范汉字表》的研制),有利于现代汉字在社会各领域的合理分配、定量使用,减少用字混乱,减轻学习负担,便利中文信息处理,并为 21 世纪进一步开拓全球华文教育打下良好的基础。

(三)"双语文政策"(包括"国内双语言""国际双语言""术语二元化""双文字制度"等)有利于构建和谐语言生活。这一主张与新中国成立以来逐渐形成的"主体多样"②或"多元一体"③的国家语言政策内涵相通,代表了一条"求同存异、创新保旧"的中国式语文现代化道路,能够缓和国际与民族、国家与地方、汉族与少数民族、现代与传统因差异引发的各类语言矛盾,保障语文现代化事业按照发展规律循序渐进。他的这一思路还延伸到文化学,形成"双文化论"(见附录 3),对中国在新时代实现文化复兴、推进中国式现代化建设的国家战略,具有一定的借鉴作用。

(四)区域国别语文建设研究,有利于中国政府把握国际语情,有助于人民了解、融入世界语言生活。周有光对战后一些国家的语情做了全面摸排,其中还包括了不少"一带一路"沿线国家的语情(据不完全统计,数量超过 27 个);他对战后一些区域组织,如欧盟、东盟的区域语言使用情况做了调查,对这些团体的共同语言政策和规划做过梳理评价。他不但简明扼要地介绍了世界各地语文建设的成果和问题,也高度概括了世界语文发展的共性规律和发展矛盾。这些成果对国家"一带一路"和"人类命运共同体"等国际战略蓝图的实施,具有重要的参考价值。

---

① 周有光.怀念《拼音小报》[J].群言,2009(1):39.

② 周庆生认为,新中国成立以来的文字改革政策、语言规范化政策、语言立法政策,更多体现了语言政策的主体性特征;21 世纪以来的构建和谐语言生活政策、语言保护政策、语言服务政策、提升国家语言能力政策,则更多体现了语言政策的多样性特征。2006 年以前,主体性语言政策与多样性语言政策分流;2006 年以后主体性语言政策与多样性语言政策合流。参见:周庆生.中国"主体多样"语言政策的发展[J].新疆师范大学学报(哲学社会科学版),2013(2).

③ 赵蓉晖.新时期"多元一体"语言政策的变化与发展:基于国家语言文字工作规划的文本研究[J].语言文字应用,2016(1):8.

以上四点仅是择要而述,远远不能涵盖周有光语文现代化研究的全部现实价值。可以说周有光通过他的学术研究切切实实地推动了社会的进步,这也是他"历史进退、匹夫有责"这一人生信条的生动体现。

第二节 理论反思

在第八章中,本书就学界对周有光语文现代化理论研究的若干挑战性观点作了梳理,并进行了必要的澄清和辩护。但在本节中,我们将继续对该理论提出一些反思,为进一步的学术争鸣打开新的视角。

一、理论基础有争议

(一)语文进化论引发观点对立

语言规划研究对进化论是有着不同的运用方式的。语言进化或者演化的"同化论"认为,"同化倾向是语言演化上整个的、基本的、经常的道路;分化倾向是语言演化上部分的、次要的、一时的现象","语言的基本规律不是从统一走向分歧,而是从分歧走向统一"。[①] 周有光将英语视作这样一种有潜力"统一天下"的事实上的国际共同语。尽管他似乎没有直接论证英语作为国际共同语在进化论上有什么"优胜劣汰"的语言内部依据,不过他对拉丁字母作为国际通用文字的主张则是以整部《世界文字发展史》中的文字进化论作为理论支撑的。

但是,语言文字的进化论并不必然推导出语言文字同化论(极端表现为语言帝国主义),还会引发语言文字的多元论主张。近年来兴起的"语言生态学"(linguistic ecology 或 language ecology)就持和"语言帝国主义"截然相反的观点,认为强势语言的过度扩展是造成语言种类减少甚至出现语言濒危问题的罪魁祸首,最后会导致语言生态系统的不平衡、不健康并损害语言人权。因此,应该像保护濒危动物一样保护濒危语言,维持语言生态系统的多样性。[②] 按照语言多元论的这种观点类推,文字发展系统的生态平衡是否也因为"字母普遍主义"[③]而受到危害? 可见,不同的逻辑运用方式会形成同样以进化论为基础的语文现

① 周有光.中国拼音文字研究[M].上海:东方书店,1952:112,113.

② Haugen E. The Ecology of Language:Essays[M]. Stanford:Stanford University Press,1972.

③ 钟雨柔."可视语音":汉字革命与字母普遍主义在中国[J].清华大学学报(哲学社会科学版),2021(4):190—203+208.

代化理论内部的观点对立。

此外，无论持哪一方的观点，都似乎忽略了进化论作为一种解释物种演化规律的理论，有自己的适用范围。把人类社会与生物界进行类比，把语言文字这样的非生命体与物种进行类比，这种隐喻式的推论容易受到质疑（当然，学习进化论的研究方法无可非议）。所以有人从根本上反对语言进化论的预设。褚孝泉说："施莱歇尔认为，孤立、粘着和屈折这三种语言类型代表了人类语言从低到高的三个发展阶段……这是生物学范例给语言学带来的有害影响。到了今天，这种语言类型理论已经不再有人相信了，因为没有任何证据可以表明存在过这种所谓的语言类型进化过程。"[1]人们比较能够接受自然界的弱肉强食定律，承认某些生物比其他生物更加"高级"，但对人类社会自身却难以一视同仁。语言文字进化论的信奉者将语言文字中存在着"优胜劣汰"和某些高等的语言文字更适合在进化中生存作为前提，这种研究路径是难以受到欢迎的。[2]

如第八章所说，周有光在语文现代化研究中不是激进的一元主义，但他确实是强调语言、文字同化趋势（语言求通，文字尚同）的。虽然他提倡"双语文政策"，十分注意保护人们使用方言、少数民族语言及文字的权利，但这主要是从民主、平等的政治立场出发，是为了尊重大众的怀旧情感，减轻传统文化对先进文化的阻力。他较少对方言、少数民族语言及文字本身的现代价值展开讨论，却比较在意语言文字种类过多产生的"负功能"，曾说"在中国，'普通话'（国语）有沟通信息的'正功能'，方言有隔断信息的'负功能'"[3]。这难免让人觉得语言文字的多样性只是问题。换句话说，他的"双语文政策"虽然是一个能将主体性和多样性相融合的主张，但他的理论中却较为明显地流露出对语言文字多样性价值的相对轻视。[4]

这一偏向不仅和进化论的运用方式有关，也和我国语文现代化所处的历史阶段相适应。为了追赶发达国家，中国要形成统一的市场，实现工业化、信息化、现代化并走向世界，必须实现语言共同化。在这个目标远未实现之前，过多谈论

---

① 褚孝泉.语言科学探源[M].上海：上海外语教育出版社，2006：137.
② 约翰逊.语言政策[M].方小兵，译.北京：外语教学与研究出版社，2016：53.
③ 周有光.语文闲谈（上）[M].北京：生活·读书·新知三联书店，1995：10.
④ 极端的同化论或一元论是不可取的，这种观点在文化上会导致霸权主义，在语言上会走向单语主义。如果语言越少、越简单越好，那最终就会迎来语言的灭绝，计算机二进制语言将取代人类的一切语言。极端的多元论则会陷入文化虚无主义或造成文化冲突，语言众多确实不便于人类的交流，容易导致误解和纷争。因此，多元文化需要以一体化规则为前提，这也是我们赞成"双语言政策"的原因，问题在于对语言多样性价值的重视程度。

语言多样性的意义是一个"过早的真理"。21 世纪以来,随着我国国力的提升和普通话推广任务的基本完成,语言多样性的重要意义日益得到重视。近几年国家大力开展语言资源保护工作,实施语保工程,建设语言资源库,动员学术界和社会力量维护语言生态平衡,建构和谐语言生活。"语言权利""语言资源""语言生态"等学术话题方兴未艾,这在一定程度上是对"语言多样性是问题"这一传统观念的矫正,也可以看作对"双语文政策"的内涵的扩充和发展。

(二)语音中心主义并非无懈可击

在现代语言学中,"文字是记录语言的书面符号"是一条不容置疑的公理。在索绪尔"文字唯一的存在理由是表现语言"的宣判下,要区分不同文字的优劣高下,能否完备地记录某种语言及适应不同语言书写要求的能力就成了文字技术竞赛的标准,而"记言"能力几乎就等同于"记音"能力,因为语音才是语言符号区别于其他符号的本质特征。语言用语音表达意义,文字用形体表达语音,在这样的逻辑下,文字自然是依附于语言的"奴仆",如果由文字直接来表达意义,那是对"语言"地位的僭越,是"不务正业"。因而"语音中心主义"成为理所当然。语言第一性和语音中心主义,也是周有光语文现代化思想的重要理论基石,尤其是文体口语化和汉语拼音化改革的重要理论依据。

然而作为一种视觉符号,文字并无法完美地记录语音。索绪尔曾指出,由于语言在发展而文字有停滞不前的倾向,以及字母在被借用为不同语言时发生变化等原因,造成"写法和发音发生龃龉",甚至掩盖语言的面貌,造成语音的畸形。[①] 他对文字作这样的控诉是为了破除传统语言学对文字的迷信,将语言学从语文学中独立出来,开展真正以语言为对象的研究。但这也正好说明了文字和语言是两种截然不同的符号,有其独特的个性。周有光在研究拼音正词法时指出了听觉和视觉的矛盾,如"听觉能接受较长的'音节串',视觉只能接受较短的'音节串'"[②],也意识到了文字记录语音存在的先天缺陷。事实上,无论是哪种文字,都不可能记下语音中全部的细腻特征。也正因为文字是个拙劣的"录音师",才出现了电话和录音机这些更为先进的传声工具。这也反映了语音中心主义和主张用最适合记音的拉丁字母一统天下的字母普遍主义的内在矛盾,"若对语音中心主义的追求是字母普遍主义在世界范围内得以生根发芽的生命力所在,那么同样的生命力最终暴露出字母普遍主义在更强大的声音复制技术面前

---

①　索绪尔.普通语言学教程[M].高名凯,译.北京:商务印书馆,2011:34—46.
②　周有光.中国语文纵横谈[M].北京:人民教育出版社,1992:243.

的局限"①。

另一方面,文字又不仅仅是通过记录语音来实现信息传递的,它还具有直接表意的功能。文字的视觉符号身份使得它可以通过形体变化来呈现意义,如通过内部的笔画部件选择、分布以及外部的字形、字体、字号、字距调整等挑战来传递特定的信息(包括社会、历史、文化、艺术等信息)。文字这一与生俱来的本领,使得它在完成记录语音的功能之外,又保留了视觉符号的个性。即便是拼音文字,也不会完全丧失这一个性。周有光就说道:"字母也可表意。日用的拼音文字是在表音的基础上建筑起来的。可是,拼音文字并非把语音如式地拼写出来就算任务完毕。拼写出来的语音在纸面上就成为有形态的文字,这有形态的文字要求在形态上区别意义或表示语源关系。"②而汉字则是把表意功能发挥得更为淋漓尽致的文字,周有光在比较汉字和拼音文字的技术性时就指出:"在表音功能上,拼音胜过汉字;在表意功能上,拼音不及汉字。"③另外,赵元任也认为:"汉语的文字系统,外族人感到困难。本族儿童也不容易学会。打电话必须译成码字,用电传要占用比较宽的通讯频道,费用较高。复制、打字、排字所需的设备和程序都比字母文字系统复杂。另一方面,一旦学会了汉语的文字系统,它的丰富的花样就有助于辨认,这比多次复现同一些少量的要素来得优越。"④"丰富的花样"之说分明也是对汉字表意功能的充分肯定。

因此,文字是不同于语言的符号,尽管它有记录语言的功能,但却不等于语言本身,它拥有自己的视觉性格。它一方面包含了一定的语言信息,另一方面又凭借自己的形态特征传达了超越语言的信息,从而成为一种多功能、多模态的符号(故对于汉字而言,它不是一种高效的记言或记音符号并不代表它就不是一种高效的复合传信符号)。

文字出现之前,语言是"独立自主"的,有了文字以后,语言被文字"俘获"了,甚至一度让人们认为文字就是语言。现代语言学的兴起把语言从文字中解放出来,宣告"语言是第一性的,文字是第二性的",文字只是一种可有可无的技术,语言则是人的遗传天赋,是人区别于动物的重要特征。人们把语言推上了符号王国的宝座,文字则被一脚踩在地上。人们对语言推崇备至,仿佛它装载了人类的整个意义世界,但语言并不代表全部的人类意义世界,否则中国古人也不会有

① 钟雨柔."可视语音":汉字革命与字母普遍主义在中国[J].清华大学学报(哲学社会科学版),2021(4):199.

② 王仁(周有光笔名).字母和音标[J].拼音,1956(4):7.

③ 周有光.中国语文纵横谈[M].北京:人民教育出版社,1992:227.

④ 赵元任.赵元任语言学论文集[M].北京:商务印书馆,2002:881.

"言不尽意"的喟叹。人不仅是语言的动物，更是符号的动物，人不仅拥有听觉符号，也拥有视觉符号。在社会生活中，电视、网络等现代信息技术的发展，使得图画、影像、声音等不同符号在人类认知与交流中越来越重要（表情符号的流行就是明证）。在学术领域里，以德里达反"语音中心主义"的《论文字学》为精神武器的解构主义思潮也向传统的结构主义语言哲学发起了有力的冲击，而多模态话语分析的崛起又从语言学内部宣告了语音时代向多模态时代的转向。站在风云变幻的时代路口，以"语音中心主义"为基础的文字"拼音化"理论也似乎变得不再那么无懈可击。

周有光的语文现代化理论虽然整体上是以"语音中心论"为基础，但在研究具体问题的过程中，他也经常谈及文字作为视觉符号的独特性，如字母也有表意功能、正词法规则中听觉与视觉矛盾时听觉要服从视觉等。这就为文字拼音化理论留下了一丝破口，也是他的语文现代化理论和语音中心论不十分契合的一面。

对于汉字的命运，周有光认为："传统文化中各个项目的具体性质不同。有的项目不能废除，只要作适当的改进，或者用辅助设计帮助它运行，就能适应新的环境。汉字就是如此。"①苏培成认为"信息技术的发展将为汉字的方便使用开辟新的道路"，"全面权衡利弊，用汉字记录汉语优点大于缺点，汉字将继续使用，为社会的发展和社会的交际起到积极的作用"。② 这至少说明，到了信息时代，即便是长期研究文字改革的学者，也认为汉字是一种不能废除的传统文化，有能力继续生存下去。

正如 1986 年的全国语言文字工作会议的主题报告所说："汉字的前途到底如何，我国能不能实现汉语拼音文字，什么时候实现，怎样实现，那是将来的事情，不属于当前文字改革的任务，现在有不同的意见，可以讨论，并且进行更多的科学研究。但是仍然不宜匆忙作出结论。"③文字的发展体现了文字表音功能和表意功能的竞争，这场竞争虽然目前来看是表音功能占据了上风，但最终究竟是以表音功能的胜利为终点，还是以两种功能的和谐共存为归宿（结局不可能以表意功能取胜，否则文字就成了图画），这依然值得我们继续思索、讨论与等待，当然前提是不能受到民族主义情绪的干扰，有让拼音文字和汉字自由发展的胸襟。

---

① 周有光. 21 世纪的华语和华文：周有光耄耋文存［M］. 北京：生活·读书·新知三联书店，2002：210.

② 苏培成. 汉语拼音化的反思［J］. 语文知识，2018(3)：105.

③ 全国语言文字工作会议秘书处. 新时期的语言文字工作：全国语言文字工作会议文件汇编［M］. 北京：语言出版社，1987：24.

二、研究内容不平衡

尽管周有光语文现代化的理论框架大体完整,但其研究内容却不十分平衡。我们分别从几个不同的问题维度试作评价。

语言/文字角度。在周有光的语文现代化理论体系中,文字现代化的研究内容显然比语言现代化要细致深入,而文字研究中,汉语拼音的研究又要重于现代汉字学研究。在语言研究方面,他的关注焦点主要集中于文字和语言的一些接口问题,如语音标准、异读词、正词法、音译词、同音词等。对汉语语法、修辞等语言规范化的独立研究①相对较少。这可能和周有光作为文字学家,尤其是字母专家的兴趣和长处有关,也可能是时代需求造成的结果。

本体/应用角度。从对现代汉字学和汉语拼音的研究中可知,周有光是本体规划和应用规划研究兼顾的。不过,他对应用研究的具体论题还是表现出一定的偏向。他至迟在 20 世纪 80 年代就已经明确将语文现代化视作一门"边缘学科",将语文现代化与语言学、文字学、信息科学、经济学、文化学等其他学科结合起来进行应用研究,体现了超前的理论意识。但与同时代国际语言规划的跨学科研究相比较,他对语言与政治(意识形态)、语言与人权(权利)、语言与生态、语言与资源、语言与安全、语言与治理等宏观社会语言问题的考虑不多。当然这种不平衡也体现了一定的时代特点,推动语言文字的共同化、规范化、信息化是改革开放初期语言文字工作的重要任务,其他领域的社会语言问题是处于相对隐性地位的,直到近年这些问题才逐渐得到重视。

这里还要特别谈及"双语文政策"这一应用问题,周有光提出的这一政策确实是能够较好处理国际与民族、传统和现代的语文矛盾。但他对"双语文政策"的贯彻似乎不很彻底,尤其在对待白话文和文言文的关系上,周有光一直坚持"言文一致",认为"提倡文言是时代错误",将文言文视作一种死语言,现代人只在阅读古书才需要学习文言文(主要是用于阅读理解),在其他场合应该使用白话文,这种看法值得商榷。白话文作为一种现代文体确实需要大力提倡,但文言文一直是中国历史上长期占据统治地位的规范文体,它在传承传统文化方面具有不可替代的作用。这和古罗马的拉丁语情况类似。欧洲文艺复兴以后,虽然各民族语言代替了拉丁语,但在学术领域中仍有其地位,医学、动物学、植物学、化学、天文学等学科的新术语仍然采用其来作为构词的基础,不少民族的法律用语和行政用语保留了许多拉丁语措辞和表达方式。现在大学里的医科仍然设有

---

① 现代汉语规范研究的代表作是吕叔湘、朱德熙的《语法修辞讲话》(1952)。

拉丁语课程,天主教会仍然使用拉丁语作为礼仪语言。同样,对于文言文来说,文言成分夹在现代汉语中已经是不可改变的事实,而文言文在特定领域使用的权利也应该得到保护(比如典礼仪式、中医术语等)。近年来得到很大发展的"语体语法"①也为文言文的使用提供了一定的理论支持。在传统文化复兴的时代背景下,"双语文政策"应该将"双文体(语体)政策"纳入其中,长远规划白话文和文言文的功能定位。

其他维度研究的问题类型也存在类似的不平衡性。如从历时/共时角度看,相对于共时研究,周有光对人类语文生活史和中国语文现代化总史描述比较概略;从一般/特殊角度看,相对于中国语文现代化,周有光的很多区域国别语情个案研究限于历史条件也未能深化……如果我们回顾其语文现代化理论体系,能发现很多空白和不够深入的研究领域,也会产生这样那样的不满足。当然,这既是问题,也是优点,因为它们为后来的研究开拓了空间。

三、话语体系未成型

周有光的学术话语风格是一直为人称道的,即便不认同其理论主张的学者,也不得不承认其高超的语言艺术——"语言并不是冷冰冰的,呆板的,而是循循善诱的,生动的,笔端常带感情。"②作为从五四运动走来的进步知识分子,他怀着普及大众教育的初心投入语文现代化的研究和工作,在学术写作中极为重视表达的平民化、科普性。他推崇吕叔湘的文风,力求将文字写得流畅生动,风趣幽默,浅显易懂,尽量接近口语,擅长将艰涩的理论解释得明白如话。甚至仅凭《字母的故事》《语文风云》《语文闲谈》这些书名,就能直观地感受到他的这一话语风格。这也是他的学术科普著作和文化随笔能够成为畅销书的一个很重要的原因。

不过,相较于平民化、科普性的学术话语风格,周有光在语文现代化理论的话语体系建构上却稍有不足。当然这并不是指他所有的语言文字研究论著。他的《世界文字发展史》《比较文字学初探》这两部文字学基础研究都是自成体系的学术著作。他的《汉字改革概论》《中国语文纵横谈》《中国语文的时代演进》等论著也都是有一定系统性的语文现代化理论著作,有的还在国外产生了较大的学术影响(如《汉字改革概论》《中国语文的时代演进》)。不过问题在于,这些著作都偏于一隅,如《汉字改革概论》主要聚焦于拼音方案;《中国语文纵横谈》《中国

---

① 冯胜利.汉语书面语的历史与现状[M].北京:北京大学出版社,2013.
② 王宜早.读周有光《比较文字学初探》[J].南京晓庄学院学报,2006(5):63.

语文的时代演进》重点讨论中国语文现代化;《新语文的建设》的确是将目光投向了全世界的语文现代化,但还掺杂着文字学、学术传记等其他作品,内容略显芜杂。《新时代的新语文:战后新兴国家的语文新发展》内容相对全面,但对学科理论、方法的探讨还是比较薄弱。

换言之,周有光语文现代化研究的成果众多,且各有千秋,但缺少一部现成的、能够全面论述语文现代化定义、性质、分类、内容、目标、历史、理论、方法、步骤、研究议题等理论体系要素的语文现代化总论。[①] 没有概念集中的学术话语体系,就不利于他人把握学术理论的内在系统。正因如此,别人只有勤力通读《周有光文集》等大作,排除一些不相关的文章和相互重复的内容,化解一些表面上前后不一的表述矛盾,才有可能最终把握其内在体系。如果有一部能够一以贯之的理论著作,那就好比一道方便之门,对有志于学习、传播、应用、发展其语文现代化理论体系的后学是一种巨大的福祉,同时也有利于学术思想的海外传播。可惜斯人已去,这已是不可能实现的愿望。也正是由于这一缺憾,笔者才勉为其难,以"建构"之名,尝试用拙劣文笔勾勒其理论体系,企图使之由隐性变为显性,但这种努力显然无法与学者本人的工作相提并论。

四、方法视角可拓展

除了前述三个主要方面,这里还要略谈一下研究方法问题。周有光受过经济学的专业训练,推崇科学实证主义,擅长用实地调查、数据统计和实验分析等研究方法来研究语文现代化,对人文主义的语言学研究视角关注较少。这正如王宁所说:"周有光先生是从 20 世纪开端走来的人,应当说,在他的思想里,西方和现代占的成分更多一些,科学的精神是他思想的主体。"[②]在一个有很强的人文传统、科学精神比较欠缺的国度,强调科学的一元性是有利于中国社会进步的。但从学术发展的世界潮流来看,国际语言规划研究已经从推崇非殖民化、结构主义和实用主义方法论,发展到注重社会语言学批判理论和现实主义策略,又进而转向哲学社会科学中的后现代主义和语言人权视角[③],这反映出人文主义的语言学方法和视角也具有重要的学术价值和社会意义。在立足国情、坚持独

---

① 在苏培成筹备出版《周有光语言学论文集》(2002)的过程中,周有光曾提议将他的《我和语文现代化》一文作为开篇之作。从内容来看,该文主要是介绍他在语言文字方面的学术经历和研究工作,并不是对语文现代化理论体系的概括。参见:苏培成.语文书简:周有光与苏培成通信集[M].杭州:浙江大学出版社,2016:48.

② 王宁.面对五洲风云的百年智慧——贺周有光先生百岁诞辰[J].群言,2006(7):2.

③ 赵蓉晖.论语言规划研究的中国学派——评《语言规划概论》[J].语言战略研究,2016(1):6;李圣托.语言政策导论:理论与方法[M].何莲珍,朱晔,等译.北京:商务印书馆,2016:3—41.

立自主的学术发展道路的同时,尝试探索多元的语言规划研究路径,理应会更加有利于语文现代化研究的蓬勃发展。

小　结

本章分别就周有光语文现代化理论的多维价值和存在问题提出笔者的看法。在理论的价值方面,笔者认为它开启了中国语言规划及应用语言学的初始篇章,接轨了国际语言规划研究的学术话语,滋养了中国语言规划研究的多元发展,推动了中国语言文字学的基础研究,产生了广泛深远的现实影响。在问题反思方面,笔者认为学说的理论基础有争议,研究内容不平衡,话语体系未成型,方法视角可拓展。

这里笔者还要说明一下理论评价的语用学视角。从语用学的眼光看,理论话语的产生和发展都有特定的语境,因此理论批评一方面固然要注意其普适价值,另一方面也要注意它和所处语境(历史条件、时代需求、地域限制等)的适切性,不能作出脱离实际的评价。虽然我们做出了一些未必恰当的理论反思,但并无意对前贤进行求全责备,而是着眼于时代与未来的学术发展。

与之相关的另一个问题是,理论发展同样也不能脱离实际,盲目跟风。在国外,由于以结构主义语言学和实证主义为指导的早期语言规划模式并没有带来广大发展中国家的现代化和经济腾飞,反而令其对发达国家更加依赖,因而引起对这种模式的质疑、批判和反思,新理论层出不穷,令人眼花缭乱。[①] 但在新中国,以周有光为代表的早期语文现代化学术研究并没有遭受类似的境遇。语文现代化事业除了“文革”期间短暂的挫折期以外,其发展总体上是向上的,尤其是改革开放以后,中国实现了经济的高速增长,工业化、信息化程度不断提升,语文现代化事业在其中起到了正面推进的作用。因此,我们无需全盘否定前辈们打下的理论基础,亦步亦趋、不加批判地照搬国际学术界的各种新出现的理论。最重要的是学习国际学术界与时俱进的精神,因地制宜地探索中国语文现代化学术道路。当然,这和保持世界眼光,不断从国际学术中合理借鉴理论资源和研究方法并不矛盾,只是不能不顾国情与现实。

总之,语文现代化理论的应用属性决定了它的理论基础、研究内容、研究方

---

① 祝畹瑾.新编社会语言学概论[M].北京:北京大学出版社,2013:311.

法和术语体系等各个方面都需要根据现实变化不断进行调整，这也是我们在周有光语文现代化理论的研究中获得的根本启示。

结　语

本章将对全书的主要内容作出回顾,总结本书研究中的一些不足和遗憾,讨论语文现代化研究的新动向并进行简单展望,以为全书划上句点。

第一节　研究回顾

本书将周有光的语文现代化理论从其学术体系中单列出来进行专题研究。全书按照理论"土壤"、理论基础、理论主体、理论发展、方法梳理、问题争鸣、评价反思 7 个维度,运用建构论的原则,结合话语分析等语言学研究理论与方法,借助大量文献资料,对其学术体系进行了系统的梳理、重构、讨论、评估。主要观点如下。

理论"土壤"。语文现代化理论形成和发展的外在环境包括微观环境和宏观环境。微观环境分为人物交往和人生经历。周有光和诸多学者的交往经历和丰富曲折的人生经历对他的理论形成与发展产生了重要的催化作用。宏观环境主要体现在时代需求和历史条件两个方面。新中国成立初期大众教育普及的迫切性和语文改革理论贫乏的矛盾、改革开放时期信息化、国际化的发展是语文现代化理论产生和发展最重要的时代需求。语文现代化运动积淀的实践经验、中外学者积累的语言文字研究基础以及政府给予的政策支持,是其语文现代化理论得以创建和发展的重要历史条件。

理论基础。语文现代化理论以语言学(历史比较语言学、结构主义语言学、马克思主义语言学等)、文字学(文字发展史、比较文字学等)为直接基础,但同时也得到经济学、文化学、生物学、教育学等学科的间接支撑,体现了鲜明的边缘学科特色。多学科知识共同夯实了其语文现代化理论大树的根基。

理论主体(上):学科属性与问题脉络。在学科属性方面,周有光将语文现代化主要定位为语言学,认为它是应用语言学和社会语言学的重要分支,同时也指出了其边缘学科属性。在问题脉络方面,语文现代化可以按照一般/特殊、历时/共时、本体/应用、语言/文字等维度分成不同的问题类型,问题之间相互区别又相互联系,构成立体网络,其中最重要的问题类型是按一般/特殊区分的世界语文现代化和中国语文现代化。

理论主体(中):世界语文现代化。世界语文现代化是一般研究或宏观研究,下分为人类语文生活的历时研究和区域国别语文现代化的共时研究。前者主要指人类语文生活发展的"五个里程碑"理论,后者研究不同主体类型的战后国家(新独立国家、文明古国、国家集团)的语文建设情况。由共时研究和历时研究发现,世界语文现代化的发展规律是"语言求通、文字尚同",发展过程中存在"保守和革新、稳定和演变"的矛盾,解决矛盾的现实路径是实行国内国际的"双语文政策"。

理论主体(下):中国语文现代化。相对于世界语文现代化,中国语文现代化是特殊研究或者微观研究,下分为中国语文现代化的历时研究和共时研究。历时研究分为语文现代化总史和语文现代化分史,共时研究按主体分为汉语文现代化和少数民族语文现代化研究,两者又分别可分为语言现代化和文字现代化,从本体规划和应用规划两方面进行深入探讨。其中汉语拼音是汉语文现代化研究的重心,汉语文现代化是中国语文现代化研究的重心,中国语文现代化是世界语文现代化研究的重心。中国语文现代化的发展规律、发展矛盾及其解决路径是和世界语文现代化保持一致的,两者同频共振。

理论发展。语文现代化的理论体系分成两个阶段,以《汉字改革概论》(1961)为代表的第一阶段,以《中国语文纵横谈》(1992)等四部著作为代表的第二阶段。第一阶段的理论以语言学为主要理论基础,以汉语拼音方案为主要研究内容,以中国语文现代化(重点是文字)为主要研究领域;第二阶段则更多地借助了跨学科知识,研究内容扩到了汉语拼音正词法、电脑拼音化以及现代汉字学问题等,研究领域也扩展到了世界语文现代化,整个语文现代化的理论体系最终形成于第二阶段。除了体系发展,国际共同语(共通语)、字母名称、拼音定位、同音词、"四化"等概念在不同时期也有认识上的变化。

方法梳理。"世界"是时空的综合,"从世界看中国"不仅体现了周有光观察社会人生的世界眼光,也是研究语文现代化的方法论总纲,其内涵包括科学一元、学术民主、系统发展、比较分类、唯物辩证(联系矛盾)等。

问题争鸣。学界对周有光的理论、观点的挑战和质疑包括理论基础(文字发展规律,文字、语言与文化传播的类型关系)、理论主体(专名音译、声旁表音功能、汉字效用递减率、汉语拼音设计与应用)、研究方法("从世界看中国")等多个方面,大部分争议可得到澄清。

评价反思。首先,语言现代化理论体系的价值主要体现在四个方面:开启中国语言规划及应用学的初始篇章,接轨国际语言规划的学术话语,促进语言文字基础研究,滋养中国语言学规划研究的多元发展。其次,语文现代化理论仍然存在值得反思的四个方面,包括理论基础有争议(进化论引发不同观点、"语音中心主义"并非无懈可击)、研究内容不平衡(不同维度的问题类型研究都存在不同程度的内容不平衡)、话语体系未成型(只有包含理论局部的学术作品,缺少一部统摄全局的理论著作)、方法视角可拓展(偏重于科学实证法,较少采用人文主义研究方法)等。

第二节 研究不足

本书还存在不少问题,最主要的有两点。

第一是未能充分运用"世界眼光"。限于时间、精力、能力等原因,本书研究主要基于国内的汉语资料,国外不同语种的学术资料欠奉,对语言规划的国际研究情况把握不够,对周有光外语作品的海外影响力调研不足。虽然笔者自觉尝试用"从世界看中国"的研究方法,"以周有光的眼光来研究周有光",但在实际运用中却感力有不逮,不尽人意。

第二是未能广泛进行实地调查。由于近年来的疫情影响,本书的研究主要依赖文献资料,基本没有采用人物访谈等形式作为研究补充,笔者在研究期间除曾参观周有光出生地青果巷以外,没有对周有光的其他生活、工作等活动场所进行调研,也未能对其交往的学术同道或亲朋好友进行访谈,在一定程度上影响了研究的客观性和全面性。

对以上两方面的不足,笔者深感遗憾,也希望未来的研究者能够在本书的基础上,更科学、更全面地总结、梳理周有光及其他语文现代化开拓者的学术贡献,共同书写中国语言规划的学术史。

第三节 研究展望

语文现代化是以"现代化"为终极关怀的应用语言学理论。无论世界还是中国,现代化都是永不停歇的运动,唯有在变化中前进才是永恒的真理。钱理群认为，从1990年到2016年是全球化时代，是有规则、"有说法"的时代。但2016年，以特朗普上台和英国脱欧两件事为标志，世界进入"后全球化时代"，人们丧失了认识世界的框架，没有共识，无法对话，堕入恐惧。这样的变局，不仅给现代化之路带来了某种不确定性，同时也引起了语文现代化发展方向的变化，这不仅会影响语文现代化的研究论题，也会影响语文现代化理论本身。周有光的学术体系是立足于对全球化、世界大同、一条道路的乐观预期上，他未能有机会看到"后全球化"的这种复杂的变向。以中国的语言规划或语文现代化为例，后辈学者应该如何沿着前人开辟的道路继续前进呢？不少语言学者面向新时代的中国语文现代化事业提出了各自的看法，在此试举几例。

李宇明在《语言的文化职能的规划》一文中指出，我国既往的语言规划，关注点主要在语言的交际领域，统一语言、规范文字、开展双语教育和外语教育，有效地解决了语言众多、方言分歧所带来的严重的交际障碍。当国家通用语言普及到一定程度并形成较大的普及惯性时，就会使少数民族语言和汉语方言具有挤压感，易于产生语言矛盾，甚至发生语言冲突。此时，语言规划的天平就需要向文化偏移，更自觉地关注语言的文化职能。规划语言的文化职能，要坚持"语言平等"的理念，具有"语言资源"意识，遵循"自愿自责，国家扶助"的方针。通过全面而科学的语言规划，研究语言冲突发生的机理，及时关注语言舆情，尽量减少语言矛盾，减缓语言冲突，不断促进语言生活的和谐。①

彭泽润在《中国语言现代化的七个现代化》②一文中以周有光的"四化"为基础，提出了语言关系和谐化、语言生活共同化、书面语言口语化、表意文字简便化、文字体制表音化、文本格式清晰化、信息处理电子化。其中语言生活共同化、书面语言口语化、表意文字简便化、文字体制表音化、信息处理电子化基本相当于周有光所提出的语言共同化、文体口语化、文字简便化、注音字母化、语文电脑化。语言关系和谐化是21世纪多元化的语言生活产生的新问题，文字体制表音化则是信息时代需要解决的词式书写的问题。

赵世举在《语文现代化的内涵及当代使命》一文中指出，语文现代化是一种与时俱进的动态过程："因为语文现代化的宗旨是不断满足时代对语言文字的需求，而不同时代都会有不同的需求，这就决定了语文现代化是一个与时俱进的动态过程，而不是某一个历史阶段的特定工作和任务。因此，任务各异的各个时代

① 李宇明.语言的文化职能的规划[J].民族翻译，2014(3)：22—27.

② 彭泽润.中国语言现代化的七个现代化[M]//王云路，等.语文和语文现代化研究：周有光纪念文集.杭州：浙江大学出版社，2019：71—78.

的语文现代化前后相继，就形成了绵延不断的语文现代化的连续统。"①他认为语文现代化应包括六个方面：语文观念的现代化、语文体系的现代化、语文使用的现代化、语文手段的现代化、语文服务的现代化、语文理论的现代化。他提出了当前和未来中国语文现代化的使命，即大力推进语言文字的规范化、标准化、信息化、智能化、法制化和国际化。

以上看法见仁见智。有的聚焦具体论题的深化与调整，有的强调理论体系、核心概念的发展与提升，有的重视语言生活的和谐与文化职能的规划，有的关注语文规范化、信息化、智能化、共同化、国际化的发展。虽然侧重点略有差异，但共同点都是在努力把握当今中国语文生活的新动向，积极解决中国语文现代化发展中的新问题。

近年来，国家治理体系和治理能力现代化成为国家战略，这一宏伟战略为推进中国特色社会主义事业，实现中华民族伟大复兴指明了方向、提供了根本遵循。国务院副总理孙春兰于 2020 年 10 月 13 日出席全国语言文字会议并讲话时指出，要落实党中央、国务院加强新时代语言文字工作的决策部署，守正创新，深化改革，构建与时代发展相适应的语言发展规划，推进语言文字工作治理体系和治理能力现代化。

如何实现语言文字治理体系和治理能力的现代化，成为语言文字工作者和专业人员面临的时代使命。如何发展语言规划理论来推动语文现代化向语文治理现代化迈进，助力以共同富裕为旨归的中国式现代化，并为"人类命运共同体"的构建提供语言学方面的支持，这是周先生未曾明确解答，留待后辈来继续探索的问题。但相信他留下的两项最重要的精神遗产——"世界眼光"和"与时俱进"，会指引我们找到答案。

---

① 赵世举.语文现代化的内涵及当代使命[J].武汉大学学报(哲学社会科学版),2021(3):73.

参考文献

薄守生,赖慧玲.百年中国语言学思想史[M].北京:中国社会科学出版社,2016.

薄守生.薄守生语言学论著(2010～2016)集中勘误[J].现代语文,2017(4).

薄守生.语言经济学:非主流语言学与非主流经济学的牵手[N].中国社会科学报,2010-01-19(8).

蔡永良.美国语言教育与语言政策[M].上海:上海三联书店,2007.

曹伯韩.文字和文字学(续完)[J].语文学习,1958(7).

曹先擢.贺周有光先生百岁华诞[J].现代语文,2005(2).

常丽丽.周有光:《世界文字发展史》(书评)[J].学行堂文史集刊,2012.

陈力为.汉语书面语的分词问题:一个有关全民的信息化问题[J].中文信息学报,1996(1).

陈力为.中文信息处理的几个基础性课题[J].中国计算机用户,1989(1).

陈梦家.殷虚卜辞综述[M].北京:中华书局,1988.

陈章太.语言规划概论[M].北京:商务印书馆,2015.

陈章太.周有光先生的七个"最"[J].现代语文,2005(2).

程森.关于《汉语拼音方案》"韵母表"的修改建议[J].辞书研究,2011(6).

崔安慧,彭泽润,周再新.周有光对汉语拼音的杰出贡献:为什么人们把周有光叫做"汉语拼音的爸爸"[J].江西科技师范大学学报,2018(4).

戴曼纯,刘润清.国外语言规划的理论与实践研究[M].北京:外语教学与研究出版社,2012.

德范克.ABC汉英大词典[M].上海:汉语大词典出版社,2003.

丁东.汉字拼音输入程序的拓荒人[N].社会科学报(8版:文史之旅),2018-1-25.

丁晓洁.周有光:我的世界小得不得了[J].幸福·悦读,2010(10).

参考文献 | 181

范炎培.周有光年谱[M].北京:群言出版社,2012.

方小兵.周有光语言安全观探析[J].生活教育,2017(12).

费锦昌.中国语文现代化百年记事(1892—1995)[M].北京:语文出版社,1997.

费锦昌.中国语文现代化百年记事(1892—2013)[M].北京:商务印书馆,2021.

冯胜利.汉语书面语的历史与现状[M].北京:北京大学出版社,2013.

冯志伟.汉语书面语的分词连写[J].语文建设,2001(3).

高等院校文字改革研究会筹备组.语文现代化(第一辑)[M].北京:知识出版社,1980.

高家莺,范可育,费锦昌.周有光先生引领我们创建新学科[N].语言文字周报,2017-03-22(4).

高天如.中国现代语言计划的理论和实践[M].上海:复旦大学出版社,1993.

郭龙生.周有光先生的多彩人生[J].教育家,2017(9).

郭龙生.中国当代语言规划的理论与实践[M].广州:广东教育出版社,2008.

郭熙,祝晓宏.语言生活研究十年[J].语言战略研究,2016(3).

洪文达,周有光.商品生产和货币[M].上海:新知识出版社,1956.

胡百华.拼音字母读音献疑[J].语文建设,2001(1).

胡明扬.汉语拼音方案和汉语拼音文字[M]//陆俭明,苏培成.语文现代化和汉语拼音方案.北京:语文出版社,2004.

江蓝生.周有光先生百龄华诞贺辞[J].现代语文,2005(2).

冀开运.中东国家语言政策与实践研究[M].北京:时事出版社,2018.

敬璐露.周有光汉语拼音原则理论的研究[D].湖南师范大学,2017.

卡普兰,巴尔道夫.语言规划:从实践到理论[M].郭龙生,译.北京:商务印书馆,2021.

柯彼德.汉语拼音在国际汉语教学中的地位和运用[J].世界汉语教学,2003(3).

库珀.语言规划与社会变迁[M].赵守辉,钱立锋,译.北京:商务印书馆,2021.

雷简.电报拼音化的当前问题(上)[J].文字改革,1963(5).

雷简.电报拼音化的当前问题(下)[J].文字改革,1963(6).

李泉.确立拼音为法定文字高效助力汉语国际化[J].语言规划学研究,2018 (1).

李圣托.语言政策导论:理论与方法[M].何莲珍,朱晔,等译.北京:商务印书馆,2016.

李小凡.汉语拼音隔音、标调新探[J].语言教学与研究,2007(2).

李宇明.有光的一生[J].云南师范大学学报(对外汉语教学与研究版),2017 (2).

李宇明.语言的文化职能的规划[J].民族翻译,2014(3).

李宇明.语言生活与语言生活研究[J].语言战略研究,2016(3).

李宇明.中国的话语权问题[J].河北大学学报(哲学社会科学版),2006(6).

李宇明.中国语言规划论[M].北京:商务印书馆,2010.

李宇明.中国语言规划三论[M].北京:商务印书馆,2015.

李宇明.中国语言规划续论[M].北京:商务印书馆,2010.

李中生,李铭建.语言、文化与现代化:"周有光与中国语文现代化"学术研讨会文集[M].广州:广东高等教育出版社,2015.

李志江.关于完善《汉语拼音方案》的几点建议[J].语言文字应用,2008(3).

刘桂梅.周有光语文改革思想研究[D].山东师范大学,2005.

刘润清.西方语言学流派[M].上海:外语教学与研究出版社,2002.

刘晓军.周有光的汉字改革观及其历史贡献[J].语文建设,2018(12).

刘振平.汉语国际推广背景下的汉语拼音拼写规则的改革[J].汉语学习,2010(6).

刘正埮."干脆照抄原文"行不通:关于外国人、地名音译问题的商榷[J].群言,1985(5).

刘正埮.再谈"干脆照抄原文"行不通:兼答周有光先生[J].群言,1986(7).

吕叔湘,朱德熙.语法修辞讲话[M].北京:中国青年出版社,1952.

吕叔湘.不如干脆照抄原文[N].北京晚报 1984-4-19(3).

陆丙甫,谢天蔚.对外汉语教学中的文本多元化[J].世界汉语教学,2014 (1).

罗天华.周有光年谱[M].杭州:浙江大学出版社,2019.

罗卫东.大德 卓识 通才 博学[J].文化学刊,2016(12).

马建强.《汉语手指音节指式图》:周有光与沈家英的珠联璧合[J].现代特殊教育,2019(18).

马庆株,高燕.汉语拼音字母名称的完善与推行[J].吉林师范大学学报(人文社会科学版),2004(4).

马庆株.《汉语拼音方案》无须修改,但要完善[J].湖南工业大学学报(社会科学版),2010(6).

马庆株.整合创新,促进中国语文现代化:汉语拼写方案的必要性、科学性和可行性[J].中国语文,2014(6).

马庆株.语文现代化论丛(第八辑)[M].北京:语文出版社,2011.

莫枫.汉语拼音之父周有光:人与书,俱不老[J].检察风云,2012(5).

倪海曙.语文现代化(丛刊)(第2辑)[C].北京:知识出版社,1980.

倪海曙.1957年文字改革辩论选辑[M].上海:新知识出版社,1958.

潘文国.《汉语拼音方案》的回顾与思考[J].语言规划学研究,2018(1).

彭泽润,李葆嘉.语言理论(第7版)[M].长沙:中南大学出版社,2018.

彭泽润,刘英玲.汉语拼音应用的优势、局限和问题[J].长沙电力学院学报(社会科学版),2002(2).

全国高等学院校文字改革学会.语文现代化(第五辑)[M].北京:语文出版社,1981.

全国语言文字工作会议秘书处.新时期的语言文字工作:全国语言文字工作会议文件汇编[M].北京:语文出版社,1987.

任晔,李馨.汉语拼音及其正词法是中华优秀文化:访问苏培成、彭泽润、李志忠[J].江西科技师范大学学报,2020(4).

沙莉莉.周有光先生的大语文观[M]//马庆株.语文现代化论丛(第七辑).北京:中央广播电视大学出版社,2008.

沈海英.多国语言政策比较研究[M].昆明:云南人民出版社,2014.

申小龙.汉字改革的科学性与民族性[J].学术月刊,1985(10).

斯波斯基.语言政策:社会语言学中的重要论题[M].张治国,译.北京:商务印书馆,2011.

斯波斯基.语言管理[M].张治国,译.北京:商务印书馆,2016.

苏培成.《汉语拼音方案》的完善与推行及周有光先生的贡献[J].通化师范学院学报,2017(5).

苏培成.当代中国的语文改革和语文规范[M].北京:商务印书馆,2010.

苏培成.汉语拼音化的反思[J].语文知识,2018(3).

苏培成.浅谈周有光先生的学术成就:《周有光文集》序言[J].北华大学学报(社会科学版),2012(6).

苏培成.语文改革与新启蒙运动[J].文化学刊,2014(1).

苏培成.语文书简:周有光与苏培成通信集[M].杭州:浙江大学出版社,2016.

苏培成.中国语文现代化的回顾与展望[M].北京:语文出版社,2007.

苏培成.周有光先生的治学之道[N].光明日报,2013-06-23(5).

苏培成.周有光先生对中国语文现代化的贡献[J].现代语文,2005(2).

孙中运.形声字声旁及其分类:同周有光同志商榷[J].辽宁师院学报,1982(1).

索绪尔.普通语言学教程[M].高名凯,译.北京:商务印书馆,2011.

覃盛发.《汉语拼音正词法基本规则》修订管见[J].广西民族学院学报(哲学社会科学版),2001(6).

唐兰.中国文字学[M].上海:上海古籍出版社,2005.

藤井明,姜焕柱.中国的文字改革[M].保定:河北大学出版社,2000.

汪禄应.汉语拼写:从构想拉丁化到标准国际化——基于周有光与瞿秋白的比较[J].中国社会语言学,2017(1).

王爱云.当代中国文字改革研究[D].武汉大学,2014.

王开扬.中国语文现代化理论再认识[J].北华大学学报(社会科学版),2008(1).

王均.当代中国的文字改革[M].北京:当代中国出版社,1995.

王均.读周有光先生《比较文字学初探》[J].语文建设,1999(2).

王均.语文现代化论丛[M].济南:山东教育出版社,1995.

王力.汉字改革[M].长沙:商务印书馆,1940.

王梦梦.论周有光关于汉字低效和汉语文字现代化的研究[D].湖南师范大学,2018.

王敏.中国语言规划的开拓者:纪念周有光先生[J].语言战略研究,2017(2).

王宁.面对五洲风云的百年智慧:贺周有光先生百岁诞辰[J].群言,2006(7).

王铁琨,王奇,沙宗元.一生有光:周有光先生百年寿辰纪念文集[M].北京:语文出版社,2007.

王宜早.读周有光《比较文字学初探》[J].南京晓庄学院学报,2006(5).

王元鹿.比较文字学[M].南宁:广西教育出版社,1997.

王云路,等.语文和语文现代化研究:周有光纪念文集[M].杭州:浙江大学出版社,2019.

韦钰.周有光先生对新中国语文现代化发展的贡献与展望[J].通化师范学院学报,2017(5).

魏际兰,冉育彭.浅谈周有光的大语文观[J].常州工学院学报(社科版),2011(1).

吴玉章,黎锦熙.六十年来中国人民创造汉语拼音字母的总结[J].文字改革,1958(1).

佚名.文字改革问题座谈会记录[J].拼音,1957(7).

谢书民.周有光普通文字学思想述要[J].商丘师范学院学报,2021(5).

熊怀苑.周有光是香港推广拼音文化教育的引领者[J].文化学刊,2016(1).

徐大明,陶红印,谢天蔚.当代社会语言学[M].北京:中国社会科学出版社,1997.

薛丹丽.周有光文字类型理论的研究[D].湖南师范大学,2017.

薛荣,李敦东,杨小惠.论瞿秋白语言文字改革思想的苏联渊源[J].常州大学学报(社会科学版),2017(4).

颜迈.对《汉语拼音方案》的修改意见[J].贵州教育学院学报(社会科学版),2000(5).

杨城.周有光先生关于现代汉字定量问题的研究[J].甘肃广播电视大学学报,2019(2).

佚名.关于拟订汉语拼音方案(草案)的几点说明[J].人民教育,1956(3).

佚名.汉语拼音正词法基本规则[J].语文建设,1988(4).

俞士汶,朱学锋.受限汉语研究的必要性[M]//王均.语文现代化论丛(第三辑).北京:语文出版社,1997.

约翰逊.语言政策[M].方小兵,译.北京:外语教学与研究出版社,2016.

岳长顺.学习周有光:推进语文现代化进程[J].北华大学学报(社会科学版),2018(5).

詹鄞鑫.二十世纪文字改革争鸣综述[J].中国文字研究,2003(0).

张马力.那个长寿的老人等不及了:外甥女追忆周有光最后时光[N].新民晚报,2017-1-18(16).

张世禄.汉字改革的理论和实践[M].北京:文字改革出版社,1957.

赵蓉晖.论语言规划研究的中国学派:评《语言规划概论》[J].语言战略研究,2016(1):6.

赵蓉晖.新时期"多元一体"语言政策的变化与发展:基于国家语言文字工作规划的文本研究[J].语言文字应用,2016(1).

赵世举.语文现代化的内涵及当代使命[J].武汉大学学报(哲学社会科学版),2021(3).

赵贤德.常州籍四大语言学家与中国语文现代化[M].南京:凤凰出版社,2016.

赵贤德.论周有光先生作品语言的艺术[J].湖北文理学院学报,2013(9).

赵贤德.周有光的语文现代化理论与实践[J].现代语文,2014(2).

赵贤德.周有光关于中文信息处理的思想研究[J].常州工学院学报(社科版),2014(2).

赵贤德.周有光先生关于现代汉字学学科建设的研究[J].文化学刊,2018.

赵元任.语言问题[M].北京:商务印书馆,1980.

赵元任.赵元任语言学论文集[M].北京:商务印书馆,2002.

郑林曦.汉字改革[M].上海:新知识出版社,1957.

中国大百科全书总编辑委员会.中国大百科全书(第三版,网络版)[OL],https:www.zgbk.com

中国大百科全书总编辑委员会《语文文字》委员会.中国大百科全书:语言文字[M].北京:中国大百科全书出版社,1988.

中国文字改革委员会词汇小组.汉语拼音词汇(初稿)[M].北京:文字改革出版社,1958.

钟雨柔."可视语音":汉字革命与字母普遍主义在中国[J].清华大学学报(哲学社会科学版),2021(4).

周程远.中文自动分词系统的研究与实现[D].华东师范大学,2010.

周庆生.中国"主体多样"语言政策七十年[J].民族研究,2019(2).

周庆生.国外语言政策与语言规划进程[M].北京:语文出版社,2001.

周庆生.中国语言政策研究七十年[J].新疆师范大学学报(哲学社会科学版),2019(6).

周铁铮.汉字和汉字改革[M].长沙:湖南人民出版社,1957.

周晓梅.欧盟语言政策研究(1958—2008)[M].昆明:云南大学出版社,2012.

周有光.别具一格的聋人语文[J].百科知识,1983(3).

周有光.电报拼音化[M].北京:文字改革出版社,1965.

周有光,沈家英.从汉语手指字母到汉语音节指式[J].语文现代化,1980(1).

周有光,王均,冯志伟.关于"中文分词书写"的通信[J].现代语文,2001(3).

周有光,王荫圣.铁路电报应用汉语拼音的实地调查(上)[J].文字改革,1962(3).

周有光,王荫圣.铁路电报应用汉语拼音的实地调查(下)[J].文字改革,1962(4).

周有光,文明国.超越百年的人生智慧:周有光自述[M].北京:人民日报出版社,2014.

周有光,张允和.今日花开又一年[M].北京:中国文史出版社,2011.

周有光.《汉语拼音方案》的制订过程[J].语文建设,1998(4).

周有光.21世纪的华语和华文:周有光耄耋文存[M].北京:生活·读书·新知三联书店,2002.

周有光.百岁所思[M].天津:百花文艺出版社,2014.

周有光.百岁新稿[M].北京:生活·读书·新知三联书店,2005.

周有光.比较文字学初探[M].北京:语文出版社,1998.

周有光.传统文化与现代社会[J].群言,1995(1).

周有光.从人类历史探索现代化的含义[J].群言,1999(7).

周有光.从语言资源化说开来[J].群言,2010(6).

周有光.对话周有光[M].北京:人民日报出版社,2014.

周有光.歌唱万荣[J].文字改革,1960(11).

周有光.沟通盲人和明眼人之间的文字交际[J].文字改革,1962(9).

周有光.关于比较文字学的研究[J].中国语文,2000(5).

周有光.关于文字改革的误解和理解[J].语文建设,1982(2).

周有光.关于专名音译问题:向吕叔湘、刘正埮两先生请教[J].群言,1986(2).

周有光.汉语规律和汉字规律(中文输入法的两大规律)[J].计算机世界,1994(11).

周有光.汉语盲文的音素化和系统化[J].中国语文,1956(9).

周有光.汉语拼音触觉手语拟议[J].文字改革,1965(7).

周有光.汉语拼音方案基础知识[M].北京:语文出版社,1995.

周有光.汉语拼音 文化津梁[M].北京:生活·读书·新知三联书店,2007.

周有光.汉语拼音在科学技术上的应用[J].文字改革,1962.

周有光.汉语拼音在聋哑教育中的作用(上)[J].文字改革,1962(7).

周有光.汉语拼音在聋哑教育中的作用(下)[J].文字改革,1962(8).

周有光.汉语拼音正词法问题:纪念《汉语拼音方案》公布 25 周年[M]//北京市语言学会.语言学和语言教学.合肥:安徽教育出版社,1984.

周有光.汉语拼音正词法委员会的工作情况[J].文字改革,1984(5).

周有光.汉字改革概论[M].3 版.北京:文字改革出版社,1979.

周有光.汉字改革概论[M].北京:文字改革出版社,1961.

周有光.汉字和文化问题[M].沈阳:辽宁人民出版社,2000.

周有光.汉字声旁读音便查[M].长春:吉林人民出版社,1980.

周有光.欢呼汉语拼音电报的开办,兼谈电报拼音化的几个问题[J].文字改革,1958(13).

周有光.怀念《拼音小报》[J].群言,2009(1).

周有光.几个有不同理解的语文问题[J].群言,2002(4).

周有光.记两次语文现代化国际会议[J].语言文字应用,1998(2).

周有光.计算机输入汉字的新技术:中文信息处理的双轨制[J].百科知识,1984(3).

周有光.科学的一元性[J].群言,1989(3).

周有光.漫说文字改革[J].群言,2003(4).

周有光.拼音方案和汉字教学法的革新:"拼音进入 21 世纪"之二[J].群言,2000(9).

周有光.拼音和文字[J].语文建设,1983(4).

周有光.拼音文字的音节分界问题[J].拼音,1956(1).

周有光.拼音正词法和国际互联网:"拼音进入 21 世纪"之三[J].群言,2000(11).

周有光.日本是怎样应用语言文字的?——访日观感[J].语文建设,1986(3).

周有光.世界文字发展史[M].上海:上海教育出版社,1997.

周有光.世界文字发展史[M].3 版.上海:上海教育出版社,2011.

周有光.逝年如水:周有光百年口述[M].杭州:浙江大学出版社,2015.

周有光.双语言时代[J].群言,1997(6).

周有光.岁岁年年有光:周有光谈话集[M].天津:天津人民出版社,2016.

周有光.谈计算机中文处理的拼音输入法[J].语文现代化,1983(1).

周有光.谈谈语言和文字的类型关系[J].书屋,2001(8).

周有光.谈语文现代化[J].语文建设,1993(10).

周有光.文化冲突与文化和谐[J].群言,2006(7).

周有光.文化传播和术语翻译[J].外语教学,1992(3).

周有光.文化学丛谈[M].北京:语文出版社,2011.

周有光.文字的体式变化和结构分类[J].语文建设,1988(6).

周有光.文字改革(中国大百科全书语言文字卷更新稿)[M]//中国语文现代化学会2003年年度会议论文集.北京:语文出版社,2003.

周有光.文字改革的新阶段[J].语文建设,1985(5).

周有光.文字改革和电子计算机[J].情报学报,1982(1).

周有光.文字改革和文字规律:汉字改革讲话(下)[J].语文建设,1964(9).

周有光.文字学和文字类型学[J].中国语文,1995(6).

周有光.我和语文现代化[M]//张世林.学林春秋.中华书局,1998.

周有光.我看日本的语文生活[J].群言,1986(10).

周有光.我们已经进入广义的汉语拼音时代[J].湖南师范大学社会科学学报,2014(4).

周有光.现代汉字中声旁的表音功能问题[J].中国语文,1978(3).

周有光.现代汉字学发凡[M]//高等院校文字改革研究会筹备组.语文现代化(第二辑).北京:知识出版社,1980.

周有光.新方案跟过去各种拉丁字母方案的比较[J].语文知识,1958(1).

周有光.新时代的新语文:战后新兴国家的语文新发展[M].北京:生活·读书·新知三联书店,1999.

周有光.新语文的建设[M].北京:语文出版社,1992.

周有光.新语文的探索[J].语文建设,1989(3).

周有光.新中国金融问题[M].香港:经济导报社,1949.

周有光.应用语言学的三大应用[J].语言文字应用,1992(1).

周有光.语文风云[M].北京:文字改革出版社,1980.

周有光.语文规划和社会建设[J].群言,2005(7).

周有光.语文生活的历史进程[J].群言,2001(6).

周有光.语文闲谈(上)[M].北京:生活·读书·新知三联书店,1995.

周有光.语文闲谈(下)[M].北京:生活·读书·新知三联书店,1997.

周有光.语文闲谈续编(下)[M].北京:三联书店,1997.

周有光.语文运动的回顾和展望(纪念五四运动70周年)[J].语文建设,1989(2).

周有光.语言生活的历史进程[J].徐州师范大学学报(哲学社会科学版),2008(2).

周有光.语言生活的五个里程碑[J].百科知识,1989(11).

周有光.语言生活的现代化[J].中学语文教学,1979(3).

周有光.在百家争鸣中进一步开展汉字改革的研究[J].中国语文,1961(3).

周有光.正词法的性质问题[J].文字改革,1984(1).

周有光.中国的汉字改革和汉字教学[J].语文建设,1986(6).

周有光.中国拼音文字研究[M].上海:东方书店,1952.

周有光.中国语文的时代演进[M].北京:清华大学出版社,1997.

周有光.中国语文的现代化[J].教育研究,1984(1).

周有光.中国语文的现代化[M].上海:上海教育出版社,1986.

周有光.中国语文现代化研究要放眼世界[J].北华大学学报(社会科学版),2005(6).

周有光.中国语文纵横谈[M].北京:人民教育出版社,1992.

周有光.周有光百岁口述[M].桂林:广西师范大学出版社,2008.

周有光.周有光文集[M].北京:中央编译出版社,2013.

周有光.资本的原始积累[M].上海:华东人民出版社,1954.

周有光.字母的故事[M].北京:人民文学出版社,2009.

周有光.字母和音标[J].拼音,1956(4).

周有光,等.汉语手指字母论集[M].北京:文字改革出版社,1965.

周有光,等.普通话常识[M].北京:文字改革出版社,1957.

邹煜.家国情怀:语言生活派这十年[M].北京:商务印书馆,2015.

褚孝泉.语言科学探源[M].上海:上海外语教育出版社,2006.

祝畹瑾.新编社会语言学概论[M].北京:北京大学出版社,2013.

Haugen E. The Ecology of Language: Essays [M]. Stanford: Stanford University Press,1972.

Haugen E. The Implemention of Corpus Planning: Theory and Practice [M]//Juan Cobarrubias,Joshua A. Fishman. Progress in Language Planning: International Perspectives. Berlin: Mouton,1983:269-289.

Robert B. Kaplan, Richard B. Baldauf Jr. Language and Language-in-Education Planning in the Pacific Basin[M]. Dordrecht: Kluwer,2003.

Robert B. Kaplan, Richard B. Baldauf Jr. Language Planning: from Practice to Theory[M]. Clevedon: Multilingual Matters Ltd,1997:184-186.

Kloss H. Research Possibilities on Group Bilingualism: A report[J]. 1969.

Joan Rubin, Bjorn H. Jernudd. Introduction: Language Planning as an

Element in Modernization[M]//Joan Rubin,Bjorn H. Jernudd. Can Language be Planned?: Sociolinguistic Theory and Practice for Developing Nations. Honolulu: University of Hawai'i Press,1971.

Robert L. Cooper. Language Planning and Social Change[M]. Cambridge: Cambridge University Press,1989:98.

附录1:周有光语文现代化研究面面观①

　　周有光先生是我国著名语言学家,也是我国文字改革事业的元老级人物。他在语言文字领域探索的范围十分宽广,而研究和工作的重点则是中国语文的现代化。他关于语文现代化的思想体现在《汉字改革概论》《世界文字发展史》《比较文字学初探》《中国语文的时代演进》等50多部重要学术著作和300多篇论文中。本文选择其中几个主要方面谈点粗浅的认识,虽题为"面面观",但挂一漏万,所论片面而不全面,祈望各位专家指正。

一、语文现代化的社会背景

　　简言之,人类社会的现代化是语文现代化的大背景。周先生认为,现代化就是人类社会的人力解放和人格解放过程。这一过程可分为三个方面:经济上从农业化到工业化再到信息化;政治上从专制到民主;文化上从盲从到理性化(科学化)。② 其中文化上的现代化包括思维、官能、传信、文艺等方面的变革,语文现代化也即其中的传信变革。农业化发明文字,使语言打破时间和空间的限制。工业化时代要求普及义务教育和全国共同语。从文盲众多和方言隔阂,到普及义务教育和全国共同语,这是"前现代"和"现代"的分界。而随着留声机、电话、广播、电视、多媒体等信息技术的进一步发展,人类又迈进了全球化时代,国际共同语也在这一过程中逐渐形成。由此人类进入"双语时代",即国内使用全国共

　　①　施麟麒,王建华.周有光语文现代化思想面面观[M]//王云路,等.语文和语文现代化研究:周有光纪念文集.杭州:浙江大学出版社,2019.本文初稿曾于2016年11月12日在第二届周有光语言文字学学术研讨会暨"一带一路"语言高峰论坛上宣读。文中观点与本书正文内容或有出入。
　　②　这三个方面表述时有差异,但内核一致。

同语,国际上使用国际共同语言。①

周先生在界定现代化的同时,也揭示了人类社会的一条共同的发展或进化规律。人类社会现代化的成果体现为国际现代文化。国际现代文化并不等同于西方文化,而是世界各国"共创""共有""共享"的共同文化,由不同地区传统文化的精华汇合而成。国际现代文化的精髓是科学,科学是一元性的,不分民族、国家、阶级、地区。②

因上述背景,不难得出周先生的以下思想逻辑:

第一,中国社会必须现代化,也即走工业化和信息化及民主、科学的道路,因为这是人类社会发展的共同道路。

第二,中国语文必须现代化,也即国内应当使全体人民掌握本国共同语,同时让新一代人掌握国际共同语,成为世界公民,这是中国社会现代化的内在要求。

二、语文现代化的四项内容和相互关系

在中国普及国家共同语,是中国语文现代化的首要目标,也是周先生语文现代化研究的中心。围绕这一目标,周先生将语文改革概括为"四化":语言的共同化,文体的口语化,文字的简便化和表音的字母化。③ 语言的共同化是指汉民族乃至整个中华民族需要掌握一种大家通用的共同语。文体的口语化是指书面语要从文言改革为白话。文字的简便化是指通过"定形、定量、定音和定序"来解决汉字繁难的问题。表音的字母化是指通过制定汉语拼音方案来为汉字注音和拼写普通话,解决汉字不能有效表音的问题。

如进一步思考,"四化"可再凝练为语言现代化和文字现代化。周先生在论述"语言的共同化"时,反复将其与"言语异声"的方言对举,强调"语同音"的重要性,提倡说大家互相听得懂的普通话。可见这里的语言乃是指普通话口语。而"文体的口语化"则是从书面语的层面提出了语言统一的要求。文言文是一种语音、词汇、语法严重脱离口语,传习繁难,只能为少数人垄断的古代语言。不能向大众普及就难以实现书面语的真正统一,而只有"我手写我口"的白话文才能做

---

① 周有光.晚年所思[M].南京:江苏文艺出版社,2012:45.
② 周有光.学思集:周有光文化论稿[M].上海:上海教育出版社,2006:30—31.
③ 周有光.中国语文的时代演进[M].北京:清华大学出版社,1997:2.

到这一点。周先生认为白话文不仅要看得懂,还要能听得懂,其实质是要求书面语向口语看齐。唯有如此,普通话口语才能借助白话文的传播而加速普及。

但仅仅是书面语改为白话文,还不能彻底解决老百姓的学习困难。用以记录汉语的汉字自身缺陷(变化繁、字数多、读音乱、检索难)妨碍了白话文的流通,因此还需要通过"四定"的内部改革来简化或优化汉字。又因为汉字最大的缺点是不能有效表音,使得书面语无法在"语音"层面与口语统一。这一问题无法通过内部改革解决,因此需要通过制定一套注音方案——汉语拼音来辅助汉字。

由此可见,尽管"四化"是并列提出的,但其内部含有不同的层次,且地位各不相同——文字现代化归根到底是为语言现代化服务的。

三、"语文现代化"的道路和方向

周先生的语言学研究主要是一种"问题驱动型"的研究。他在新中国成立初期转入语文现代化工作所面临的一个重要任务,是为文字改革寻找理论基础。作为文字学家,他要面对的是最为复杂的汉字拼音化问题。虽然当时的国家领导层认为文字发展规律是从表形、表意到表音,因而汉字也应当走拼音化的道路,但还缺乏有力的学术研究以支持这一说法。为此,周先生着手探索文字演进规律。他认为:"文字演进规律的研究,不仅是文字学和比较文字学的基础,也是文字改革的理论根据。不了解这些规律,就无法分辨怎样的变化是进步,怎样的变化是退步,文字改革也就失去了方向。"①

在《字母的故事》《世界文字发展史》《比较文字学初探》等著作及相关的论文中,周先生以近万年来出现的人类文字为研究对象,借助大量的事实调查,进行了世界文字史和文字类型的研究,以科学的方法证实了"原始文字—古典文字—字母文字"的文字系统发展路线,揭示了"形意文字—意音文字—表音文字"的文字进化规律。他不仅根据汉字的自身特点定位了汉字在世界文字史上的地位(古典文字),也通过对汉字的形声化以及汉字在日本、朝鲜、越南等汉字文化圈的表音化演变过程,证明了上述规律对汉字演变的适用性。

为给中国语文现代化寻找正确的道路和方向,周先生还对二战以来的100

---

① 周有光.字母的故事[M].北京:人民文学出版社,2009:2.

多个新兴国家的语文建设和发展情况进行了广泛的调查。① 在语言变革上,他发现这些国家都在进行"国家共同语"和"国际共同语"的建设,争相步入"双语时代";在文字改革上,所有国家的新创文字无一例外地采用了拉丁字母,不用拉丁字母的文字也规定了拉丁字母拼写法的国际标准,因此一个"书同字母"的时代正在形成。

这些研究的意义重大,它为新中国的语文改革(尤其是语言的共同化和文字的表音化)提供了学理和事实上的依据,证明其是一种符合历史潮流的进步改革。

四、语文现代化的策略

周先生坚信人类文化的发展道路只有一条(科学民主),人类社会必将从分散到聚合,最终成为一体化的世界。但这样的"大同世界"只是理想。社会文化的进步不可能一蹴而就,而是一个极为漫长的过程。而推动其接近理想的策略,就是他所提出的一系列"二元化"方案。他认为"二元化是文化聚合的重要方式",并对文化的二元化做出了具体的描述。

人类文化是随着人类社会在聚合运动中前进的,部落文化聚合成城邦文化,城邦文化聚合成国家文化,国家文化聚合成多国区域文化,多国区域文化聚合成人类共同的国际现代文化。

世界各地的传统文化,相互接触,相互吸收,其中有共同价值的部分融入国际现代文化。各地传统文化依旧存在,但是要进行自我完善化。在全球化时代,世界各国都进入国际现代文化和地区传统文化的双文化时代。②

周先生认为之所以有"传统文化"的存在,是因其尚未被世界承认而未能融入现代文化中,故要等待其进一步自我完善。从这一说法中可以看出,文化的二元是流向一体的二元,二元的终点是一体,尽管这个终点可能永远难以企及。

在文化二元化策略的背景下,语文现代化必然也采用二元化的策略,要之如下。

---

① 周有光.新时代的新语文:战后新兴国家的语文新发展[M].北京:生活·读书·新知三联书店,1999:219—235.
② 周有光.文化学丛谈[M].北京:语文出版社,2011:31—45.

(一)语言二元化

语言的二元,主要是指国家共同语和国际共同语的"双语言"。当今的发展中国家或新兴国家都在努力实行双语言,而发达国家早已实行了双语言。这些国家除了本国共同语,都选择了英语作为国际共同语。而中国的"双语言",除了前述的"国际双语言",还有另一层含义:既会说方言,又会说普通话,称为"国内双语言"。

周先生认为:双语言不是独立于社会之外的附加物,而是现代社会的一个职能。双语言是现代社会的指标,从双语言的水平,也可以测知国家现代化的程度。目前中国的普通话普及工作尚未完成,与其他双语言国家存在着客观的差距,因此肩负着同时赶上两个时代的任务。

(二)术语二元化

这可以看作语言二元的一个下位问题,但由于比较重要,值得单独提出。由于学习国际现代文化的需要,如何引进外来术语是个必须解决的问题,尤其是在信息爆炸的时代,如果这个问题解决不当,将会扩大发展中国家与发达国家的科技水平差距。

周先生认为,术语的引进有两种方式。一是"术语国际化",就是引进时在词形或读音上随同世界通用的说法,不造本国独用的名词。一是"术语民族化",是使术语适应本国语言,尽量用意译的方式创造"有中国特色"的术语。这两种方式结合起来使用,被称为"科技双语言",前者可以使专业科技研究者赶上迅猛发展的信息化时代,后者可以使大众科技工作者比较容易吸收科技知识。

(三)文字二元化

这是指在文字的拼音化尚不具备充分条件的情况下,允许两种不同的文字类型互相补充,共同发挥作用。比如日本文字就是汉字与假名混合使用。而中国虽然从法律上明确了汉语拼音不是法定文字,但同时也规定一方面使用简化的规范汉字,一方面利用汉语拼音为汉字注音,拼写普通话,在汉字不能或不便使用的领域发挥作用。因此中国人文字生活的变化是"从只用汉字的单文字生活,到又用汉语拼音的双文字生活"①。

这些关于语言现代化的二元化策略说明,虽然从其文化理想来看,周先生可以看作是一个温和的"一元论"者,但他深谙辩证法,尊重事物发展的阶段性和复

---

① 周有光.21世纪的华语和华文:周有光耄耋文存[M].北京:生活·读书·新知三联书店,2002:91.

杂性,善于把握矛盾的对立、统一与转化,容许相异事物在一定阶段中的一定条件下和谐共存。这一点对于缓解语文现代化带来的传统文化与现代文化对立和冲突尤其重要:一方面能给传统文化的转化与更新留下时间,使得真正有价值的部分不至于被人为地淹没(如方言、汉字),另一方面也充分捍卫了代表先进方向的新文化(如普通话与汉语拼音),留给人们充足的时间去适应和接受。相较于极端的一元文化论者或极端的文化相对主义来说,二元文化策略的功效是显而易见的。

五、理论基石和面临的挑战

(一)理论基石

上述四个方面,已经显露出一个相对完整的语文现代化思想体系。而这一体系的理论基石,至少包括如下几个部分。

1. 进化论。和民国时期的一些深受西学洗礼的学者一样,周先生是进化论的坚定信奉者。这一理论成为他研究文字学的理论基础和方法论。如在《世界文字发展史》中,他直接从生物系统变化的系统性、发展性、单向性、缓慢性推导出人类文字变化的系统性、发展性、单向性与缓慢性,并将生物进化规律的比较研究法用于文字类型的研究;其关于文字演变性和稳定性的关系的论证,也明显受到生物进化论的影响。在《比较文字学初探》一书中,他也同样将生物进化论的比较分类法、系统观与文字类型学的研究方法相提并论。在《谈谈比较文字学》一文中他还专门介绍了如何将生物学的进化论研究方法运用于文字学的研究中。

除了文字学研究,周先生关于世界语言发展及人类文化发展趋势的论断同样也能看出进化论对他的影响。可以说进化论不仅影响了他的学术研究,也影响了他的人生观和世界观。他曾说:"我是相信进化论的,不仅动物在进化,作为动物的人在进化,同时人的社会也在进化。假如你相信人类社会是进化的,一步一步往前走的,假如今天还是落后的,明天会一步一步走上去的,那么你就能变得乐观。"[①]

2. 语言经济学。周先生在论及联合国因工作语言众多而耗费了大量翻译

---

① 《新周刊》.世界观 2010[M].上海:文汇出版社,2011:8.

经费,以及解释英语为何战胜其他语种成为唯一的国际共同语时,曾多次用"语言经济学"这一术语来加以说明。虽然尚未发现他的著作中对这一术语有完整的解释,但我们认为这可能是齐波夫或马丁内尔"语言经济性"理论的另一种表述,也即语言的运作总是追求效率,语言使用要以最小的投入获得最大的回报。这一理论对周先生的语文现代化思想具有重要的解释价值。他的几个重要论点都体现了语言经济学的精髓,如:

语言同化。在解释英语成为国际共同语时,周先生认为,语言使用有滚雪球效应,越是有用,越滚越大;越滚越大,越是有用。英语的使用价值和使用人数成正比。由此可见,语言同化的推动力是语言经济性。

文字简化。周先生论证"文字从表形向表意、表音发展"学说的一个重要理据就是简化规律,它也是简体字优于繁体字的原因,简化是语言经济性的体现。

汉字的效用递减率。周先生发现,最高频的 1000 个汉字的覆盖率大约是90%,以后每增加 1400 字大约提高覆盖率十分之一,因此使用汉字要"取其少,弃其多"。[①] 这和齐波夫用词频研究来证明语言经济性相通。

3. 语音中心论。从上文关于语言现代化和文字现代化的关系分析中不难看出,周先生的思想中都明显带上了索绪尔语言学的烙印。无论是书面语向口语看齐,还是文字要走表音化的道路,都蕴含了"语音中心论"的前提。

(二)面临的挑战

没有一种思想理论是无懈可击的,未经任何挑战的思想理论也显现不出应用的价值。周先生的语文现代化思想,已经或可能面临的挑战,可分为以下几个层面。

技术层面。针对周先生研究中的具体问题提出不同意见,如《汉语拼音方案》产生以后,就不断有人指出其设计存在的问题,有的还提供了修改方案。[②]

理论层面。索绪尔语言学的研究对象是印欧语和拼音文字,汉语汉字并不在他的讨论范围内。"语音中心论"作为汉字改革的基础,并不稳固。西方著名学者德里达已经对"语音中心论"进行了尖锐的批判,国内也出现了一些以此说为据来否定周先生学说的声音。[③]

方法层面。周先生虽然将生物进化论移植到对社会科学的研究中,但得出

---

① 周有光. 中国语文的时代演进[M]. 北京:清华大学出版社,1997:156.

② 参见马庆株. 整合创新,促进中国语文现代化:汉语拼写方案的必要性、科学性和可行性[J]. 中国语文,2014(6).

③ 王宜早. 读周有光《比较文字学初探》[J]. 南京晓庄学院学报,2006(5).

的结论是人类社会和人类语言趋向大同,这和生物进化应会产生生物多样性结论不尽一致,存在着类比失当的嫌疑,可能会引起当今"生态语言学"流派的诟病。这一流派将各种语言视为多样性资源,主张像物种那样对其进行保护,其对于进化论的隐喻式运用显得更加彻底。

六、语文现代化思想的现实意义

周先生语文现代化思想的现实意义是深远而多方面的,限于篇幅,最后仅就"一带一路"的语言相关问题举一些例子。

(一)周先生曾对二战以后的 100 多个新兴国家的语文建设和发展情况做过详细的调查。其中包含了不少"一带一路"沿线国家的语情(据不完全统计,数量超过 27 个)。将这些成果稍作整理,能够成为很有价值的参考资料。

(二)周先生对战后一些区域组织,如欧盟、东盟的区域语言情况做过调查,对这些团体的共同语言政策和语言规划做过整理、分析,语文建设的成果和问题也都讲得简明扼要。"一带一路"的语言问题同属区域语言问题,在制定国家的语言计划时,周先生这方面的研究不可不读。

(三)《汉语拼音方案》是连接东西文化的桥梁,也会在"一带一路"的汉语国际教育中发挥重要的作用。64 个"一带一路"沿线国家是拼音文字的天下,并有超过 10 个国家采用拉丁字母。因此在汉语国际教育中如能充分发挥《汉语拼音方案》的作用,合理地利用注音教材和拼音教学,一定能提高汉语教学的效率。

参考文献

马庆株.整合创新,促进中国语文现代化:汉语拼写方案的必要性、科学性和可行性[J].中国语文,2014(6).

王宜早.读周有光《比较文字学初探》[J].南京晓庄学院学报,2006(5).

《新周刊》.世界观 2010[M].上海:文汇出版社,2011.

周有光.晚年所思[M].南京:江苏文艺出版社,2012.

周有光.学思集:周有光文化论稿[M].上海:上海教育出版社,2006

周有光.字母的故事[M].北京:人民文学出版社,2009.

周有光.新时代的新语文:战后新兴国家的语文新发展[M].北京:生活·读书·新知三联书店,1999.

周有光.文化学丛谈[M].北京:语文出版社,2011.

周有光.21 世纪的华语和华文:周有光耄耋文存[M].北京:生活·读书·新知三联书店,2002.

周有光.中国语文的时代演进[M].北京:清华大学出版社,1997.

附录 2：周有光术语研究简论①

术语是在特定专业领域中一般概念的词语指称。周有光先生的术语研究主要集中在他关于"术语国际化"的论述上。术语国际化是周有光先生语文现代化研究中被明确提出并得到充分重视的组成部分，他曾把语文现代化的主要内容概括为语言的共同化、文体的口语化、文字的简便化、注音的字母化、语文的电脑化、术语的国际化②。而在更早的提法中，术语国际化还未明确列入其中之一，可见这个问题越来越受到他的重视。

周先生的主要观点集中在《文化传播和术语翻译》(1992)一文，并可从《外来词拼写法问题》(1959)、《汉语拼音在科学技术上的应用》(1962)、《关于专名英译问题》(1986)、《改革开放和外来词问题》(1994)、《规范音译用字刍议》(2003)及其他相关论文专著、访谈口述的部分内容中得到印证和补充。本文以这些文献为依据，对其术语研究做简要概括与评价。

一、研究背景

周先生对术语国际化的重视是和他对中国现代化问题的探索密不可分的。根据他提出的文化从高到低流动的"文化流动规律"③，中国的现代化过程不可避免地要向先进的国际现代文化汲取营养以壮大自身。而"术语和文化如影之

---

① 本文曾于 2019 年 8 月 14 日在浙江大学周有光语言文字学研究中心主办的"'一带一路'语言文字应用研究高端论坛暨第五届周有光语言文字学学术研讨会"上宣读，部分观点与本书正文有出入。

② 周有光. 新时代的新语文：战后新兴国家的语文新发展[M]. 北京：生活·读书·新知三联书店，1999：219—235.

③ 周有光. 文化的流动规律（文化的新陈代谢规律之三）[J]. 群言，1992(12)：27—29.

随形,须臾不离。不同的文化要用不同的术语来说明。吸收外来文化,同时必须吸收外来术语"①。尤其是信息时代,知识爆炸,术语的引进更是如潮水般汹涌。中国的科技现代化要赶上西方的脚步,必须提高术语翻译、传播的效率。

今天的新科技和信息技术就是科技文化的延长和发展。大规模引进外来文化,必然大规模引进外来术语,战后新兴国家都遇到如何引进科技术语的问题,中国并非例外。②

目前,我国翻译能力严重不足,我国翻译市场的规模尽管已经超过了100亿人民币,但是,现有的国内翻译公司只能消化10%左右。由于无法消化大量从国际上传来的信息流,我们的信息不灵,就有可能使我们在国际竞争中失去大量的机会。③ 在这样一种大背景下,如何对术语进行专门的研究以更好地为国家、社会服务的问题,不能不引发周先生的关切。

二、外来术语翻译的历史回顾和现实问题

正如语文现代化的改革道路需要从语言文字的历史研究寻找依据,研究术语的跨文化传播(翻译)也需要首先回顾历史。为此,周先生研究了三次中国文化高潮中的术语翻译史,梳理了百家争鸣时期的术语交融、佛学西来的术语翻译、科技东传的术语政策,重点是后两者。通过梳理,他既肯定了术语翻译对中外文化交流的关键作用,也指出了外来术语翻译存在的特点与局限。比如佛经术语翻译在音译选字和意译造词的过程中充满困难,其主要原因是梵文与汉语的词汇模式不同(多音节对单音节)、文字形式不同(表音文字对表意文字)。而在科技东传时代,对外来术语的翻译经历了从文言文时期的单音节化、生造新汉字的形式发展到白话文时期的双音节、多音节语词形式的复杂调整,同样存在着"一名之立,旬月踟蹰""一名之定,十年难期"的困难。而随着科技交流日益频繁,术语应当民族化还是国际化这一问题自然就浮出了水面。④

---

① 周有光.文化传播和术语翻译[J].外语教学,1992(3):62.

② 周有光.周有光文集(第十四卷)[M].北京:中央编译出版社,2013:482.

③ 冯志伟.语言规划的重要领域:术语学[J].北华大学学报(社会科学版),2009(3):37—46.

④ 周有光.文化传播和术语翻译[J].外语教学,1992(3):67.

三、术语民族化、术语国际化的定义

周先生认为,术语民族化就是使术语适应本国语言,创造有本国特色的名词;术语国际化是使术语随同世界通用的说法,不造本国使用的名词。[①]

新造汉字、意译、汉字音译的方法都属于术语民族化,历史上的术语翻译都属于这种方法。术语民族化的优点是能跟本国词汇格式"调和",意义透明,容易学习、理解和记忆。但弊病在于,新造汉字违背"字有定量"的原则,不符合信息化的时代要求;容易发生同音和近音的困扰,不符合"语同音"的时代要求;意译不但"望文生义"的可靠性有限,且速度太慢,也难以满足社会发展要求;音译用的汉字没有标准,"用字分歧,一物容易误作二物"[②]。总而言之是"便于本国了解,但是不便于国际交流,而且,翻译定名非常缓慢,跟不上每年产生的以十万计的新术语"[③]。

术语国际化包括词形国际化和读音国际化两种。词形国际化指的是,各国的拉丁字母文字把术语写成同样形式,只有词尾不同,世界上多数国家采用这一方式。读音国际化指的是,非拉丁字母文字,按照国际通用术语的读音,用本国文字音译书写,成为"读音"国际化,"词形"民族化,如日语用片假名翻译外来语。术语国际化的缺点是意义不透明,群众不容易懂,优点是能跟上国际科技的快速发展。[④]

四、中国应提倡术语国际化

周先生指出,在全世界所有国家中,中国是唯一的术语民族化的国家,中国术语不能孤立于世界,因此要走国际化的道路。他认为文化有层次和阶段性。低层次欢迎术语民族化,在一般科技工作者中间,术语民族化有容易学习的好处,有利于科技知识普及人民大众。高层次适用术语国际化,便于国际沟通。中

---

① 周有光.文化传播和术语翻译[J].外语教学,1992(3):67—68.
② 周有光.汉语拼音在科学技术上的应用[J].文字改革,1962(9):95—102.
③ 周有光.语文闲谈(上)[M].北京:生活·读书·新知三联书店,1995:151.
④ 周有光.语文闲谈(上)[M].北京:生活·读书·新知三联书店,1995:151.

国现在的科技工作总体还处在较低的发展阶段,术语民族化有其国情基础,但要赶上信息化时代的发达国家,则必须弘扬"术语国际化"。

这种主张,有时被简单地概括为"科普用'民族术语',专著用'国际术语'"①,称之"科技双语言"或者"术语双语言",具有某种折中的意味。由于术语民族化本就是我国的传统做法,术语翻译的一贯原则是"意译为主、音译为副"。所以这种主张更为强调的是术语国际化。从以下这段采访文字即可以验证:

> 张　宜:周老师,我还注意到,您近年来也在研究术语,您提出来术语双语言,那么现在推广得好吗? 有阻力吗?
>
> 周有光:术语(应该)是国际化。今天中国的术语不是国际化的。
>
> 张　宜:那您提出的术语双语言是不是一种妥协呢?
>
> 周有光:是一种妥协。最好是外国来的术语就用外文。不用翻译。比如说,现在"布什"有三种翻译:大陆叫布什,香港叫布殊,台湾叫布希。每个外国人名都有三个、五个翻译。这样子太不方便了。(其实)哪个都不要写,直接写 Bush,把拉丁字母直接放进我们的文字里,这就没有问题了。这个不容易做到,因为大家不习惯,不习惯中文里面放外文,有人讨厌。(笑)②

五、术语国际化的策略

术语国际化其实是一种音译为主的策略。音译有两方面:一方面是原文的音,如何译成汉语的音(定音问题),另一方面是汉语相同的音,如何写成相同的字(定字问题)。③ 在使用汉字或者拼音文字的不同前提下,这两个方面又需要分别讨论。

在拼音文字作为文改方向的 50 年代,无论是国家领导人还是主流学者都主张用汉语拼音来转写外来术语。如周恩来 1958 年 1 月在政协全国委员会举行的报告会上发表《当前文字改革的任务》时就指出汉语拼音方案"可以用来音译外国的人名地名和科学技术术语"。④ 吴玉章 1958 年 2 月在第一届全国人民代表

---

① 周有光.语文闲谈(上)[M].北京:生活·读书·新知三联书店,1995:151.
② 周有光.对话周有光[M].北京:人民日报出版社,2014:38.
③ 周有光.百岁新稿[M].北京:生活·读书·新知三联书店,2005:144.
④ 周恩来.当前文字改革的任务(1958 年 1 月 10 日在政协全国委员会举行的报告会上的报告)[J].文字改革,1958(2):4.

大会第五次会议作报告时指出术语的音译"可以用来解决人名、地名和科技术语的翻译问题"。周有光响应这样的号召,鲜明地提出如下观点:

> (音译术语转写)最好的办法是,用拼音字母转写外文的科学术语,以这样的术语作为我们的科技文字,在学术著作中夹在汉字中间应用。例如"镆"改为 Einsini,"钔"改为 Mendelevi,"铹"改为 Lawreni。通俗读物可以暂时用汉字音译,逐步过渡到一律采用字母转写的科技术语。
>
> ……这样做的好处是:(a)健全我们的科技语言和学术文字,为今后长期发展开辟一条宽广的道路。(b)免除音译术语的二重化。科技术语转写是拉丁字母文字各国的通用办法。转写不一定跟原文不一样,可是差别甚微,而且差别大都是有规则的,所以学了本国的转写,别国的转写大都可以不学而知。这就是术语国际化的好处。我们的科技工作者实际上必须学习汉字术语和国际化术语两套,这不但浪费学习的时间和经历,还增加应用上的种种不便。采用音译书转写,就可以免除这样的双重负担。①

周先生从汉语拼音文字正字法的角度专门讨论了外来词拼写法问题,主要内容包括基本原则(根据习惯划分意译和音译、直接音译不按照汉字注音、汉语音素容许灵活搭配)、转写方法、读音方法,以及如何按照不同国家民族的语言文字类型进行分类处理。他特别指出,"学术词汇趋向国际化",并以化学术语为例,认为大多数音译名称都应当根据音译外来词拼写法用汉语拼音字母拼写。②

这一套适用于音译术语的拼音转写方案科学严谨且具有一定的可操作性,但或许由于最终拼音文字未能成为国家的法定文字,一直没有机会得到实践的检验。正如苏培成(2001)批评化学元素命名不断造新汉字这一现象时所感叹的:"拼音转写已经提倡了许多年,可是至今还没有被采用。是理论上还有不妥之处,还是习惯势力在阻挠,还是两者兼而有之?"③不过,我们的法律还是为其留下了空间。《中华人民共和国国家通用语言文字法》规定,"《汉语拼音方案》是中国人名、地名和中文文献罗马字母拼写法的统一规范,并用于汉字不便或不能使用的领域"。最后一句开放性的话,同样适用于拼音化的音译术语。

在汉字成为国家法定文字后,周先生仍然在为汉语术语的国际化不断呼吁,尽管他很少再提用拼音转写来音译汉字,而是用了一些变通的提法。比如在汉

① 周有光.汉语拼音在科学技术上的应用[J].文字改革,1962(9):99.
② 周有光.外来词拼写法问题:汉语拼音文字正字法问题之一[J].中国语文,1959(3):106—113.
③ 苏培成.造新汉字的现状应当改变[J].语文建设,2001(12):18.

字音译的用字方面,周先生(2003)提出规定一个"音节汉字表":一个音节只用一个汉字,汉语的音译用字以此为准,不得随意乱写,分歧立刻可以大大减少(和日本的假名原理相同)。这一做法如能实施,就能将民族化的术语向国际化推进一步,也有利于外译术语的规范化。另外,近年来周先生非常赞成直接夹写或者标注罗马字母的国际通用术语。如他响应吕叔湘《不如干脆照抄原文》一文的观点,主张"在一般的大众读物中,宜于写音译汉字,在必要场合加上括注。在专门的高水平著作中,对没有标准音译汉字的专名,与其自我作古,使读者如坠五里雾中,不如照抄原文(或原文的罗马字母拼写法)"。在其他一些访谈中常能见到他类似的见解(见上文访谈片段)。

结　语

周先生虽然没有在术语研究领域留下鸿篇巨制,但其对中国术语学的贡献是不容忽视的。他以"从世界看中国"的宏阔眼光,将术语的国际化问题作为语文现代化的一个重要部分来思考,揭示了术语翻译和传播对中国语文乃至中国文化现代化的推动作用。他具有较强的"用户"意识或者说语境意识,具有实事求是的精神,其关于术语民族化和国际化的区分,澄清了不同使用场合,在一定程度上缓解了外来词音译、意译的争议,为汉语术语的发展扫除了一些不必要的障碍。他所研究的外来词拼音拼写、转写规则,虽然未得到广泛应用,但仍有不容否定的学术价值,如打破汉语固有的音节限制,用音素的搭配来转写外来术语的尝试,可谓大胆而富有创意。关于术语翻译"音节汉字表"的建议则具有很强的现实指导意义,有利于提高术语翻译的效率和术语规范化。

另外要指出的是,虽然周先生的术语研究主要关注外来术语的汉译问题,但随着他参与研制的《汉语拼音方案》成为国际标准,汉语拼音越来越国际化,越来越多的学者在外语中夹用拼音来翻译中国术语,传播中国文化。如李宇明认为:"中国至今仍然具有一定的术语输出资本。传统上独具特色的科学技术领域,如中医中药、藏医藏药、武术、传统语言学等,在今天的科技学苑中仍在发挥作用,并吸引着国际的注意力。现代科学领域中国虽然整体上还不占优势,但也在突飞猛进,在一些领域接近或达到了国际先进水平。……论文论著撰写和拥有自主知识产权的发现发明中,优先使用汉语语素构造术语(包括有意识地使用汉语拼音构造术语），逐渐增加'汉源术语'在国际术语库中的比重。"①苏培成指出："利用拼音拼写汉语通过互联网可以无障碍地传遍全世界。使用汉语拼音拼写的汉语词语在罗马字拼写法中日益增多。除了 PINYIN（拼音）、GUOBIAO（国标）、RMB（人民币）这些老的汉语拼音词语外，ZGM（中国梦），YDYL（一带一路）等，已经逐渐成为世界性的词语。汉语汉字正在稳步走向世界。"②

2013 年，"中华思想文化术语传播工程"经国务院批准设立，由教育部、国家语委牵头，多部委联合参与。工程主要梳理反映中国传统文化特征和民族思维方式、体现中国核心价值的思想文化术语，用易于口头表达、交流的简练语言客观准确地予以诠释，让世界更加了解中国国情、历史和文化。该工程的英译原则是"当意译不能涵盖术语的全部含义或难以表达术语的基本含义时，采用音译"③。据统计，截至 2017 年，"术语工程"已公开发布 400 条术语，其中 77 条思想文化术语的翻译都采用了拼音，约占 19%（目前已总计推出 600 条，拼音术语可能又有增加）。如："君子"被音译为 Junzi，"仁"被翻译成 ren，"道""无为""气""阴""阳"等都被译成了拼音或者拼音加英语注释。这部分音译术语不能为英语简单直译，代表中国文化中最具特色或价值，最有可能为人类现代文化更新发展做出贡献的部分，而拼音则成为中国学术文化国际化传播中的功臣。我们应当为此向周先生表示由衷的感谢。

参考文献

李宇明.谈术语本土化、规范化与国际化[J].中国科技术语,2007(4).

苏培成.造新汉字的现状应当改变[J].语文建设,2001(12).

苏培成.汉语拼音:中国语文生活发展的助推器[J].北华大学学报(社会科学版),2018(2).

周有光.文化传播和术语翻译[J].外语教学,1992(3).

周有光.汉语拼音在科学技术上的应用[J].文字改革,1962(9).

周有光.语文闲谈(上)[M].北京:生活·读书·新知三联书店,1995.

周有光.对话周有光[M].北京:人民日报出版社,2014.

周有光.百岁新稿[M].北京:生活·读书·新知三联书店,2005.

周有光.汉语拼音在科学技术上的应用[J].文字改革,1962(9).

---

① 李宇明.谈术语本土化、规范化与国际化[J].中国科技术语,2007(4):9.
② 苏培成.汉语拼音:中国语文生活发展的助推器[J].北华大学学报(社会科学版),2018(2):4.
③ 章思英.中华思想文化术语的英译原则及应用[J].语言战略研究,2016(3):65.

周有光.外来词拼写法问题：汉语拼音文字正字法问题之一[J].中国语文，1959(3).

章思英.中华思想文化术语的英译原则及应用[J].语言战略研究,2016(3).

附录3：周有光的双文化论和语文现代化^①

周有光是我国著名的经济学家、语言学家和文化学者。他一生分别从事了三个领域的研究，完成了两次学术上的"华丽转身"。他不仅因主持研制了《汉语拼音方案》而在语言文字学领域成就斐然，也因提出"双文化论"而在文化学界享有盛誉。周有光的语言学研究和文化学研究不是相互独立的两个领域，而是存在着密切的联系。正如他自己所说："从经济学改为语言文字学是偶然，从语言文字学改为文化学是必然。语言文字学跟文化学的关系太密切了。"^②了解他以"双文化论"为代表的文化学说，可以帮我们更好地理解其语文现代化理论。本文以其《文化畅想曲》(1997)、《现代文化的冲击波》(2000)、《文化学丛谈》(2011)、《学思集：周有光文化论稿》(2006)等文化学著作为基本资料，试对双文化论、文化现代化、语文现代化等相关问题作简要论述。

一、双文化

"双文化"是对周有光对世界文化发展形态的总体概括。他认为在全球化时代，一切国家的文化都包含两个部分：一部分是世界共同的现代文化，另一部分是各国不同的传统文化。文化分为地区和国际两个层次，组成全球化时代的"双文化"结构。

周有光指出，每一个民族都有自己的传统文化，每一个民族都热爱甚至崇拜自己的传统文化。但是，现代任何民族都无法离开覆盖全世界的现代文化。全

---

① 本文曾于 2017 年 9 月 10 日在浙江大学周有光语言文字学研究中心主办的"第三届周有光语言文字学学术研讨会"上宣读，文中观点与报告正文有所不同。

② 周有光.学思集：周有光文化论稿[M].上海：上海教育出版社,2006:2.

世界到处都是内外并存、新旧并用,实行双文化生活。

（一）传统文化

传统文化是民族、国家或地区的文化遗产。每一个民族都有长期积累起来的传统文化。由于社会的发展水平不同,传统文化有先进和落后的区别,又由于具体条件的不同,各民族的传统文化有各自的特色。世界上有四种传统文化,按地域划分即东亚传统文化、南亚传统文化、西亚传统文化、欧美西方传统文化。亚洲的文化都是东方文化,以中国文化为主导的东亚传统文化是东方文化的一种。

（二）现代文化

现代文化又称国家现代文化,是不同的传统文化相互接触之后,经过彼此学习、提高、检验、公认后形成的全球化的新文化。现代文化的核心是科学,包含自然科学和社会科学,以及共同的现代生活。现代文化是全世界人民"共创、共有、共享"的文化,它不属于某一个人、也不属于某一个国家,任何人、任何国家都可以参加进去,作出创造、共同利用。

现代文化以西方文化为主,但不等于西方文化。它以科学为基础,包含各种发明创造。西方发展科学较早,发明创造较多,成为国际现代文化的主要构成部分。但东方三种传统文化都对现代文化有不可磨灭的贡献,例如阿拉伯数字、罗马字母、瓷器和纸张。周有光特别指出,科学不是某个特定国家的专利:"科学中心在历史上是不断移动的,16 世纪在意大利,17 世纪在英国,18 世纪在法国,19世纪在德国,20 世纪在美国。今后的科学中心可能移到另一个努力前进的国家。"①

（三）传统文化和现代文化的关系

"双文化"有两种现象:一种是新旧并存,新旧互补;另一种是东西排斥,东西斗争。周有光认为传统文化和现代文化应当新旧并存,相互补充,彼此促进。国际现代文化提高地区传统文化,地区传统文化丰富国际现代文化。他把人类文化的结构形式比作一张八仙桌,四种地区的传统文化是八仙桌的四条腿,国际现代文化是八仙桌的桌面。得到公认的部分转化为国际现代文化,没有公认的部分照旧保留于地区的传统文化之中。文化发展是朝向聚合、同化的大方向前进的。在现代文化向全世界传播的潮流中,各个地区的传统文化都在自动适应,自我完善,自然代谢。

---

① 周有光.百岁新稿[M].北京:生活·读书·新知三联书店,2005:191.

二、中国传统文化

中国传统文化又称华夏文化,是以儒学为中心,吸收诸子百家以及印度和其他外来文化,从而形成的综合文化。华夏文化在 3000 年中经历了四次变革,包括先秦的百家争鸣、汉代的独尊儒学、隋唐的佛教兴盛、清末的西学东渐。华夏文化在历史上不断吸收不同的文化,发展成为包含哲学、科学和艺术的全景文化,既有精神的一面,又有物质的一面。具体包括六个部分:(1)文学,例如汉赋、唐诗、宋词、明清小说、现代文学。(2)历史,例如二十四史和历代的野史。(3)哲学,例如先秦诸子、历代名家。(4)科技,例如经验科学、农业、手工业。(5)艺术,例如图画、书法、音乐、杂技。(6)宗教,例如佛教、道教。其中文史哲是中国传统文化的精髓。

由于儒学是中国传统文化的主体,所以周有光以儒学为代表概括了中国传统文化的如下三个特点:(1)世俗性强,宗教性弱。如子不语怪力乱神、敬鬼神而远之,儒家思想中包含着无神论思想。(2)兼容性强,排他性弱。儒家有包容的精神,儒释道在中国能够和平共处。(3)保守性强、进取性弱。儒家有保守的一面,如"知足常乐"、"万物皆备于我";但也有进取的一面,如"苟日新,日日新,又日新"、"天行健,君子以自强不息"、"孔子,圣之时者也"。但两者相较,保守性远远大于创新性。

周有光认为,对传统文化的评价具有主观性。"优秀没有标准。说的人都是自己肚子里有数。"①从他的眼光来看,中国传统文化是优点与缺点、光环与阴影并存的一种文化。华夏文化的优点突出表现在儒家的反暴力、反愚昧、反神秘精神,但它的缺点有时盖过了光环,比如孔子"均无贫"中的保守思想,老子、韩非子的"愚民哲学",历代帝王的言论控制,佛教、道教和理学的教条和玄想等。周有光警醒世人,阴影的危害,不仅触目惊心,而且忽隐忽现,甚至以美好的名义行丑恶的勾当。如果对华夏文化的阴影,在理论上不敢彻底批判,在制度上无法严格防止,那么后人将背着阴影遗产进入第三个千年纪。

由上可知,周有光是用以科学为主体的国际现代文化标准来评判中国传统文化的价值和问题的。他对中国传统文化中的儒家文化是比较亲近的,认为其

① 周有光.学思集:周有光文化论稿(修订本)[M].上海:上海教育出版社,2013:12.

中包含了现代社会需要的有益成分,但儒家文化中也有糟粕,如果不加扬弃地继承,不利于中国社会的发展,因而需要现代化的改造。

三、中国传统文化的现代化

作为一种地区性的文化,中国传统文化同样面临着如何融入国际现代文化,也即如何现代化的问题。在周有光所用的文化术语中,弘扬、更新、复兴、挽救,都具有现代化的含义。复兴传统文化的目的,是为了融入、服务、辅助、发展以"科学"为核心价值的国际现代文化,而不是代替国际现代文化:

> 复兴华夏文化,不是文化复古,而是文化更新;不是以传统文化代替现代文化,而是以传统文化辅助现代文化。根据现代需要,用科学方法,学习和实践古人的有益教诲。在复兴华夏文化的同时,向国际现代文化的康庄大道勇敢前进。这就是当前知识分子不可推卸的历史责任。[①]

作为一名进化论的信奉者,周有光相信社会发展总体上是前进的,但不同的国家可以走不同的道路,既可以抛开传统,又可以利用传统。传统薄弱的国家可以走前一条道路,传统丰厚的国家最好走后一条路,因为可以行远自迩,驾轻就熟,符合习惯,事半功倍。因此,对中国传统文化进行现代化的改造,可以更好地辅助、丰富现代文化。

实现传统文化现代化的途径,包括指导原则、基本方针、具体策略等几方面。

(一)指导原则

周有光推崇孔子,认为他是善于利用传统文化、促进社会现代化的楷模。"删诗书、定礼乐",是把前人长期积累起来的知识,加工提炼,推陈出新,从传统文化中发展出当时的现代文化。周有光认为孔子不是"述而不作"而是"述而又作"。"述而又作"也是周有光对中国传统文化进行现代转化的指导原则。

(二)基本方针

周有光认为,古代文化中,有的具体做法已经失效,但是基本原理仍旧有用。有的基本原理已经失效,但是失效的原理可以给人启发,从而引出新的原理。有的古人只有设想、无法实现,今人利用新的科学和技术能够实现古人的设想。为

---

① 周有光.朝闻道集[M].北京:世界图书出版公司北京公司,2010:9.

此,他在"述而又作"的指导原则下又提出了如下利用传统文化、创造现代社会的基本方针:取其精华、去其糟粕;存其原理、改其具体;古的设想、今的创造;学习原始、引出现代。

以儒学为例,他认为儒学的现代化应当区分精华和糟粕,进行分别处理:

> 对现代有指导意义的,从之。如"知之为知之,不知为不知,是知也"。
>
> 原理对,具体不对,改之。如"天下无不是之父母",要改为"天下有不是之父母",父母有错,好言劝说。
>
> 不合现代要求的,弃之。如"唯女子与小人为难养也"。
>
> 除去封建性,建立现代性,如"君为臣纲"要改为"官为民仆"。
>
> 除去保守性,建立创造性,如"述而不作"要改为"述而又作"。
>
> 出去玄虚性,建立实用性;例如"天人合一、内圣外王"这个说法难以为现代青年所理解,形式和内容都要改革。①

(三)具体措施

除了基本原则和基本方针,周有光还提出了一些具体措施来弘扬传统文化。主要包括如下几点:

> 传习。不需要在学校里全面铺开传统文化的传习,而需要"分层"和"分类",以适应今天社会文化的"层次性"和"专业性"。以选修的方式,在稳定的青少年中,使传统文化后继有人,这是可能做到的,也是不可不做的。
>
> 训诂。古书的"可读性"随时间的推移而不断衰减。为了使今人能够读懂古书,需要给古书作注解。
>
> 今译。用白话文翻译文言文的"今译",是继承传统文化的桥梁。多数人读"今译"而不读古书,少数人从"今译"而进入古书,这就是今天可能做到的文化继承。"今译"还包括用当代汉字改写古代汉字。历代都用当时通用的字体重新书写或印刷古书。
>
> 整修。对遗址、书籍进行整修。如敦煌遗址的修正、经书的修补。
>
> 考古。使失去的知识复活,使失去的知识复明。如甲骨文的、兵马俑的发现。②

周有光特别强调传统文化的活学活用。在给青年指导阅读文化古籍的建议

---

① 周有光.朝闻道集[M].北京:世界图书出版公司北京公司,2010:26.
② 周有光.现代文化的冲击波[M].北京:生活·读书·新知三联书店,2000:89.

中,他还提到了"今译"、"今写"(用简体字)、"今注"、"今解"、"今用"等具体方法。① 其中"今解"是指应当用今天的事实来说明古书的原理,前提是不可歪曲原意,应当用客观的和科学的态度来解说;"今用"指应当让传统的学说在各行各业发生实际的效用,在商业中也可以贯彻。这两条尤其强调了创造性解读和创造性运用的重要性。周有光将出版方面的古书今译、舞蹈方面的仿唐乐舞、为了旅游而整修古迹、把历代名著改变为电视剧等,都看作"古为今用"的可喜收获。可见他看重的是传统文化精神价值的传承发扬,而不在于表现形式的因循守旧。

四、文化更新主义与文化复古主义

周有光关于"双文化"与传统文化现代化的观点,体现的是一种文化更新主义。在对待中国传统文化复兴的问题上,文化更新主义和文化复古主义形成了尖锐的对立。

文化复古主义的重要代表是学者季羡林提出的"河东河西论"。"河东河西论"将东方文化与西方文化相比,主张 21 世纪是东西方文化的转折点,"21 世纪西方文化将让位于东方文化",这就是所谓"三十年河西,三十年河东"。②

"河东河西论"显然难以得到周有光的认同。他认为这种说法都只看到人类文化的平面分布和水平移动,没有看到还有层次重叠和前进发展。平面分布和水平移动,就是四种地区传统文化及其往来流动。层次重叠和前进发展,是地区文化之外还有不分地区的共同文化,叫作国际现代文化。国际现代文化是世界各国所"共创、共有、共享"的共同文化,正在突飞猛进,覆盖全球。目前每个国家都生活在传统文化和国际现代文化并存的"双文化"时代。文化流动,不是忽东忽西,轮流坐庄,而是高处流向低处,落后追赶先进。这样,人类文化才能不断前进。

由于语言文字是传统文化的主要载体,因此文化更新主义者和文化复古主义者也围绕这个问题展开了辩论。2009 年,媒体介绍了季羡林关于传统文化传承的"季四点",其中前三点都和语言文字有关:

(一)中华文明之所以能延续至今,汉字起了巨大的作用。读古文必须读繁体字,中国文化的信息都在那里面。

---

① 周有光.文化畅想曲[M].北京:中国青年出版社,1997:194—196.
② 季羡林.三十年河东 三十年河西[M].北京:当代中国出版社,2006:11.

（二）汉字简化及拼音化是歧途，祖先用了几千年都没感到不方便，为何到我们手里就抛弃了？追求效率不是简化字的理由。季先生着重谈到当年简化汉字时，把"皇后"的"后"与"以後"的"後"（繁体"後"）弄成一个字所带来的遗憾。

（三）古文今译是毁灭中华文化的方式，必须读原文，加注释即可。

（四）振兴国学，必须从娃娃抓起。老人特别指出，给成人讲的国学给娃娃讲的应该不同。得用心思编教材。

由于"季四点"中包含了对语文现代化成果诸如简化字、汉语拼音化、白话文的质疑和否定，周有光联合苏培成对此逐一加以批驳。他们认为：

读古书不一定要读"繁体字"。汉字的字体在历史上不断变化，历代都用当代字体改写古书，简化字是今天的当代字；《大学》一开头就有"简化字"，读古书不能不读"简化字"。简化不是"歧途"，因为删繁就简是汉字和一切文字的共同规律，规律即"正途"。我国公布的《语言文字法》是分辨"正途"与"歧途"的标准。简化字有很多好处，小学教师公认，简化字好认，好写，在屏幕上显示清晰。简化增进文字的效率，不可轻视。

拼音不是"歧途"，拼音帮助汉字，今天"人手一机"，打短信，离不开拼音。从"注音符号"到"汉语拼音"是汉语字母的发展"正途"。

没有"今译"，古书无法读懂。"今译"是继承古代文化的必由之路。[①]

此外，周有光也认为向现代化前进的文明古国，不可能在学校里全面铺开传统文化的传习，只能以选修的方式，在稳定的少数青年中，使传统文化后继有人。普通大众应该把主要精力用在现代文化的学习上，因此，必须从娃娃抓起的主张，显然也不是他能认同的。

五、文化现代化和语文现代化

周有光在 2000 年给苏培成的通信中说："近来我在《群言》发表一系列关于文化问题的文章，因为语文现代化是文化现代化的基础工程。目前文化沙文主义，以及在文化沙文主义保护下的伪科学，甚嚣尘上。澄清文化的误解，方能推动语文的发展。"[②]从中可以看出他对文化现代化和语文现代化两者关系的重视。综合来看，他对两者关系的认识可以归结为如下两个方面。

---

① 周有光.拾贝集[M].北京:世界图书出版公司北京公司,2011:29—30
② 苏培成.语文书简:周有光与苏培成通信集[M].杭州:浙江大学出版社,2016:35.

一方面,语文是文化的一部分,文化的现代化包括了语文的现代化。文化复古主义者拒绝区分语文和文化,由于无条件地热爱传统文化,因而也就反对语言文字的任何变革。文化更新主义者崇尚现代文化,但并不一味地反对传统文化,而是主张用现代文化标准"去粗取精",发展优秀文化,淘汰落后文化。传统语文如文言文、繁体字,属于传统文化,但是否是"精髓"却见仁见智。周有光从学习和使用效率的角度指出了传统语文的诸多缺点,比如文言文只能看不能听,难以普及,是死的语言;汉字笔画繁、字数多、读音乱、检索难、不便学习,是现代化的包袱。这些传统语文的缺点也是他主张语文现代化的依据,他相信只有经过现代化的变革,传统语文才能适应、融入国际现代文化。

另一方面,语文是记录、传播文化的工具,语文现代化有利于文化现代化。不仅传统语文可以记录、传播传统文化,现代语文也能记录、传播传统文化,甚至可以更胜一筹。正是因为相信现代化的白话文、简化字比文言文、繁体字更能适应现代社会的传播环境,周有光才提倡通过"今译""今写""今注""今解"等方式来传习传统文化、推动传统文化的现代化。

可见,语文现代化不仅是文化现代化不可或缺的一部分,同时也起着促进文化现代化的工具性作用。这就是"语文现代化是文化现代化的基础工程"这句话的大体含义。

另外,无论是文化现代化还是语文现代化,都是周有光所信奉的"进化论"思想在学术研究中的反映。他曾说:"我是相信进化论的,不仅动物在进化,作为动物的人在进化,同时人的社会也在进化。"[1]人类社会不断进步,语文和文化向前发展,这是进化论思想给他带来的学术信念。而进化论也是他"历史进退、匹夫有责"这一人生信条的哲学根源。

近年来,"中华优秀传统文化传承发展工程"不断推进,如何实现中华优秀传统文化的创造性转化、创新性发展成为人文社科学者的热点课题。在中华民族走向伟大复兴的征途上,回顾一位世纪老人关于传统文化现代化的深刻洞见,了解语文现代化在文化复兴事业中所能发挥的作用,对语言学工作者无疑具有重要的启示意义。

---

[1] 丁晓洁.周有光:我的世界小得不得了[J].幸福(悦读),2010(10):9.

参考文献

丁晓洁.周有光:我的世界小得不得了[J].幸福(悦读),2010(10).

季羡林.三十年河东 三十年河西[M].北京:当代中国出版社,2006.

苏培成.语文书简:周有光与苏培成通信集[M].杭州:浙江大学出版社,2016.

周有光.百岁新稿[M].北京:生活·读书·新知三联书店,2005.

周有光.拾贝集[M].北京:世界图书出版公司北京公司,2011.

周有光.学思集:周有光文化论稿(修订本)[M].上海:上海教育出版社,2013.

周有光.朝闻道集[M].北京:世界图书出版公司北京公司,2010.

周有光.现代文化的冲击波[M].北京:生活·读书·新知三联书店,2000.

周有光.学思集:周有光文化论稿[M].上海:上海教育出版社,2006.

周有光.文化畅想曲[M].北京:中国青年出版社,1997.

周有光.文化学丛谈[M].北京:语文出版社,2011.

附录4:语言学人眼中的周有光
(名字按音序排列)

曹先擢:"周有光先生是蜚声海内外、德高望重的语言学家和教育家,为我国人文社会科学事业和语言学事业的发展做出了突出的贡献。他把自己毕生的精力都献给了祖国的语言学事业和教育事业。周老不但治学严谨,而且非常开明,从不抱门户之见,历来重视学习借鉴各种流派的理论和方法,他无论写文章还是评论他人之说,从不说过头话,总是心平气和、实事求是地讨论问题,充分显示出大学者的气度和风范。这正是学术界需要大力提倡的,像周老这一辈优秀的知识分子应得到学术界和全社会的尊敬。"①

陈章太:"周先生是语言文字学界品格最高尚的学者之一……周先生是语言文字学界思想最新潮的学者之一……周先生是语言文字学界知识最渊博的学者之一……周先生是语言文字学界工作最勤奋的学者之一……周先生是现在语言文字学界年龄最大的长者……周先生是语言文字学界同年龄段中身体最健康的学者之一……周先生是语言文字学界成果最丰硕的学者之一。"②

冯志伟:"周有光是一个删繁就简的人,他要的书一定都在手边,他是一个很聪明的人。'删繁就简三秋树,领异标新二月花',这是周有光的人生信条。"③

郭锡良:"周先生虽然是语言学界的老前辈,但是在学术思想方面却一直是走在时代的前面,在新事物的面前,他往往比我们这些晚辈敏感得多。"④

江蓝生:"世界眼光和历史眼光,是一个大学者必备的科学素质,是历史唯物

---

① 曹先擢.贺周有光先生百岁华诞[J].现代语文,2005(2):1.

② 陈章太.周有光先生的七个"最"[J].现代语文,2005(2):13.

③ 冯志伟.周有光先生二三事[M]//王铁琨,王奇,沙宗元.一生有光:周有光先生百年寿辰纪念文集.北京:语文出版社,2007:220.

④ 郭锡良.做了周先生的助教以后[M]//王铁琨,王奇,沙宗元.一生有光:周有光先生百年寿辰纪念文集.北京:语文出版社,2007:257.

主义和辩证唯物主义的体现,周有光先生在这方表现得特别突出,所以他的许多见解都带有前瞻性,而且有一种令人信服的力量。"①

李行健:"在多年的交往中,先生给我最深的印象就是淡泊名利,为人随和,知识渊博,特别是对现当代世界百科知识的了解,在现有的语言学家中恐怕很少有出其右者。"②

李宇明:"他是人民的语言文字学家。用智慧改善了国人的语言生活,提升了国家走向世界的能力,促进了国家信息化的水平,值得国人向他致敬!"③

刘丹青:"周有光语言文字学思想的核心,是以世界的眼光看待分析中国的语言文字,以科学的理念去解决语言文字应用中的实际问题,找出符合国情的解决方案。"④

许嘉璐:"周老离休以后,离而不休。他每天都要坐在电脑打字机前勤奋写作。尤其值得大家学习的,是他为了研究'世界比较文字学',从自己微薄的收入里拿出钱来请外籍学者替他搜集世界文字资料。这件事体现了周老对学术的高度责任心和强烈的民族自尊心。在周老面前,那些对事业淡漠、对蝇头小利斤斤计较的人,应该脸红,应该醒悟,应该振作!"⑤

王宁:"只要顺着时间顺序看周有光先生的书和文,你会觉得,他在与时俱进地调整着自己的思想,但绝对有逻辑,思路分明,从来没有随着潮流、跟着权势东歪西倒。你可以不赞成他的某一个具体的说法,但你会永远怀着尊敬相信他是所是、非所非的自尊与自信。当你对今天的语言文字问题产生疑惑的时候,你会不自觉地想到:'看看周有光先生怎么说!'他在风云变幻中赢得了追求真理的真诚。"⑥

王云路:"我有两个方面非常钦佩周先生。第一是他用'世界眼光'看问题的'世界视野',这一点是最令人钦佩的。第二个我十分佩服的地方,就是他的驾驭语言的能力。"⑦

杨亦鸣:"周先生本人首先是一个悲天悯人的人,然后他用这种情怀去观照

---

① 江蓝生.周有光先生百龄华诞贺辞[J].现代语文,2005(2):10.
② 李行健.大师百岁不觉老:记著名语言学家周有光先生[J].秘书工作,2005(8):15.
③ 李宇明.有光的一生[J].语言战略研究,2017(1):97.
④ 刘丹青.以世界眼光、科学理念研究中国语言文字[M]//王云路,等.语文和语文现代化研究:周有光纪念文集.杭州:浙江大学出版社,2019:60.
⑤ 许嘉璐.在庆贺周有光先生九十寿辰座谈会上的讲话[J].语文建设,1995(8):2.
⑥ 王宁.面对五洲风云的百年智慧:贺周有光先生百岁诞辰[J].群言,2006(7):2.
⑦ 王云路.学习世界眼光,不忘历史眼光[M]//王云路,等.语文和语文现代化研究:周有光纪念文集.杭州:浙江大学出版社,2019:64.

学术,观照自己的工作职业,不管是以经济学还是语言学。我们认识他是从他的专业进去,之后发现他首先是一个伟大的人,然后做了这些工作。"①

.

①　杨亦鸣.以悲天悯人的人文情怀观照学术研究[M]//王云路,等.语文和语文现代化研究:周有光纪念文集.杭州:浙江大学出版社,2019:69.

后 记

这本小书是在本人的博士后工作报告基础上修改而成的。除了报告正文以外,本书还包括附录。附录1—3是本人在站期间撰写的3篇小文,附录4则摘选了学界对周有光先生的评语,以供读者参考。

本人于2016年成为王云路教授的博士后,在浙江大学周有光语言文字学研究中心(后更名为浙江大学中国语文研究中心)从事周有光语文现代化思想方面的课题研究。出站报告写作时间较长,研究过程也较为艰难,经过合作导师多次耐心鼓励、悉心指导,我才得以维持信心,完成报告。王云路教授和方一新教授是语言学界著名的学术伉俪,他们学问渊博、成就非凡却平易近人,时常与学生平等交流、切磋琢磨,在师门营造了浓厚的学术氛围。能与他们相识并受其教诲,常令我感到幸运,也常令我感到惭愧。他们是我终身学习的榜样,对他们的感激之情难以言尽。

由于在职的关系,本人经常难以全力投入工作站的科研工作中,对此中心的各位老师都给予了最大的包容和理解,在此一并致谢。副主任胡志富老师做事巨细无遗、稳妥周全,浑身洋溢着温暖、快乐的气息,令人如沐春风。中心的彭利贞老师、罗天华老师、陈玉洁老师及两位秘书潘靖之女士、刘晓冬女士也在各方面给我提供了帮助。他们高效严谨的治学风格和认真细致的工作态度给我留下了深刻的印象。

我有机会进站工作,也要感谢博士导师王建华教授的推荐。博士毕业成为大学老师以后,我之所以能够避免在科研道路上原地踏步,和他的持续培养、提携密不可分。让我特别荣幸的是,由于周有光的语文现代化理论和新时代语言生活的信息化、电脑化、网络化存在着密切的联系,本书也忝列为由王建华教授主持、本人参与研究的国家社科基金重大招标项目"网络空间社会治理语言问题研究"(20&ZD299)的一项阶段性成果。

在我的博士后出站考评会上,除王云路教授、方一新教授、王建华教授以外,工作报告还得到了张涌泉教授、王勇教授高屋建瓴的指导,这为我进一步完善报告、完成书稿指明了方向,为此也向各位专家致敬。本书幸获"浙江大学文科高水平学术著作出版基金"资助,出版过程中浙大出版社编辑吴心怡女士付出了辛苦的劳动,也要致以衷心的感谢。当然我也郑重声明,虽然经过了不断的修改,书中仍然存在着种种不足,远未达到各位专家提出的要求。这些问题完全由我自己负责。

本人在站期间完成了娶妻生子两件大事。妻子桂双跟我是同一专业。结婚以后,我们不仅在生活中相互照顾,也在科研上交流探讨,并共同发表了几篇学术作品。我非常感激妻子无微不至、无怨无悔的关心和支持,尤其感激她今年为我们生下了一个可爱的女儿。小女逸安和出站报告几乎同时诞生,她也是这段时间激励我在学术道路上砥砺前行的最强动力。这本小书也算是送给小生命的一份特殊礼物。

虽然博士后并不是一个学位,但我的父母却将它看作求学路上的桂冠,一直告诫我要勤奋学习,早日出站。这对他们而言无关功利,仅关乎荣誉。出站报告的完成和书稿的出版,也要归功于他们的反复催促和嘱托。感谢父母!

最后,感谢周有光先生。我进站时他尚在世,可惜不到半年他就仙逝了。研究过程中的许多问题和猜想未能有机会向他本人请教、证实,成为我最大的遗憾。所幸先生著作等身,材料丰赡,足够后人开展多角度的研究。周先生于我而言,不仅仅是一位研究对象,更是一位学术导师。我将继续读其书,论其世,知其人,成就为己之学。周先生留下的精神财富,将令我获益终身。

施麟麒

2022 年 12 月 5 日

(作者系浙江科技学院人文学院副教授、

数智语言生活研究中心负责人)

图书在版编目（CIP）数据

周有光语文现代化理论体系建构 / 施麟麒著. —杭州：浙江大学出版社，2023.8
ISBN 978-7-308-23849-6

Ⅰ. ①周… Ⅱ. ①施… Ⅲ. ①周有光－汉语－语言学－研究 Ⅳ. ①H1

中国国家版本馆 CIP 数据核字（2023）第 099476 号

周有光语文现代化理论体系建构

施麟麒　著

责任编辑	吴　庆　吴心怡
责任校对	蔡　帆
封面设计	周　灵
出版发行	浙江大学出版社
	（杭州市天目山路 148 号　邮政编码 310007）
	（网址：http://www.zjupress.com）
排　　版	浙江大千时代文化传媒有限公司
印　　刷	杭州钱江彩色印务有限公司
开　　本	710mm×1000mm　1/16
印　　张	15
字　　数	246 千
版 印 次	2023 年 8 月第 1 版　2023 年 8 月第 1 次印刷
书　　号	ISBN 978-7-308-23849-6
定　　价	98.00 元